Jan Werner / Helmut Jahn

Nordseehäfen
aus der Luft

Nordsee-häfen aus der Luft

Fotos:
Helmut Jahn

Konzeption, Text
und Zeichnungen:
Jan Werner

Helgoland

Elbe

Weser

Jade

Ostfriesisches
Wattenmeer

Ems

Nordfriesisches
Wattenmeer

Delius Klasing Verlag

Inhaltsverzeichnis

Einleitung

Wattenmeer und Nordseeküste, Häfen, Halligen und Friesische Inseln – das alles ist für deutsche Segler und Motorbootfahrer ein Heimatrevier von ganz eigenem Reiz. Und doch macht sich mancher lieber auf den – oft sogar weiteren – Weg zur Ostsee, als einen Nordsee-Törn zu wagen.

Dieses Buch will Wegbegleiter sein in einer Wasserlandschaft, die einzigartig ist. Es will dazu beitragen, sich in dieser Welt der Watten und Sände, der Rinnen und Priele, der Pricken und Tonnen, der Ebbe und Flut zurechtzufinden und mit wachem Auge die Faszination der fremdartigen Tier- und Pflanzenwelt wahrzunehmen, die die See bei Ebbe freigibt. Dem ortsvertrauten Skipper will es Altbekanntes aus neuer Perspektive zeigen.

So wie das Meer lebendig ist im Wechsel der Gezeiten, im ständigen Auf und Ab der Wasserströme, so gibt es Veränderungen auch durch Menschenhand – im Deichbau und im Küstenschutz, an Häfen und an Liegeplätzen. In diesem Band finden Sie eine „Bestandsaufnahme" deutscher Nordseehäfen von List auf Sylt bis Leer in Ostfriesland aus der Vogelperspektive. Doch auch die Inseln und die Flußreviere, die Wege durch Wattenströme und Priele werden in Wort und Bild anschaulich gemacht, so daß hier die ideale Ergänzung zu den üblichen Navigationsunterlagen gegeben ist. Sachliche Information über Routen, Versorgung und Liegeplätze verbindet sich mit lebendiger Schilderung von geschichtlicher Vergangenheit und sehenswerter Gegenwart.

Wer in dieser gleichsam amphibischen Welt auf Entdeckungsreise geht, wird einen Urlaub ganz besonderer Art erleben, sei es im Meer der Halligen, einem der seltsamsten Reviere der Nordseeküste und der Landschaft des Malers Emil Nolde wie des Dichters Theodor Storm, sei es im Wattenmeer der dicht aufgereihten, schmalen Ostfriesischen Inseln, von denen jede ihren eigenen Charakter hat, oder sei es auch am Festlandsufer mit seinen vielfältigen Flußlandschaften.

Der Verlag

Von Helgoland nach Cuxhaven

IM NASSEN DREIECK

Weit geht der Blick über die Insel Neuwerk, die auf einem gewaltigen Watt liegt. Der klobige Leuchtturm ist an die 40 m hoch und hat drei Meter dicke Mauern. Er wurde im 14. Jahrhundert vom Rat der Hansestadt Hamburg als Wach- und Zollturm gebaut. Im Hintergrund sieht man die Außenelbe, die sich zwischen dem Neuwerker Watt und dem Großen Vogelsand hindurchzwängen muß.

Grön dat Land,
Roth de Wand,
Witt de Sand,
Dat sünd Farven
Vun Helgoland.

1 Die ganze Insel. Von Süden.

2 Insel mit Düne.

3 Südhafen und Binnenhafen. Die weißen Bäderschiffe liegen auf der Südreede vor Anker. Gegen Mittag kommen sie, und gegen Abend sind sie schon wieder weg. Dann wird es auf der Insel still.

4 Die Düne, der Badestrand von Helgoland. Mit dem eigenen Boot kommt man nicht hin.

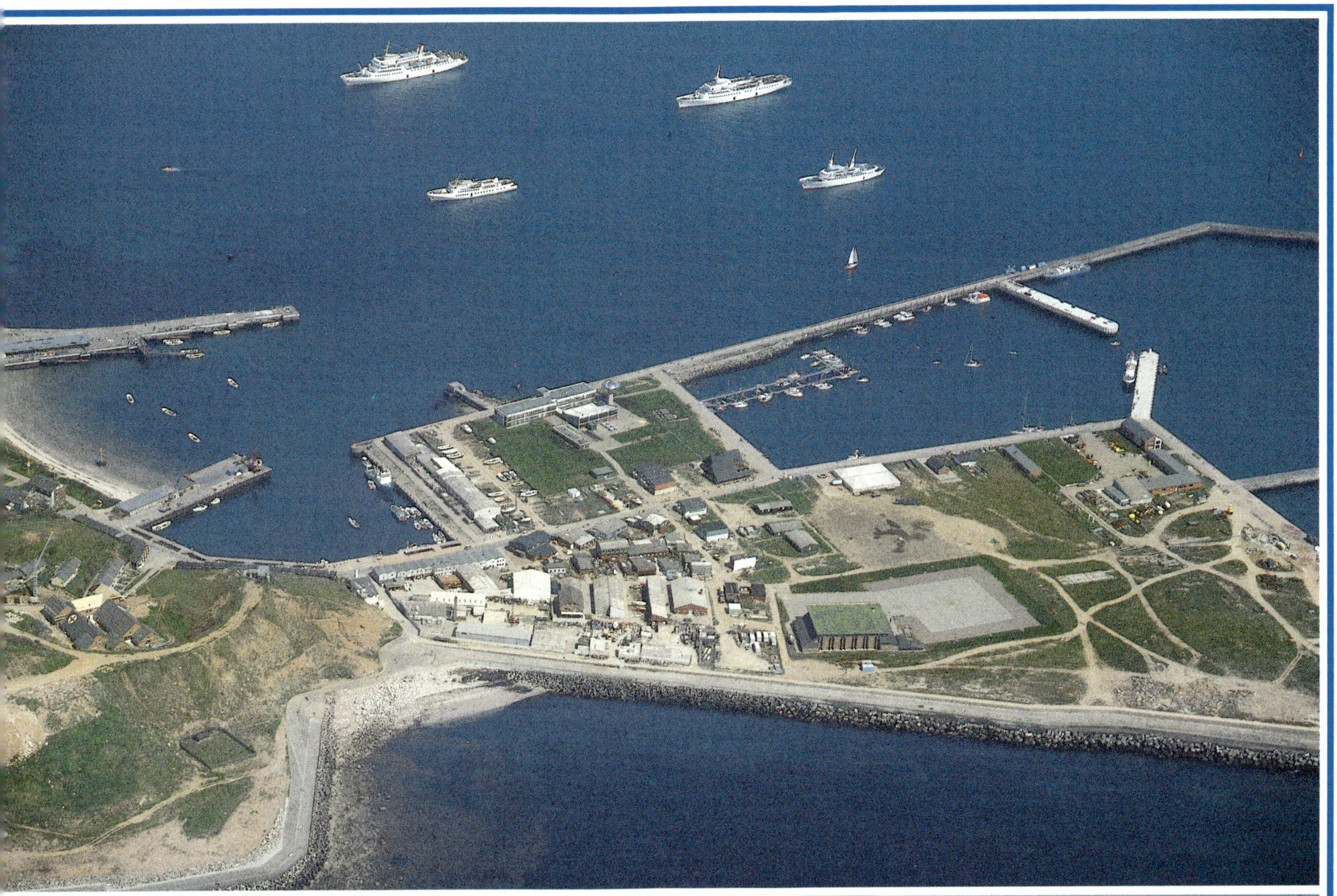

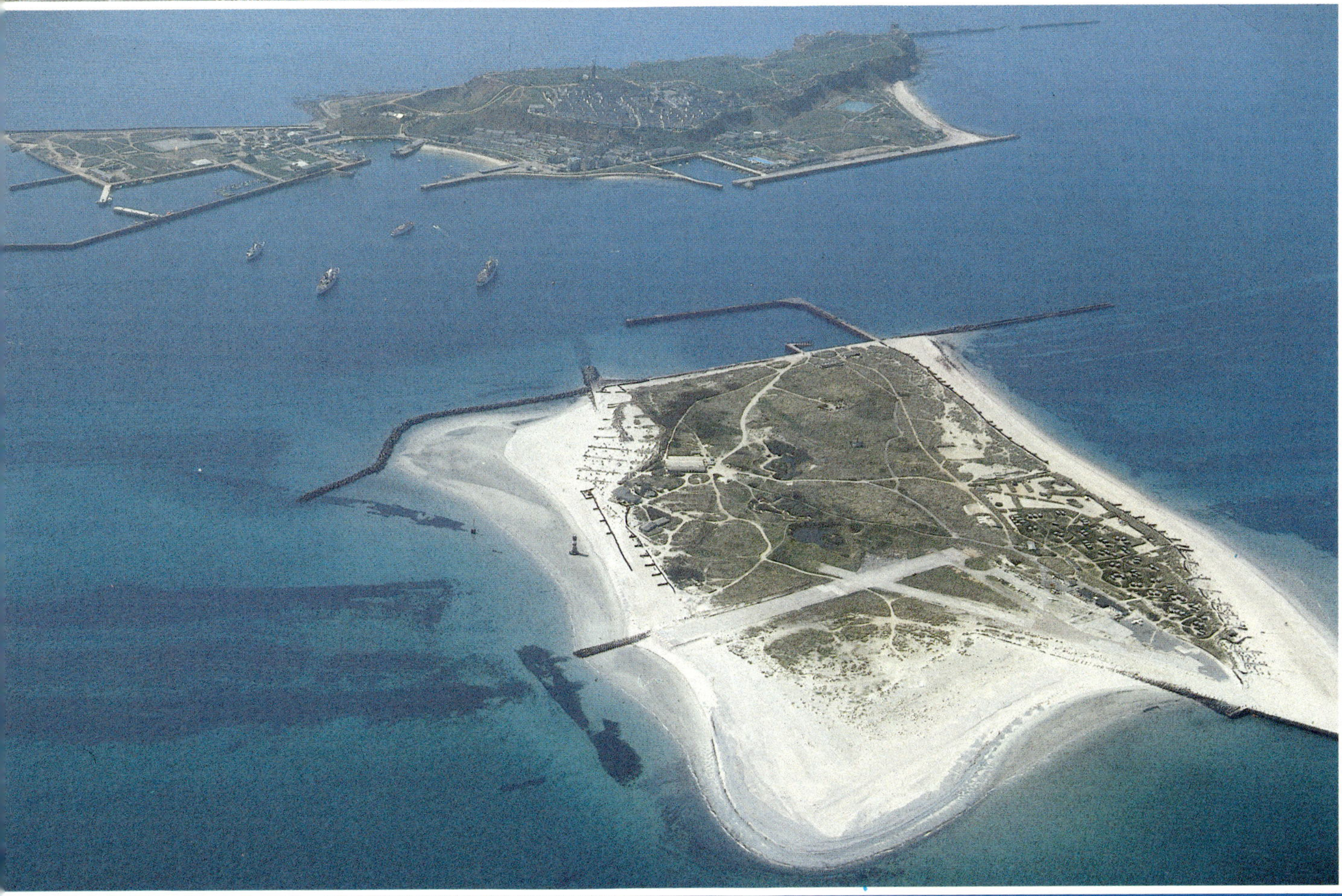

1 Cuxhaven. Vorne der
sehr gute Yachthafen.
Wegen des starken Stroms
sollte man kraftvoll und
unter Motor durch die
schmale Einfahrt laufen.

2 Blick über den Hafen,
elbaufwärts.

3 Oben im Bild die
Alte Liebe.

So merkwürdig es auch klingt: nicht ein Festlandshafen ist der beste im nassen Dreieck der Deutschen Bucht, sondern eine Insel. Deshalb wird Helgoland mit seinem guten Hafen auch so ausführlich beschrieben. Den roten Felsen mitten in der Nordsee kann man (fast) immer ansteuern: Anders als die Außenelbe, die Elbmündung, wo große Sandbänke, der schnelle Strom und die Gezeiten, dazu der starke Schiffsverkehr unsere ganze Konzentration erfordern. Sicher durch die Außenelbe zu kommen, verlangt gute Seemannschaft, besonders eine exakte Navigation. Deshalb hier auch eine kleine Lektion über „Fahren in Gezeitengewässern". Mit Cuxhaven erreichen wir den ersten Hafen an der Elbe, und einen sehr guten dazu.

Helgoland

Die Küste ist längst achteraus verschwunden, Wasser, nur Wasser, soweit das Auge reicht. Alle an Bord starren nach vorne. Der Kurs stimmt. Da! Ein schwacher Schatten. Oder ist es eine Täuschung? Doch dann wird es von Minute zu Minute deutlicher: ein dunkler, senkrecht aus dem Meer aufsteigender Felsen. Im Dunst noch unscharf, doch in den Konturen unverwechselbar. Es muß, es kann nur Helgoland sein!

Wer das zum erstenmal erlebt, für den ist es überwältigend. Lange immer nur Wasser, die Nordsee, die einem immer etwas unheimlich bleiben wird, und dann, plötzlich und unvermittelt, diese Felseninsel mitten darin.

Navigation

Im Vergleich mit den Problemen, die man sonst in der Deutschen Bucht hat, wenn man einen Hafen ansteuern will, geradezu ideal: Die hohe Felseninsel ist bei guter Sicht schon auf weite Entfernung zu sehen. Nachts hilft einem das enorm weittragende, 82 m hoch gelegene Leuchtfeuer, das seinen Blitz, alle fünf Sekunden über das Wasser schickt. Und wer einen Funkpeiler hat, kann das starke Funkfeuer Helgoland anpeilen: auf 397,2 kHz, Kennung DHE ($-\cdot\cdot/\cdot\cdot\cdot\cdot/\cdot$).

Besonders leicht ist die Ansteuerung wenn man von Süden kommt: Man läuft im tiefen Wasser einfach auf die Insel zu. Etwas komplizierter gestaltet sie sich aus Nord; denn im Norden der Insel ziehen sich zwei Flachs, *Nathurnbrunn* und *Robbenbrunn*, bis zu vier Seemeilen weit nordwestwärts. Zwar verläuft zwischen diesen beiden Riffen das Fahrwasser Nordreede, doch dies würde ich lieber meiden und im sicheren Abstand die Insel runden, um dann von Süden her entweder die *Ansteuerungstonne Helgoland* (s.g.s., Fkl(3)−10s) an-

zuliegen oder auch die Tonne *Düne S* (g.s. Fkl.(6)+Blk. 15s). Wichtig ist, daß man erst nach der roten *Leuchttonne Nr. 6* (Blz.(2)r. 3s) auf die Hafeneinfahrt zuläuft; keinesfalls darf man dies schon nach der roten Spiere *Hoog Stean* tun, denn so liefe man genau auf den nur 1,3 m tiefen Stein.

Hinweis: Rund um Helgoland liegt ein *Hummerschutzgebiet*, das vom 1. 4. bis zum 12. 7. und dann wieder vom 1. 9. bis 31. 12. keinesfalls befahren werden darf; es ist in der Seekarte mit grünen Linien markiert.

Hat man beispielsweise die Tonne Düne S angelegt, dann darf man deshalb nicht sofort Kurs auf die Rote 6 nehmen, sondern muß erst auf die grüne *Leuchttonne 1* (Blz.gn. 4s) zufahren.

Durch die 140 m breite und 8 m tiefe Hafeneinfahrt kommt man normalerweise problemlos; nur wenn es stark aus Südwest weht, steht in der Einfahrt eine grobe, zuweilen auch brechende See.

Der Vorhafen ist so geräumig, daß man gut in den Wind gehen und in aller Ruhe die Segel bergen kann.

Häfen

Die Insel hat drei Häfen: den *Südhafen* mit dem ihm vorgelagerten *Vorhafen*, dann den *Binnenhafen*, ein kleines, sehr geschütztes Becken, wo man selten unterkommt und das man zumeist nur dann anläuft, wenn man Treibstoff bunkern will, und schließlich den *Nordosthafen*, der zwar der Vollständigkeit halber erwähnt wird, aber für die meisten Skipper kaum von Interesse ist; denn einmal ist er sehr flach, zum andern auch dicht mit kleineren Booten der Insulaner belegt.

Der *Südhafen*, das ist der richtige Hafen für uns: ein sehr guter Hafen, wenn auch etwas problematisch. Helgoland ist ein Bundesschutzhafen, soll also Schiffen und Booten bei hartem Wetter Unterschlupf bieten. Und in der Tat liegen bei Sturm bis zu hundert Fischkutter und andere kleinere Schiffe im Südhafen. Der Platz für Sport-

boote ist deshalb sehr beschränkt. Man findet welchen entweder an der Nordkaje oder an der Ostmole (Bojen), und zwar ausschließlich dort; an die Westkaje darf man nicht.

An der Nordkaje ist Platz für drei Päckchen, und zwar sauber getrennt nach Bootslängen. Wo man sich einreihen muß, steht auf großen weißen Tafeln. Hält man sich nicht daran, so wird der ansonsten freundliche Hafenmeister ziemlich grob. Päckchen aus zwanzig Booten sind keine Seltenheit; dann müssen auch lange Leinen zum Land ausgebracht werden, bis zum Schluß ein gehöriger Wirrwarr kreuz und quer laufender Leinen entstanden ist. Wenn ausgerechnet der am weitesten innen Liegende frühmorgens weg will, läßt sich das nur mit Gelassenheit und einer gehörigen Portion Humor und unter Mithilfe aller Beteiligten bewerkstelligen.

Beim Hafenmeister muß man sich möglichst bald melden. Er notiert sowieso von seinem Büro, oben auf der Mole, jedes einlaufende Boot: *Merke:* Hafengeld ist eine Bringschuld.

Zuweilen − besonders Pfingsten, wenn die Regatten laufen − ist Helgoland praktisch dicht. Der Hafen müßte dann geschlossen werden, was auch mittels zweier roter, senkrecht übereinander hängender Lampen an der Einfahrt in den Südhafen geschehen kann. Doch das ist − Verordnung hin, Verordnung her − etwas Theorie und läßt sich gar nicht durchhalten. Helgoland ist schließlich Schutzhafen, und niemand darf bei schlechtem Wetter weggeschickt werden.

Ist der Südhafen dicht, bleibt als Ausweichmöglichkeit neben dem Binnenhafen nur noch der Vorhafen, wo man sich entweder − unbequem − an die Kaje legt, oder den Anker wirft, so man ein Dingi hat, um an Land zu rudern.

Im Vorhafen zu ankern ist sowieso keine schlechte Idee. Früher sah man es zwar selten, doch inzwischen ist es immer mehr in Mode gekom-

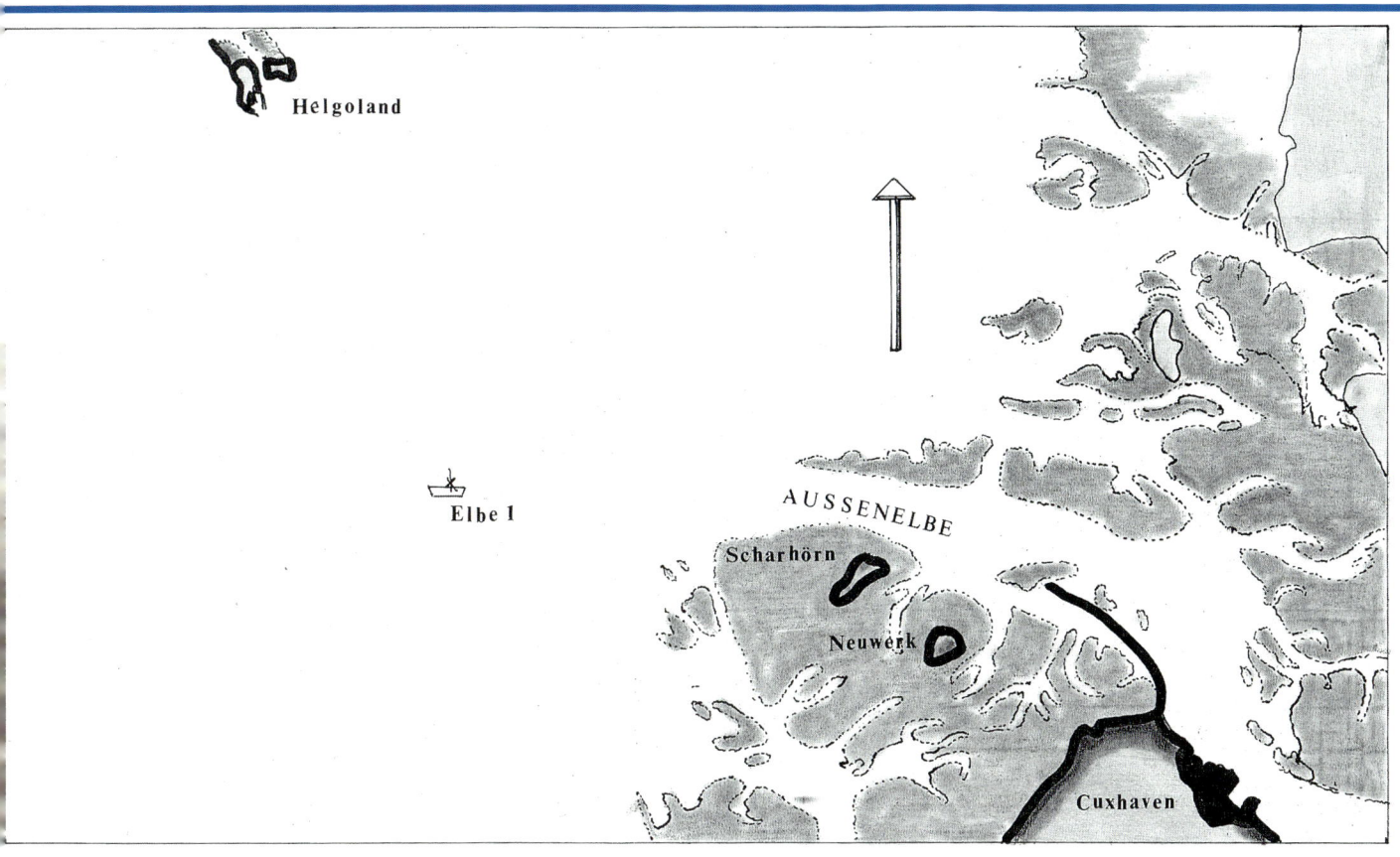

Helgoland

Elbe 1

AUSSENELBE

Scharhörn

Neuwerk

Cuxhaven

men; denn im Südhafen ganz innen im dichten Päckchen zu liegen, wo einem ständig jemand über das Deck trampelt, ist auch nicht jedermanns Sache. Nur: Wer im Vorhafen ankert, sollte sich darauf einstellen, daß es bei südlichen Winden ziemlich unruhig wird.

Versorgung

Rundum gut, anders kann man es nicht sagen. Seit die neue *Südkantine* gebaut wurde, ein ziemlich schickes Gebäude, das mit der alten Baracke nur noch den Namen gemein hat, sind zudem die sanitären Verhältnisse sehr viel besser geworden; auch wenn diese Anlagen in ihrem merkwürdigen schwarzgrauen Styling etwas düster wirken. Im ersten Stock der Südkantine ist ein Restaurant, derer es natürlich jede Menge auf der Insel gibt. Treibstoff und Wasser bunkert man bequem im Binnenhafen. Dort findet man auch Zubehörgeschäfte,

die ein reiches Sortiment führen.

Zur Versorgung auf Helgoland gehören natürlich auch die vielen Duty-Free-Läden, wo man zollfrei einkaufen kann; Tabak und Rum, Parfüm und Filme, eben alles, was auf Helgoland billiger zu haben ist als auf dem Festland.

Tidenhub und Strom

Der Tidenhub beträgt zur Springzeit 2,6 m und bei Nippzeit 1,9 m − bei den Wassertiefen hier eigentlich unwichtig, nur daß man bei HW nicht mehr ganz so hoch die Eisenleiter hinaufklettern muß. Regattasegler muß der Strom vor Helgoland interessieren, einen Fahrtensegler weniger. Er läuft bei Springzeit 2 sm/h und bei Nippzeit bis zu 1,5 sm/h. Als Faustregel kann man nehmen: Die Flut setzt nach Südost, der Ebbstrom nach Nordwest.

Eingeweht

Bei Starkwind aus Helgoland auszulaufen, muß sehr sorgfältig bedacht sein. Denn einen Hafen an der Küste anzusteuern, etwa durch ein Seegatt zu fahren, ist dann meist ein Ding der Unmöglichkeit, es sei denn man wollte zur Jade, oder zur Elbe, oder zur Weser, aber auch das kann für einen Revierfremden zum unkalkulierbaren Risiko werden. Also, was tun? Wie alle anderen, wird man mehrmals am Tag zur Wetterstation am Hafenamt tigern und nachschauen, wie sich die Dinge entwikkeln. Man kann es sich jedoch auch selbst ausrechnen: Nach einem Südwest oder Südost hat man am nächsten Tag häufig Starkwind aus SW, der dann − zunehmend − auf NW dreht. So ein Tief dauert zwei, vielleicht auch drei Tage, manchmal folgt dem ersten ein zweites, seltener ein drittes, aber danach hat man dann auch mit ziemlicher Si-

cherheit wieder eine Schön-
wetterperiode. Also: Es ist alles eine Frage der Geduld.
Man kann die Sturmtage ja
auch nutzen: das Seewasser-
aquarium ansehen, ins be-
heizte Meerwasserschwimm-
bad gehen oder gemütlich in
der Kajüte sein Pfeifchen
schmauchen, während drau-
ßen der Wind im Rigg heult.

Wie die Insel entstand

Spätestens, wenn man ei-
nen Spaziergang über das
Oberland macht und die
schräggelagerten Sandstein-
schichten an der Westseite
sieht, wird man sich fragen:
Wie ist diese merkwürdige Insel eigentlich entstanden?
Überall in der Deutschen
Bucht nur Sand, und auf einmal, ganz unvermittelt, mitten im Meer dieser rote Felsen. Man kann ihre Entstehung zwar nicht ganz genau
datieren, weiß aber, wie sie
sich abgespielt hat: Irgend-
wann in grauer Vorzeit ist unter dem Meeresboden ein

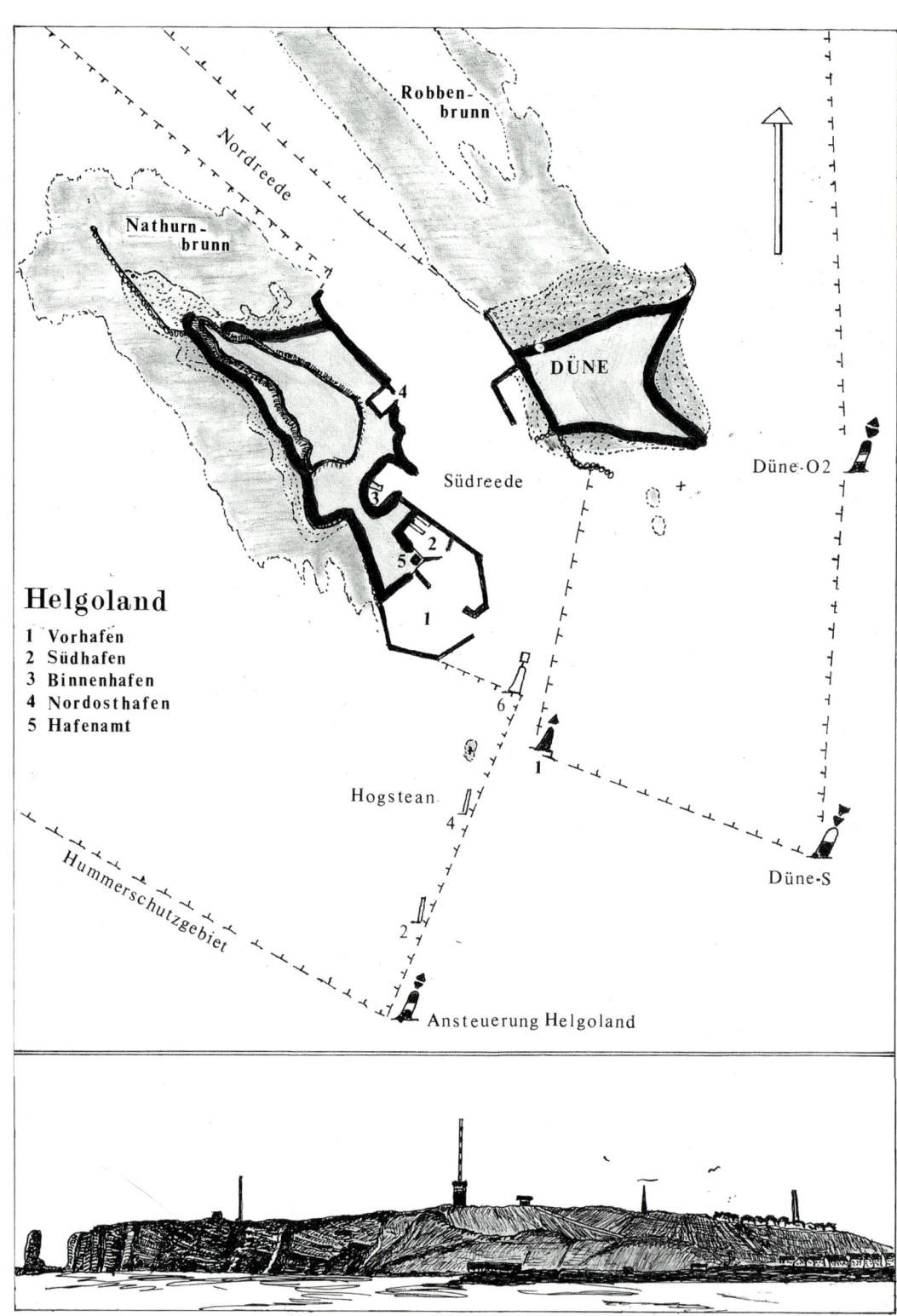

Helgoland

1 Vorhafen
2 Südhafen
3 Binnenhafen
4 Nordosthafen
5 Hafenamt

Salzstock in Bewegung geraten, aufgequollen und hat dabei eine Buntsandsteinplatte nach oben gepreßt. Lange waren Helgoland und Düne nur eine Insel. Erst seit dem Jahr 1702 sind sie durch die Nordreede getrennt. Die Insel war früher auch größer, doch Wind und Wasser haben die weicheren Schichten ausgewaschen, bis nur noch der harte, zackige Fels übrigblieb, der so stabil allerdings auch nicht ist. Man braucht nur einmal einen dieser kleinen roten Brocken in die Hand zu nehmen, dann merkt man, wie leicht er zu zerreiben ist. Um die Insel zu stabilisieren, sind ringsum, besonders aber an der Westseite und an der Felsnadel *Lange Anna*, Betonfundamente gebaut worden. Doch die Insel bröckelt weiter ab. Man sieht es sehr deutlich über den *Lummenfelsen*, wo alte Asphaltpfade plötzlich ins Nichts führen, weil ihre Fortsetzung offensichtlich zusammen mit dem Fels in die Tiefe gestürzt ist.

Etwas Historie

Helgoland ist erst seit 1890 eine deutsche Insel. Vorher war es britisch, und bis zu Beginn des 19. Jahrhunderts gehörte es als Teil des Herzogtums Schleswig zu Dänemark, obwohl sich die Gelehrten immer noch darüber streiten, ob Schleswig wirklich dänisch und nicht doch deutsch war. Das Deutsche Kaiserreich hat Helgoland von den Briten friedlich im Tausch gegen die Insel Sansibar bekommen, die damals zur Kolonie Deutsch-Ostafrika gehörte. Die Flotten- und Kolonialpolitiker nahmen dem Kaiser diesen Tausch ziemlich übel, was man angesichts der strategisch günstigen Lage von Helgoland heute kaum mehr verstehen kann. Im Zweiten Weltkrieg war die Insel ein wichtiger Marinestützpunkt und entsprechend ausgebaut. Die damals in den Fels hineingesprengten U-Boot-Bunker kann man noch − unter sachkundiger Führung − besichtigen.

Die Engländer wollten nach Kriegsende die ganze Insel in die Luft sprengen. Nachdem dies nicht gelingen wollte, flogen ihre Bomber zu Übungszwecken jahrelang Angriffe auf Helgoland. Die Spuren dieser Bombardements sieht man noch deutlich auf dem Oberland, das von Bombentrichtern geradezu übersät ist.

Erst nach 1950 konnten die Inselbewohner zurückkehren, auf eine Insel allerdings, die ein einziges Trümmerfeld war. Der Wiederaufbau sollte bis 1967 dauern.

Die Romantik der alten Fischerhäuser ist für immer dahin, auch den Charme der Hotels aus dem 19. Jahrhundert wird man vergeblich suchen. Jetzt ist alles ein ziemlicher Einheitsstil, mit zwei- bis dreistöckigen, in hellen Farben gehaltenen Häusern. Nur am Binnenhafen ist dem Architekten mit den bunten Hummerbuden, die ein wenig an die Fischerhütten in Skagen erinnern, ein guter Wurf gelungen. Sie stammen noch aus den ersten Anfängen des Wiederaufbaus von Helgoland.

Unten, nahe dem Bootsanleger, steht das Denkmal Hoffmanns von Fallersleben, der 1841 hier auf Helgoland, also ausgerechnet zu der Zeit, als der Union Jack über der Insel wehte, das Deutschlandlied gedichtet hat.

Wenn auch früher alles malerischer, romantischer gewesen sein mag, Helgoland hat immer noch seine eigene faszinierende Atmosphäre. Es ist eben eine Insel, eine Welt für sich.

Nautische Unterlagen: Alle Sportbootkartensätze, die den Bereich der Elbmündung abdecken, und ebenso der Elbatlas enthalten Hafenpläne von Helgoland. Die beste Karte aber ist das Blatt 2 der Sportschiffahrtskarten „Nordfriesische Inseln mit Helgoland", Nr. 3013, Maßstab 1:12500. Für Nachtfahrten benötigt man das Leuchtfeuerverzeichnis. Tidenkalender!
Hafenmeister: Telefon 04725/504; UKW 67, Ruf „Helgolandport" (07.00−21.00)
Wetterstation:
Telefon 04725/606

Die Außenelbe

Wenn man am Großen Vogelsand vorbeiläuft, dann sieht man, gar nicht so weit weg von der Fahrrinne, hoch oben auf dem Sand zwei riesige, rostige Schiffswracks liegen. In der Seekarte findet man ihre Namen: „Ondo" und „Fides". Hört man sich später etwas um, so erfährt man, daß die beiden Dampfer hier in den Winterstürmen 1961 und 1962, also noch gar nicht so lange her, gestrandet sind.

Das ist die Außenelbe: Perfekte Befeuerung, Lotsen, Radarketten, alles optimal gesichert, und dennoch geraten zwei starke, schwere Schiffe auf den Sand und gehen verloren.

Gewiß, im Winter ist kein Fahrtensegler unterwegs, und im Sommer dürften extrem gefährliche Umstände auch selten sein. Aber mit gehörigem Respekt sollte man sich diesem Revier nähern, das ja nicht von ungefähr den Ruf hat, gefährlich, ja tückisch zu sein. Gute Seemannschaft wird hier gefordert. Sorgfältige Navigation, gewissenhaftes Mitkoppeln von Tonne zu Tonne erleichtern besonders dem Revierfremden das Kennenlernen und „Erfahren" dieses reizvollen, abwechslungsreichen Reviers.

Der Fluß, die Elbe, weitet sich in ihrer Mündung trichterförmig, zu einer breiten Meeresbucht. Das schleswig-holsteinische Ufer tritt so weit zurück, daß es nur noch als ferner, feiner Strich zu sehen ist, und auch das nicht immer.

Doch so weit auch das Gewässer scheinen mag, in Wirklichkeit ist nur ein schmaler Schlauch davon tief und befahrbar. Alles andere sind trockenfallende, riesige Sände, mit scharfen Kanten und hartem Grund.

Die Außenelbe schwingt in einem weiten Bogen von Südost nach West, zwängt sich dabei zwischen den Sänden *Großer Vogelsand* im Norden und *Scharhörnriff* im Süden hindurch.

Wie bei jedem Landfall in der Deutschen Bucht, ist schlechte Sicht des Seemanns ärgster Feind. Die Tonnen sind ja im Grunde winzig, die Landmarken auch viel zu weit weg, als daß man sie immer sehen, geschweige denn identifizieren könnte. Das einzige, woran man sich einigermaßen orientieren könnte, sind die großen Schiffe, die zur Elbe hin ziehen oder aus ihr auslaufen. Doch gerade sie können neben den Sänden zur Gefahr werden.

Nähert man sich der Außenelbe bei schlechter Sicht, dann heißt es: Weg! – und möglichst Kurs auf Helgoland nehmen!

Merke: Der beste Hafen an unserer Nordseeküste ist die Insel Helgoland.

Ein zweiter Faktor, den man hier berücksichtigen muß, ist der Strom. Auch er kann für ein kleines Boot das Befahren der Außenelbe unmöglich machen, dann nämlich, wenn ein starker Wind gegenan steht.

Doch anders als die Sichtigkeit ist der Strom ein Faktor, mit dem man rechnen und der einem auch zu sehr schnellen Fahrten verhelfen kann, wenn man ihn nur richtig nutzt.

Das schnellströmende Wasser hält die Fahrrinne tief, aber auch wieder nicht so tief, daß sie ohne Baggern ihre Solltiefe von 13,5 m halten würde. Ununterbrochen wird deshalb hier gebaggert, und Jahr für Jahr werden fünf Millionen Kubikmeter Schlick und Sand vom Meeresboden geholt.

An der schmalsten Stelle, zwischen der roten Tonne 10 und der grünen 9, ist das Fahrwasser eine Seemeile breit; das scheint sehr viel, ist es aber doch nicht, wenn man sieht, welche Schiffsgiganten sich durch diese Enge schieben.

Wie soll man nun seine Fahrt anlegen? Von Helgoland nach Cuxhaven sind es 36 Seemeilen. Wir wissen: Im freien Wasser ist die Strömung nicht sehr stark. In der Außenelbe aber müssen wir mit ihr rechnen, und dies in des Wortes wahrster Bedeutung: rechnen!

Wir brauchen einlaufendes Wasser, also den Flutstrom. Knapp sechs Stunden vor HW Cuxhaven fängt der Flutstrom in der Elbmündung an zu laufen, in der ersten Flutstunde aber noch relativ schwach. Also sollte man nicht sechs Stunden vor HW Cuxhaven vor der Elbmündung ankommen, sondern fünf, besser erst vier Stunden davor. Zwei Knoten (im Mittel) wird der Strom uns schieben, und machen wir selbst vier Knoten Fahrt, dann können wir mit sechs Knoten Fahrt über Grund rechnen, werden also die 16 Seemeilen bis Cuxhaven in knapp drei Stunden absegeln.

In Helgoland legt man am besten die s.g. Tonne *Düne S* an und läuft von da aus mit Kurs r.w. 125° auf die Elbe zu. Vorteil: Man hat unterwegs mehrere Möglichkeiten, seinen Kurs zu kontrollieren und nötigenfalls auch zu korrigieren.

Zuerst passiert man nach etwa zehn Seemeilen die gelbe *Tonne Außenelbe-Reede 4*, die einen Ankerplatz für große Schiffe in NE begrenzt. Stimmt unser Kurs, so laufen wir knapp östlich daran vorbei.

Hat man gute Sicht, so kann man hier schon in Südwest das rote *Feuerschiff Elbe 1* liegen sehen, in dessen Nähe ständig das schwarze Lotsenschiff kreuzt, von dem die Elblotsen übergesetzt werden.

Unser Ziel ist die *rote Tonne 6*. Damit kürzen wir ab, kommen aber den Ausläufern des Großen Vogelsands dennoch nicht zu nahe, außerdem liegt „unsere" Tonne nahe einer auffallenden r.w.r. Leuchtbake. Wahrscheinlich werden wir die rote Tonne 6, unsere Ansteuerung, nicht genau treffen. Aber nach der gelben Tonne *Außenelbe Reede 4* haben wir noch andere Seezeichen, um unseren Kurs zu überprüfen: zunächst die rote Tonne *Außenelbe Reede 3*, die wir in einem Abstand von etwa einer halben Seemeile passieren, und danach in geringem Abstand die *rote Tonne 4*.

Erfahrene Elbsegler mögen schmunzelnd über unsere Segelanweisungen weglesen; aber Revierfremde sollten ruhig pingelig sein und alles daransetzen, sauber und kontrolliert in die Elbe einzulaufen.

Sobald man die rote Tonne 6 erreicht hat, ist Vorsicht geboten; denn nun gilt es das Fahrwasser zu queren, um auf die richtige, die „grüne" Fahrwasserseite zu kommen. Danach allerdings dürfte es mit der Navigation keine großen Probleme mehr geben. Man läuft einfach eine Tonne nach der anderen an und hält sich dabei so weit wie möglich am rechten Fahrwasserrand. Man kann ab der *grünen Tonne 13* auch außerhalb des Tonnenstrichs bleiben, muß dann nur aufpassen, daß man nicht unversehens auf den Leitdamm oder in das *Neuwerker Fahrwasser* gerät, denn das würde einen in eine Sackgasse führen, wird es doch durch einen sechs Seemeilen langen Damm, der bis zur Kugelbake von Cuxhaven führt, vom Hauptfahrwasser abgetrennt.

Auf die *Sandinsel Scharhörn* (Vogelschutzgebiet), die sich immer mehr aufbaut, kann man leider nur im Vorbeifahren einen Blick werfen, ebenso auf den *Leuchtturm Großer Vogelsand*, ein kühnes, auffallendes Bauwerk.

Wer mit dem Kielboot nach Neuwerk möchte – keine einfache Sache –, sollte sich am besten im Cuxhavener Yachthafen von revierkundigen Seglern beraten lassen.

Neuwerk,

eine kleine, flache Insel, die auf dem riesigen Neuwerker Watt liegt, kann man nur nach sorgfältiger Planung anlaufen. Nicht jedes Boot eignet sich dafür. Der Neuwerker Leuchtturm, ein klobiger, 40 m hoher Turm, war über Jahrhunderte die einzige brauchbare Landmarke in der Elbmündung, obwohl er dafür in erster Linie gar nicht gebaut worden war. Der Rat der Hansestadt Hamburg ließ ihn erstellen, damit man ein wachsames Auge auf alles haben konnte, was sich in der Elbmündung bewegte, und das war zumeist lichtscheues Gesindel, das nichts anderes im Sinne hatte als die vollbeladenen Hansekoggen abzufangen und auszurauben. Deshalb setzte der Hamburger Rat auch eine feste Besatzung in den Turm, was aber scheinbar nicht viel genützt hat, denn ausgerechnet der schlimmste aller Seeräuber, Klaus Störtebeker, soll sich im Neuwerker Turm eingenistet haben; und später betrieb selbst der amtlich bestellte Turmvogt von hier aus Seeräuberei, bis man ihm auf die Schliche kam und ihn zusammen mit seinen Spießgesellen 1536 einen Kopf kürzer machte.

Flachgehende Boote können über das Wattfahrwasser Neuwerk erreichen, dort auch im trockenfallenden Hafen liegen. Wer kein geeignetes Boot hat, sollte es wie die 50000 Besucher machen, die jährlich auf die Insel kommen, nämlich mit dem Pferdefuhrwerk bei Ebbe vom Seebad Duhnen aus hinüberkutschieren.

Die Insel wird immer noch ständig von ein paar Bauern, die sich bei Sturmflut in den dicken Turm flüchten können, und dem Leuchtturmwärter bewohnt. Lange war der Plan im Gespräch, bei Neuwerk einen Tiefwasserhafen zu bauen. Doch daraus ist schließlich nichts geworden. Seit 1982 ist Neuwerk Landschaftsschutzgebiet.

Den untiefen *Mittelgrund*, der sich vor noch nicht allzu langer Zeit aufgebaut hat, läßt man an Steuerbord, fährt auch besser nicht über den Tonnenstrich hinaus, damit man nicht unversehens auf den Steindamm mit seinen Querbuhnen kommt.

Cuxhaven

mit seinen Kränen, den Hochhäusern und vor allem der Kugelbake, dem Wahrzeichen der Stadt, wird man schon lange Zeit vor sich liegen sehen. Man passiert den Fährhafen, läuft an der Seebäderbrücke vorbei, an der jetzt auch Containerschiffe bela-

den werden, und dreht dann in den Yachthafen ein. Dies ist allerdings manchmal leichter gesagt als getan; denn vor der nicht sehr breiten Einfahrt setzt ein gewaltiger Strom. Es wäre deshalb nicht falsch, rechtzeitig den Motor anzuwerfen und mit Volldampf in den Hafen einzulaufen.

Dem *Yachthafen* von Cuxhaven fehlt jede Hafenromantik; doch das wäre auch zu viel verlangt, denn ansonsten ist es ein ganz hervorragender Hafen – einmal wegen seiner günstigen Lage, dann aber auch, weil man ihn jederzeit anlaufen kann. Wir werden bald merken, daß dies ein Vorzug ist, der nicht für jeden Elbhafen gilt. Eine klare, großzügige Anlage, wo man an Schwimmstegen gut und ruhig liegt. Die blauen Schilder an den Kopfenden dieser Stege zeigen einem, an welchem Steg man das Boot entsprechend seiner Länge festmachen soll. Man hat Trinkwasser an den Stegen, und im Clubhaus gibt es tadellose sanitäre Einrichtungen; im ersten Stock eben dieses Hauses auch ein recht gemütliches Restaurant mit einem schönen Blick über die Elbe. Selbst Frühstücksbrötchen werden dorthin geliefert.

Um zur Stadt zu gelangen, muß man über eine weite, flache Wiese, den Vordeich, wandern, ein Weg von wenigen Minuten. Cuxhaven liegt gleich hinter dem Deich, ist sehr nüchtern und ganz der See zugewandt. Neben den vielen modernen Gebäuden aus unserer Zeit findet man noch einige alte, aus rotem Backstein errichtete, manchmal geradezu skurrile Bauwerke und Konstruktionen aus der Jahrhundertwende, etwa das Semorphon, den alten Windrichtungsanzeiger neben der Alten Liebe.

Die größte Attraktion von Cuxhaven ist zweifellos die Elbe mit ihren vorbeiziehenden Schiffen. Man sieht sich das am besten von dem mächtigen Bollwerk neben der *Alten Liebe* an, wo die Schiffe fast greifbar nahe (!) an einem vorbeigleiten. 80000 sollen es im Jahr sein, solche Nußschalen wie Segelboote natürlich nicht mitgerechnet.

Der Radarturm Alte Liebe ist zwar ein auffallendes, wenn auch nicht unbedingt schönes Gebäude, ein Zweckbau, der mit seinen gelben Klinkern ein bißchen wie eine zu hoch geratene Tankstelle wirkt.

Größere Bedeutung bekam der so günstig gelegene Hafen erst, als Hamburg hier den Amerikahafen anlegte, der wohl eine Konkurrenz zu Bremerhaven sein sollte. Hier lagen die Auswandererschiffe, die die Enttäuschten des alten Kontinents in das Land der unbegrenzten Möglichkeiten brachten. Ein Platz der Tränen, des Heimwehs, wohl auch der Hoffnung. Bis 1937 gehörte Cuxhaven zu Hamburg; danach kam es zu Niedersachsen.

Relativ große Bedeutung hat noch immer die Cuxhavener Seefischerei, ebenfalls die fischverarbeitende Industrie, aber mehr und mehr gewinnt der Tourismus, wie überall an der Küste, an Gewicht.

Die Versorgung ist gut, es gibt eigentlich nichts, was es nicht gibt; allerdings bekommt man nicht alles am Yachthafen, Verpflegung und Zubehör zum Beispiel (in der Stadt), oder Diesel (im Fischereihafen).

HW und NW siehe Tidenkalender. Der Strom setzt elbaufwärts ab 4 h 10 min vor HW und elbabwärts ab 1 h 30 min nach HW. Maximale Stromgeschwindigkeit einlaufend 4 sm/h, auslaufend 4,5 sm/h. MTH (Mittlerer Tidenhub) 3 m.

Nautische Unterlagen: Sehr praktisch, vor allem handlich, ist der „Elbatlas", Maßstab 1:50000; nicht nur mit Karten, sondern auch mit vielen nützlichen Hinweisen. Teilweise etwas genauer (Maßstab 1:30000) ist der Sportboot-Kartensatz Nr. 3010, „Karten der Elbe", in Klarsichthülle, praktisch, doch entschieden unhandlicher als der Elbatlas. Tidenkalender (absolut unentbehrlich). Eventuell noch das Leuchtfeuerverzeichnis Nr. 2102, Teil III A, „Nordsee, südlicher Teil".

Fahren in Gezeitengewässern

Man kann das Fahren in Gezeitengewässern zur Wissenschaft machen − und damit jeden Revierfremden abschrecken. In der Praxis zeigt sich bald, daß ein zu exaktes Planen und Rechnen, schlicht gesagt: unsinnig ist; denn was nützt mir ein auf den Zentimeter genau ausgerechneter Wasserstand, wenn er in Wirklichkeit wegen des Windes, oder auch wegen einer Ungenauigkeit in der Seekarte dann doch nicht stimmt? Man sollte die Dinge nicht komplizierter machen als sie es schon sind. Mit einigen Grundbegriffen aber muß man vertraut sein, mehr noch: diese nach Möglichkeit auch im Schlaf beherrschen.

Gezeitengewässer − dies bedeutet, man hat es mit einem Gewässer zu tun, dessen **Wasserstand** sich mit einer gewissen Regelmäßigkeit ändert, eben nach den Gezeiten.

Im Laufe einer **Gezeit**, auch und besser **Tide** genannt, die rund zwölf Stunden dauert, steigt das Wasser sechs Stunden lang, um danach ebenfalls sechs Stunden lang wieder zu fallen; dann beginnt das ganze aufs neue. Präzise Angaben zu den Gezeiten findet man im **Tidenkalender,** der beim Fahren in derartigen Revieren unbedingt an Bord gehört.

Das **auflaufende,** steigende Wasser nennt man **Flut,** das **ablaufende,** sinkende Wasser **Ebbe.** Flut und Ebbe bilden zusammen eine Tide (Gezeit). Der höchste Wasserstand wird als **Hochwasser** (abgekürzt HW), der niedrigste als **Niedrigwasser** (NW) bezeichnet. Den Unterschied zwischen NW und HW nennt man **Tidenhub.** Benutzt man der Einfachheit halber (wie in diesem Buch) ein rechnerisches Mittel, dann heißt dies **Mittlerer Tidenhub** (MTH).

Verursacht wird dieses Steigen und Fallen des Wassers vom Mond (und geringer von der Sonne). Dies hier im Detail zu erklären, würde zu weit führen.

Tidenkurve

Stunden vor HW   nach HW

Cuxhaven 1984

Tag	Juli HW Uhr	Uhr	NW Uhr	Uhr	Tag	August HW Uhr	Uhr	NW Uhr	Uhr
1 S	3.25	15.41	10.08	22.40	1 M	4.51	16.59	11.31	
					2 D	5.35	17.46	0.05	12.12
2 M	4.13	16.26	10.53	23.27	3 F	6.23	18.35	0.49	12.58
3 D	5.00	17.11	11.37		4 S 1	7.12	19.25	1.34	13.44
4 M	5.49	18.00	0.14	12.23	5 S	8.00	20.19	2.18	14.31
5 D 1	6.43	18.55	1.04	13.15					
6 F	7.40	19.51	1.57	14.09	6 M	8.55	21.24	3.07	15.30
7 S	8.36	20.51	2.51	15.05	7 D	10.04	22.43	4.12	16.48
8 S	9.36	21.57	3.49	16.08	8 M	11.21		5.30	18.12
					9 D	0.02	12.30	6.46	19.23
9 M	10.40	23.06	4.52	17.19	10 F	1.08	13.24	7.47	20.17
10 D			5.58	18.30	11 S 2	1.57	14.08	8.34	21.01
11 M	0.14	12.42	7.02	19.32	12 S	2.37	14.47	9.15	21.42
12 D	1.14	13.34	7.58	20.26	13 M	3.15	15.23	9.53	22.19
13 F 2	2.05	14.20	8.46	21.13	14 D	3.50	15.58	10.27	22.52
14 S	2.48	15.01	9.28	21.54	15 M	4.22	16.30	10.56	23.22
15 S	3.29	15.40	10.07	22.34	16 D	4.51	17.01	11.24	23.51
16 M	4.08	16.18	10.43	23.12	17 F	5.23	17.32	11.54	
17 D	4.45	16.53	11.17	23.47	18 S	5.55	18.03	0.22	12.24
18 M	5.20	17.28	11.49		19 S 3	6.24	18.32	0.49	12.50
19 D	5.56	18.04	0.21	12.21					
20 F	6.32	18.41	0.56	12.54	20 M	6.54	19.11	1.11	13.19
21 S 3	7.08	19.19	1.29	13.28	21 D	7.40	20.12	1.45	14.12
22 S	7.49	20.07	2.01	14.12	22 M	8.50	21.35	2.48	15.33
					23 D	10.15	23.03	4.17	17.08
23 M	8.44	21.11	2.47	15.13	24 F	11.37		5.47	18.34
24 D	9.51	22.24	3.53	16.29	25 S	0.20	12.46	7.04	19.44
25 M	11.01	23.34	5.08	17.46	26 S 0	1.24	13.41	8.08	20.43
26 D		12.06	6.18	18.56					
27 F	0.37	13.03	7.21	19.56	27 M	2.19	14.30	9.03	21.34
28 S 0	1.35	13.54	8.18	20.51	28 D	3.07	15.16	9.52	22.22
29 S	2.28	14.44	9.12	21.45	29 M	3.51	15.59	10.36	23.05
					30 D	4.33	16.42	11.16	23.46
30 M	3.19	15.32	10.02	22.35	31 F	5.13	17.25	11.54	
31 D	4.06	16.16	10.49	23.22					

0 : Neumond   1 : Erstes Viertel   2 : Vollmond   3 : Letztes Viertel

Mitteleuropäische Sommerzeit

Wie sieht es nun in der Praxis aus, wenn ich ein bestimmtes Revier im Wattenmeer oder – wie jetzt die Elbe – befahren will? Die wichtigste Frage ist zunächst, reicht die Wassertiefe für mein Boot aus? Wenn ich dort fahren will, muß sie größer sein als der Tiefgang meines Bootes. In der **Seekarte** sind für eine Unzahl von Punkten die Wassertiefen angegeben. Sie alle geben mir (vereinfacht gesagt) den niedrigsten Wasserstand an, das **Seekartennull** (KN). Ich kann davon ausgehen, daß ich im Normalfall bei NW mindestens soviel Wasser vorfinde, wie in der Karte angegeben ist.

Wenn ich in der Seekarte 1,5 ablese, dann bedeutet dies, bei NW stehen dort noch eineinhalb Meter Wasser. Ist diese Zahl jedoch unterstrichen, so: 1,5, dann bedeutet dies: bei NW liegt dieser Punkt 1,5 m über Seekartennull, oder anders: 1,5 m hoch über NW, also trocken, es steht dann dort überhaupt kein Wasser.

Nun ändert sich durch Ebbe und Flut ja etwas. Angenommen, ich lese in der Karte eine Wassertiefe von 1 m ab, und der MTH beträgt 2,4 m, dann habe ich hier exakt bei HW eine Wassertiefe von 1,0 plus 2,4 gleich 3,4 m.

Steht in der Karte hingegen 1,0, dann habe ich dort 2,4 minus 1,0 gleich 1,4 m effektive Wassertiefe und, wie gesagt, exakt bei HW. Nicht schwer.

Wie ist aber nun der Wasserstand im Verlauf einer Flut oder einer Ebbe? Denn das Wasser steigt bzw. fällt ja kontinuierlich über jeweils etwa sechs Stunden; ich habe also im Verlauf einer Tide sich ständig verändernde Wassertiefen. Gut kommt man hier mit der **Zwölferregel** zurecht, die zwar die Dinge sehr vereinfacht, in der Praxis aber ausreichend genau ist.

Diese **Zwölferregel** geht so: Bei ablaufendem Wasser (Ebbe) fließt das Wasser in der ersten Stunde nach HW um ein Zwölftel des MTH ab, in der zweiten Stunde um zwei Zwölftel, in der dritten um drei Zwölftel. Beispiel: bei einem MTH von 2,4 m habe ich eine Stunde nach HW davon noch 2,2 m (2,4 − 0,2 [= $\frac{1}{12}$] = 2,2 m); zwei Stunden nach HW schon nur noch 1,8 m (2,4 − 0,2 [$\frac{1}{12}$] − 0,4 [$\frac{2}{12}$]) und drei Stunden nach HW nur noch 1,2 m (2,4 − 0,2 [$\frac{1}{12}$] − 0,4 [$\frac{2}{12}$] − 0,6 [$\frac{3}{12}$]). Natürlich immer plus Wassertiefe laut Seekarte (siehe oben).

Bei auflaufendem Wasser geht es umgekehrt: in der dritten Stunde vor HW steigt das Wasser um $\frac{3}{12}$, in der zweiten um $\frac{2}{12}$ und in der letzten um $\frac{1}{12}$.

Bleibt noch die Frage: Wann ist das der Fall? Man muß also die Zeit des HW beziehungsweise NW kennen. Würde eine Tide genau und exakt zwölf Stunden dauern, dann lägen auch die Zeiten für HW und NW unverändert fest. Dem ist aber nicht so. Eine Tide dauert in Wahrheit etwas mehr als zwölf Stunden, nämlich durchschnittlich 12 h 25 min, der Zeitpunkt für HW und NW verschiebt sich also ständig. Diese Zeiten sind für ein ganzes Jahr vom Deutschen Hydrographischen Institut ausgerechnet und im **Tidenkalender** in Tabellenform abgedruckt. Für die Deutsche Bucht ist der Tidenkalender ein kleines blaues Heft, das jedes Jahr neu erscheint und das für die wichtigsten Orte, die **Bezugsorte,** für jeden Tag des Jahres die Zeiten für Hoch- und Niedrigwasser angibt, und für weniger wichtige Orte, die **Anschlußorte,** die Zeitunterschiede zum Bezugsort. Beispiel: Cuxhaven ist Bezugsort, Otterndorf Anschlußort mit folgenden Angaben im Tidenkalender: HW + 21, NW + 32. Dies heißt: Das Hochwasser in Otterndorf tritt 21 Minuten später als das HW Cuxhaven ein, und das NW 32 Minuten später als das NW Cuxhaven.

Plus als Vorzeichen bedeutet also später als Bezugsort, Minus früher.

Da das Wasser auf- und abläuft, verursacht es eine **Strömung.** Man kann sagen: je enger ein Gewässer ist, desto schneller läuft der Strom, etwa in einem Seegatt. Bei Flüssen, wie der Elbe oder der Weser, wird der **Gezeitenstrom** natürlich noch durch den Strom des Flusses beeinflußt. Der Skipper wird immer versuchen, den Strom zu nutzen, also mit ihm zu fahren.

Tide ist nicht immer gleich Tide. Man unterscheidet noch **Springtide** und **Nipptide.** Bei Springtide ist die Tidenkurve steiler, bei Nipptide flacher als normal. Das heißt: bei Springtide ist der Wasserstand bei HW höher und bei NW niedriger als im Mittel. Bei Nipptide hingegen ist der Wasserstand bei HW etwas niedriger und bei NW etwas höher. Bei Springtide sind zum Beispiel in der Deutschen Bucht die Wasserstände bei HW um zirka 35 cm höher als bei Nippzeit. Verursacht wird dies durch den Einfluß von Mond *und* Sonne. Als Faustregel gilt: Springzeit ist drei Tage nach Vollmond und drei Tage nach Neumond, Nippzeit ist drei Tage nach Halbmond.

Eine weitere Komplikation: der Wasserstand wird nicht nur durch die Gezeiten verändert, sondern auch durch den Wind. In der Ostsee zum Beispiel spielen die Gezeiten eine geringe Rolle, dafür gibt es bei diesem relativ geschlossenen Seegebiet erhebliche Wasserstandsveränderungen durch den Wind.

In der Deutschen Bucht gilt: Ostwind senkt den Wasserstand, und zwar bei Bft 5 um etwa einen halben Meter; westliche Winde lassen ihn dagegen steigen − bei Bft 5 aus SW um etwa ¼ m, bei ebenfalls Bft 5 aus W oder NW um ½ m.

Nochmals: allzu genau zu rechnen gibt keinen Sinn. Einmal, weil Gezeitengewässer ständigen Veränderungen unterliegen, die in der Seekarte, auch der aktuellsten, gar nicht berücksichtigt werden können, dann aber auch, weil man *alle* natürlichen Faktoren nicht in vollem Umfang berücksichtigen kann. Der gewissenhafte Skipper wird deshalb immer eine gute Reserve einplanen, und die sollte schon mehr sein als die berühmte Handbreit unter dem Kiel.

Die flache Rhinplatte, hinter der man gut ankern kann, trennt den Hauptstrom von der Glückstädter Nebenelbe. Die beiden Fähren verkehren zwischen Glückstadt, das links in der Bildmitte zu sehen ist, und Wischhafen. Im Hintergrund erkennt man den Schwarztonnensand (rechts) und den Pagensand (links).

2 Von Cuxhaven nach Glückstadt

AUF DEM GROSSEN STROM

1 *Winzig: der kleine Sielhafen von Altenbruch.*

2 *Der gemütliche Stadthafen von Neuhaus an der Oste. Nicht das richtige für große Boote. Bei NW fällt er auch weitgehend trocken.*

3 *In ausgesprochen schöner Umgebung liegt man an den Stegen des neuen Yachthafens von Neuhaus.*

4 *Otterndorf bei sehr wenig Wasser. Doch selbst tiefgehende Kielboote liegen in dem weichen Schlick ohne Probleme. Man muß nur nahe HW einlaufen. Um zum Hadelner Kanal (rechts oben) zu gelangen, muß man durch die Schleuse; dann findet man auch gleich dahinter sehr ruhige, tidenfreie Liegeplätze.*

1 Brunsbüttel mit den Schleusen zum Nord-Ostsee-Kanal. Der schmale Priel links davor führt zum Alten Hafen.

2 Der Alte Hafen von Brunsbüttel: ein idyllischer Platz, aber nur nahe HW zu erreichen.

3 Glückstadt. Wie wunderbar dieses Städtchen wirklich ist, erkennt man erst, wenn man im Innenhafen festgemacht hat.

4 Die Mündung der Stör in die Elbe. In der Flußschleife links sieht man Wewelsfleth und direkt neben dem Sperrwerk das Störloch.

5 Das Störloch, ein eigenartig-stiller Platz, doch bei NW fast nur noch grauer Schlick.

5

1 *Wewelsfleth an der Stör. Die gelben Kräne der Schiffswerft kann man von weit draußen auf der Elbe schon sehen. Schönes Städtchen mit eher mäßigen Liegeplätzen.*

2 *In weiten Schleifen zieht sich die Stör durch die grüne Wilster Marsch. Am Langen Rack kann man gut liegen.*

3 *Beidenfleth, in vielem Wewelsfleth ähnlich, aber mit erheblich besseren Liegeplätzen.*

4 *Kasenort. Der wohl schönste Platz an der Stör. In dem winzigen, trockenfallenden Becken sollten nur kleinere Boote festmachen. Wer durch die alte Holländerschleuse fährt, kann gut im gleichmäßig tiefen Wasser der Wilster Au liegen; bis zur nächsten Tide sitzt man allerdings fest.*

Leinen los in Cuxhaven! Wir fahren die Unterelbe hoch. Vor uns liegen mehrere kleine, manchmal auch ganz weltenferne Häfen. Doch alle erreichen wir nur bei Hochwasser. Wer zur Ostsee will, der wird durch die großen Schleusen von Brunsbüttel in den Nord-Ostsee-Kanal fahren. Weiter auf der Elbe führt unser Törn nach Glückstadt, einem alten, von den Dänen gegründeten Hafen- und Festungsstädtchen. Wer eine idyllische Flußfahrt weit hinein ins Binnenland machen will, der kann die Stör hochschippern, einen schmalen Fluß, der sich in weiten Schleifen durch die grüne Wilster Marsch zieht; mit mehreren Häfen an seinen Ufern, einer einsamer als der andere.

Eine Fahrt elbaufwärts wird man immer nach dem Flutstrom planen; denn gegen den Ebbstrom angehen zu wollen, der drei bis vier sm/h laufen kann, wäre unsinnig. Manches Segelboot würde bei wenig Wind wahrscheinlich sogar auf der Stelle stehen.

Also ab in Cuxhaven bei auflaufendem Wasser. Das Fahrwasser führt uns nun ganz dicht am Südufer der Elbe entlang, vor dem hohen grünen Deich, über dem schlanke, spitze Kirchtürme und dunkle Waldgruppen lugen. Von Industrie an der Unterelbe anfangs noch keine Spur, alles nur grüne Idylle.

An dem winzigen Sielhafen

Altenbruch

wird man wohl, so kurz nach Cuxhaven, vorbeilaufen. Der Hafen, der trockenfällt, liegt unterhalb eines schwarz-weißen Leuchtturms. Oben auf dem Deich ein einfaches Restaurant, dahinter die Marschlandschaft der Niederelbe.

MTH 2,9 m (alle anderen Daten ähnlich Cuxhaven).

Seglerschnack vor Altenbruch: Wann hat die Frau an Bord das Kommando? Antwort: Wenn die beiden Kirchtürme von Altenbruch in Peilung stehen. Wie lange ist das? Antwort: Allenfalls ein paar Sekunden.

Es sind die Türme der St. Nicolaikirche, einer der schönsten und reichsten Kirchen in dieser Gegend. Hier wurden einst Siegel und Archiv des Landes Hadeln aufbewahrt, das das reichste Korngebiet Deutschlands gewesen sein soll.

An dem hohen, dünnen säulenförmigen, rot-weiß gestreiften Leuchtturm erkennt man am besten die Lage von

Otterndorf

dessen Hafen im flachen, grünen Vorland vor dem Deich liegt. An der Einfahrt, an deren Westseite ein sieben Meter hoher, schwarzer Pfahl mit einer Geländerplattform

steht, das *Leuchtfeuer Medem* (Blz.(3) 12s), zweigt in leichtem Bogen das Fahrwasser ab, das bei NW nicht mehr als etwa einen halben Meter tief und an seiner Stb-Seite mit Stangen markiert ist.

Otterndorf hat zwei Häfen, doch einer der beiden befindet sich jenseits der Schleuse am Hadelner Kanal und kann nur durch eine Art Tunnel erreicht werden, so daß ein Segelboot extra den Mast legen müßte. Diese Umstände wird man sich nur machen, wenn man auch wirklich in den *Hadelner Kanal* will, der einen nach einer schönen langen Fahrt durch das Land zwischen Elbe und Weser nach Bremerhaven führen würde und weiter über den Küstenkanal zur Ems und in die Niederlande. Diese Wasserstraße wird von den Holländern, die in die Ostsee fahren, zahlreich benutzt, so daß der kleine Hafen binnendeichs in der Urlaubszeit meistens überfüllt ist.

Wer in der Elbe weiterfahren will, der wird sich nach der Einfahrt rechter Hand halten und auf die Schwimmstege des ehemaligen *Kutterhafens* zulaufen. Am vorderen Schwimmsteg können Yachten mit einem Tiefgang bis zu 1,8 m festmachen, am hinteren gilt ein Maß von 1,6 m. Überall läuft mit dem Ebbstrom das Wasser weg, was einen aber nicht zu bekümmern braucht, denn das Boot wird weich und sanft in den Schlick einsinken.

Direkt am Hafen steht das Restaurant „Elbblick", das diesen Namen sehr zu Recht führt. Steigt man über den Deich, dann findet man in einem Wäldchen ein paar weitere Lokale, die teilweise schön stilvoll eingerichtet sind.

Zur Stadt selbst hat man es leider ziemlich weit. Doch die halbe Stunde Fußmarsch lohnt sich schon. Otterndorf, das von rührigen Fremdenverkehrsförderern „Rothenburg des Nordens" genannt wird (warum gleich immer so vollmundig?), ist im Kern ein altes Hafenstädtchen geblieben, mit behäbigen Speichern am ehemaligen Flußhafen und schönen Kaufmannshäu-

sern um den Marktplatz. Noch immer ist es die Stadt des Johann Hinrich Voß, der hier als Rektor der Lateinschule wirkte (von 1778 bis 1782) und als erster die Ilias und die Odyssee ins Deutsche übersetzte.

HW 21 min nach HW Cuxhaven, NW 32 min nach NW Cuxhaven. Der Strom setzt elbaufwärts ab 3 h 50 min vor HW Cuxhaven, und elbabwärts 1 h 50 min nach HW Cuxhaven. Stromgeschwindigkeit: einlaufend 3,5 sm/h, auslaufend 4 sm/h. MTH 2,9 m

Das Problem mit zu wenig Wasser hat man an der Oste nicht unbedingt, doch daß die

Ostemündung

ein Fluchthafen ist, bezweifle ich sehr. Man muß hier nur einmal vorbeisegeln, wenn dort Strom gegen Wind steht, wenn das Wasser brodelt und die Tonnen wild auf den Wellen tanzen. Wer möchte dann da einsteuern?

Auffallendste Landmarke ist die *Leuchtbake Oste*, die am Kopf eines Leitdammes steht, und zwar an der Ostseite des Fahrwassers: ein 11 m hohes Leuchttürmchen schwarz mit rotem Band (Blk.w/r/gn.-8s). Doch trotz des zusätzlich vorhandenen *Richtfeuers Oste* (Linie 130° O.F.f./UF. Glt.w/r.-6s) sollte ein Ortsfremder nachts nicht in die Oste einlaufen, es sei denn, die Nacht wäre sehr hell.

Die Oste hat überall so viel Wasser, daß dieses schöne Flüßchen noch von Schiffern bis zu einem Tiefgang von 2,2 m befahren werden kann, was allerdings immer seltener geschieht. Die Wassertiefe dürfte also für ein Sportboot allemal reichen; sie mißt allerdings in der Einfahrt zumeist etwas weniger als in der Oste selbst, und zwar sollte man damit zwischen den beiden ersten Tonnen rechnen, wo sich quasi ein Barre aufgebaut hat.

Das an der Ostemündung gelegene Watt ist Naturschutzgebiet und darf nicht betreten werden. Sonst kann es ein är-

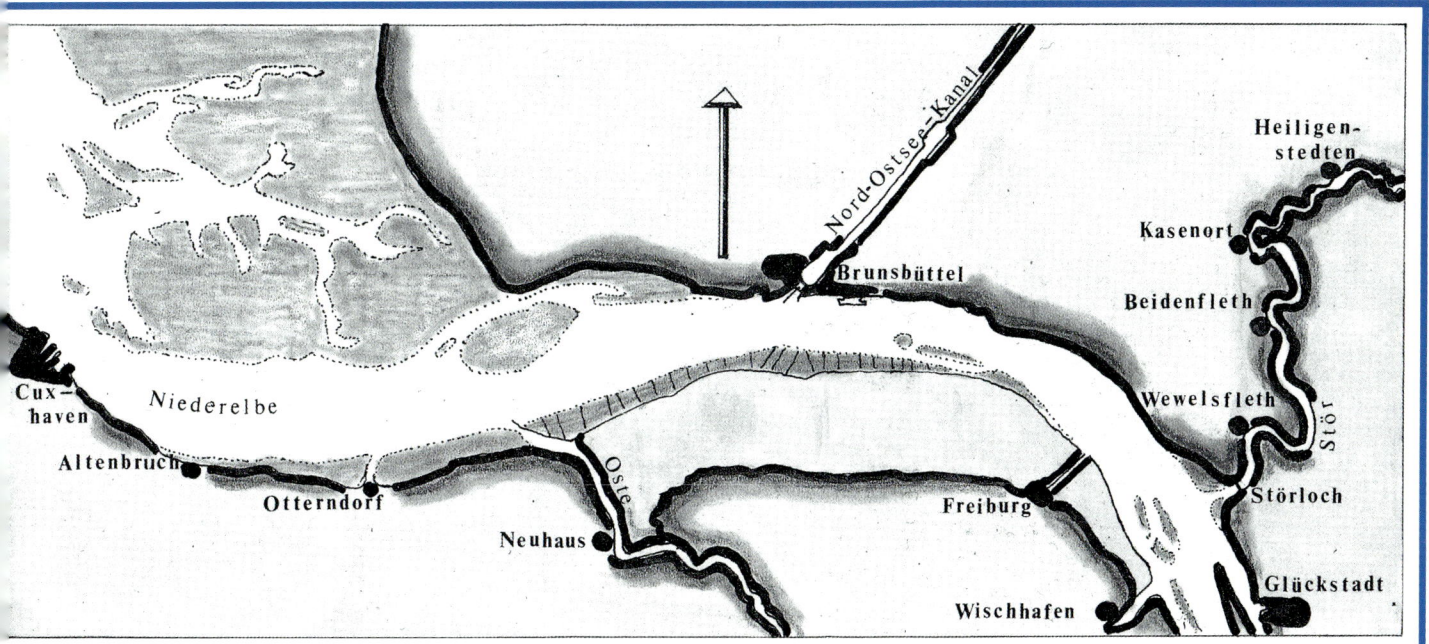

gerliches Loch in der Urlaubs-
kasse geben.

Den 100 m, manchmal so-
gar 200 m breiten Fluß, der
behäbig durch eine still-
beschauliche Landschaft
strömt, kann selbst ein Segelboot weit hinauffahren, zumeist aber wird das Städtchen

Neuhaus

das äußerste bleiben: ein in
tiefster Provinz dahinschlum-
mernder Flecken, wo die Zeit
still zu stehen scheint; kein
Mensch ist mittags in den engen Gassen zu sehen; das
Städtchen liegt wie ausgestorben da. Ein merkwürdig ver-
sponnener Ort, mit einer
prächtigen Barockkirche und
einigen imposanten, doch immer mehr verfallenden Häusern am alten Hafen.

Zum alten Stadthafen führt
das Flüßchen Aue. Am Be-
ginn des Hafenpriels an Bb
drei Pricken, hinter denen
Pfahlreste im Wasser stehen.
In dem sehr kleinen Hafen liegen immer noch ein paar
Fischkutter. Auch eine kleine
Werft gibt es noch. Das alles
ist nicht ohne Reiz, für ein
großes Boot aber nicht das
Richtige. Viel besser liegt
man an den Schwimmstegen
des neuen Yachthafens, nur
wenig stromaufwärts. Ein

idyllischer Platz im Grünen,
mit einem propperen, reetgedeckten Clubhaus.

Das Sperrwerk, gut zwei
Seemeilen oberhalb der Ostemündung, hat eine 5,7 m
hohe Brücke, die auf Verlangen (Schallsignal lang-lang)
zwischen 05.00 und 22.00 jederzeit geöffnet wird.

HW 47 min nach HW Cuxha-
ven, NW 1 h 4 min nach NW
Cuxhaven. Der Strom setzt
elbaufwärts ab 3 h 30 min vor
und elbabwärts 2 h 20 min
nach HW Cuxhaven. Stromge-
schwindigkeit: einlaufend zwi-
schen 2,5 und 3,5 sm/h, aus-
laufend 3,8 bis 4 sm/h.
MTH 2,7 m (alles Ostemün-
dung).

Brunsbüttel

wird man zumeist nur dann
ansteuern, wenn man durch
den Nord-Ostsee-Kanal zur
Ostsee fahren will. Dann erle-
digen sich allerdings auch alle
Liegeplatzprobleme automa-
tisch; denn binnen am Kanal,
dicht neben der großen
Neuen Schleuse, kommt man
in einem kleinen, anheimelnd
unter tiefhängenden Weidenbäumen liegenden *Yachthafen*
bestens unter, vorausgesetzt,
er ist nicht überfüllt, wie es in
der Urlaubszeit häufig der

Fall ist. Jedenfalls liegt man
hier sehr gut und hat auch immer etwas zu sehen; denn die
Schiffskolosse schieben sich
nur ein paar Meter entfernt
durch die gewaltigen Schleusen: ein Schauspiel, das man
sich nie übersieht.

Findet man hier keinen
Platz, so kann man ein paar
hundert Meter weiter im Kanal auf der gleichen Seite an
einem *Hilfsanleger* festmachen − auch kein schlechter
Platz.

Allerdings: Nur zum Über-
nachten wird man nicht
schleusen wollen, schon allein
wegen der hohen Schleusen-
gebühren. Für das Einlaufen
gelten die Signale nach den
Bestimmungen der Kanalord-
nung.

Will man auf der Elbe bleiben, könnte man noch in den
Alten Hafen, der nur wenig
elbabwärts gleich hinter der
Zufahrt der Neuen Schleuse
liegt. Ein schöner, man kann
ruhig sagen: idyllischer Platz,
unter hohen Pappeln und Weiden. Doch es ist ein Gezeiten-
hafen, den man bei NW nicht
anlaufen kann, denn in der
Rinne, die zu ihm führt, bleiben dann nur 50, bestenfalls
80 cm Wasser. Einlaufen ist
erst zirka eine Stunde nach
NW möglich. Am Beginn der
Ansteuerung steht an der Bb-
Seite ein Pfahl mit einem ro-

ten Zylinder als Toppzeichen, danach folgen Pricken. Das Problem: Kurz vor dem Hafenpriel steigt der Grund steil an, und sollte man hier aufkommen, so wäre das sehr unangenehm. Der Grund besteht aus hartem Sand, und der Schwell der draußen vorbeiziehenden Schiffe würde das Boot hart aufschlagen lassen.

Gäste legen sich am besten links an die städtischen Stege, rechter Hand hat der Segelclub seine Plätze. In dem kleinen Werfthafen findet man zumeist keinen Platz. Die Versorgung ist insgesamt gut: Treibstoff müßte man sich allerdings von der Tankstelle holen. Wer durch den Kanal fährt, der kann jedoch dort am Nordufer, etwas östlich der Schleusen, nahe dem Hilfsanleger, bunkern.

Der Alte Hafen ist befeuert: Ein Richtfeuer (OF. u. UF. 2 Ubr.(3)r.) führt *in etwa* durch den Priel und auf die Liegeplätze zu. In einer hellen Nacht, bei HW und unter fleißigem Loten, könnte man es zur Not wagen. Sonst würde ich eher raten, nicht auf das Geld zu gucken und in den Kanalhafen zu schleusen.

Dieser Alte Hafen von Brunsbüttel, das bis auf die Schleusenanlagen wenig Se-

Hafen all das für einen Hafen übliche Gewerbe angesiedelt: Reepschläger, Schiffsschmiede, auch Werften. Die Ebsen-Werft ist ein Überbleibsel aus jener Zeit.

HW 1 h nach HW Cuxhaven, NW 1 h 20 min nach NW Cuxhaven. Der Strom setzt elbaufwärts ab 3 h 40 min vor und elbabwärts ab 2 h 20 min nach HW Cuxhaven. Stromgeschwindigkeit: einlaufend 2,2, auslaufend 3,2 sm/h. MTH 2,7 m

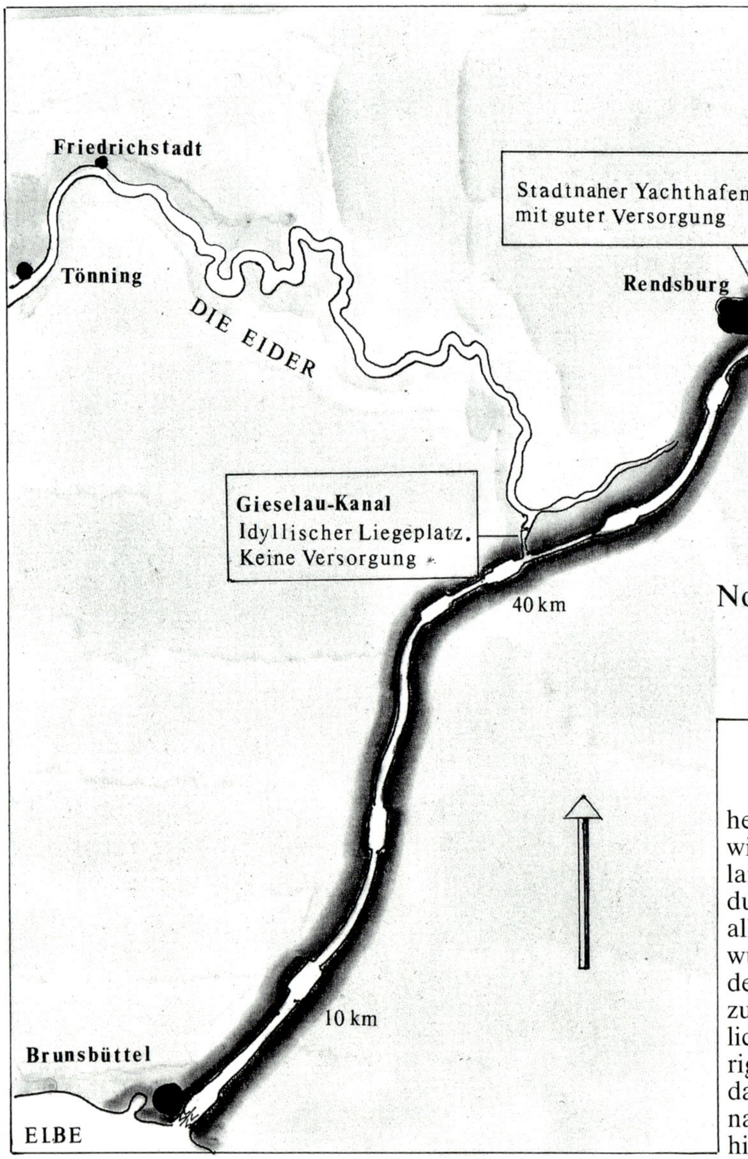

OSTSEE

Friedrichstadt

Tönning

DIE EIDER

Stadtnaher Yachthafen mit guter Versorgung

Rendsburg

Holtenau

Kiel

85 km

65 km

Flemhuder See Guter Ankerplatz

Gieselau-Kanal Idyllischer Liegeplatz. Keine Versorgung

Der Nord-Ostsee-Kanal

40 km

10 km

Brunsbüttel

ELBE

henswertes hat, war einst ein wichtiger Ladeplatz für die landwirtschaftlichen Produkte des Hinterlandes; vor allem Butter und Getreide wurden hier verschifft. Außerdem fuhren von hier Schiffe zum Walfang aus, ein einträgliches Geschäft bis in das vorige Jahrhundert hinein; doch dann hat sich durch den Kanalbau alles geändert. Bis dahin war rings um den Alten

Der Nord-Ostsee-Kanal

Wie so oft, war auch hier der Krieg der Vater aller Dinge. Das junge Deutsch Kaiserreich trieb mit enorme Energie (und schlimmen Fo gen) den Bau seiner Flotte voran; ein Teil davon lag trad tionell in Kiel, während fü das Nordseegeschwader de neue Kriegshafen Wilhelmshaven vorgesehen war. Damit man nun die Flotten nach Bedarf schnell von der Ostsee in die Nordsee oder auch umgekehrt verlegen konnte, sollte der Kanal gebaut werden, dessen Maße sich deshalb auch zuerst nach den Maßen der damals größten Kriegsschiffe richteten. 1887 legte der greise Kaiser Wilhelm I. in Kiel-Holtenau den Grundstein. Sieben Jahre später fuhr sein Enkel, Wilhelm II., mit seiner Yacht durch den nun fertigen Kanal und durchschnitt in Brunsbüttel das Band zur Eröffnung. Zweimal wurde der Kanal, der nach dem Ende der Monarchie nicht mehr Kaiser-Wilhelm-, sondern Nord-Ostsee-Kanal heißt, vergrößert: erstmals schon 1907, damit die größeren Schlachtschiffe hindurchfahren konnten, und 1962 nochmals, so daß jetzt auch die modernen Großfrachter passieren können. Der Nord-Ostsee-Kanal ist die am meisten befahrene Wasserstraße der Welt, die jährlich von 80000 Schiffen passiert wird.

Die Alte Schleuse, durch die zumeist die Sportboote abgefertigt werden, ist ein richtiges schönes Museumsstück: reinster Wilhelmismus.

Der Kanal ist rund 100 km lang; ihn zu befahren ist nicht schwierig, eher langweilig. Fahrt unter Motor ist bindend vorgeschrieben, und wenn man etwas aufs Tempo drückt, kann man es in einem Tag bewältigen. Will man zusätzlich Segel setzen, sollte man den schwarzen Kegel nicht vergessen. Hierauf achtet die WSP besonders (s. a. Band Ostsee).

Weiter auf der Elbe

Auf der Höhe von Brunsbüttel tritt der Flußcharakter der Elbe erstmals deutlich hervor. Von Deich zu Deich mißt der Fluß jetzt nur noch knapp zwei Seemeilen. Hier bekommt man zum erstenmal eine großen Industrieanlagen zu sehen, die es an der Elbe auch gibt: die östlich von

Brunsbüttel in den letzten Jahren entstandene gewaltige Industrielandschaft, zu der auch ein Elbehafen gehört, der allerdings nicht mehr ist als eine große Ladebrücke.

Der Landgrund steigt jetzt überall extrem steil an, die Tonnen allerdings liegen auch immer ein gehöriges Stück davor.

Und bald hat man Brokdorf voraus: das so lange und so heftig umstrittene Atomkraftwerk; es liegt direkt am Strom, ein gelblich-weiß schimmerndes Bauwerk, das entfernte Ähnlichkeit mit einer Moschee hat. Man kann an ihm nichts Ungewöhnliches oder gar Bedrohliches entdecken, und doch: Unwillkürlich zieht man die Schultern ein und ist froh, wenn man endlich an diesem unheimlichen Giganten vorbei ist. Unser Ziel soll jetzt

Glückstadt

sein, neben Stade wohl das schönste Städtchen an der Elbe.

Die Stadt liegt, von der Elbe aus zunächst etwas unscheinbar wirkend und auch etwas versteckt hinter der *Rhinplatte*, einer langgezogenen, buschbewachsenen Insel. Man segelt aus dem Hauptfahrwasser und steuert in die *Glückstädter Nebenelbe* ein, wo man kann, und dies nur nebenbei bemerkt, vor eben dieser Rhinplatte recht gut ankern könnte. Dies kann durchaus eine Alternative sein, wenn an den Wochenenden der Glückstädter Hafen voll von Elbseglern ist.

Der Hafen besteht aus dem Außenhafen und dem mittels einer Schleuse von diesem getrennten Binnenhafen. Wenn irgend möglich, sollte man in den *Binnenhafen*, dies ist aber nur nahe HW möglich: Die Schleuse öffnet in der Zeit von 2 h vor HW bis spätestens ½ h nach HW; danach sind die Tore bis zum nächsten HW dicht.

Im schmalen und langgestreckten Binnenhafen liegt man nicht nur ruhig und im tiefen Wasser; da mag es draußen wehen, soviel es will, man hat hier auch eine ausgespro-

chen gute Atmosphäre mit den alten prächtigen Häusern und den wuchtigen, alten Speichern entlang den Kaden.

Der *Außenhafen* kann da nicht mithalten, hat allerdings mit seinem tiefen Wasser den Vorzug, daß man ihn ohne Rücksicht auf die Tide jederzeit anlaufen kann. Man müßte sich rechter Hand vor der Schleuse einen Platz an den recht engen, ziemlich verwinkelten Stegen oder an der Kaimauer suchen, wäre hier allerdings auch ziemlich dem Wetter ausgesetzt, vor allem bei einem stärkeren Westwind.

Die Versorgung ist rundum gut. Es gibt zwei Bootswerften, eine am Außen-, die andere am Binnenhafen, hier auch einen Segelmacher; Wasser kann man überall aufnehmen, Treibstoff gibt es an der Nordkaje des Außenhafens. WC und Duschen findet man am Binnenhafen im Keller der Alten Mühle (zu erreichen über den Eisensteg), und alles übrige in der Stadt, die voller Merkwürdigkeiten steckt, was schon mit ihrer Geschichte anfängt.

Glückstadt war, wie ganz Schleswig-Holstein, bis gegen Ende des vorigen Jahrhunderts dänisch, wenn man es einmal so vereinfachend sagen und die nur Völkerrechtsexperten verständlichen Feinheiten der Schleswig-Holstein-Frage außer acht lassen will. Jedenfalls hier, am rechten Elbufer, und zwar bis nach Altona, an die Grenzen von Hamburg, galt das Wort des dänischen Königs.

Christian IV. von Dänemark (1588–1648), der große Baumeisterkönig, der die Stadtarchitektur von Kopenhagen bis auf den heutigen Tag geprägt hat, hat Glückstadt sozusagen auf der grünen Wiese gegründet, im Jahre 1617, ein Jahr vor Ausbruch des Dreißigjährigen Krieges. Es war gleichzeitig eine Kriegserklärung an Hamburg. Der König sagte: „Gehet es glücklich fort, so wird Glückstadt eine Stadt und Hamburg ein Dorf.“ Der Dänenkönig wollte aus der günstigen Position an der Elbe Profit ziehen und, ähnlich wie mit dem Sundzoll, sich hier eine dauerhafte Einnahme schaffen. Doch da die Hamburger diesen Elbzoll nicht zahlen wollten, kam es, wie zu erwarten, immer wieder zu kriegerischen Auseinandersetzungen.

Glückstadt, das war klar, konnte deshalb nicht nur eine Handelsstadt, es mußte auch zur Festung werden. Die Stadt entstand um den Hafen und den achteckigen Marktplatz, der zuallererst als Exerzierplatz gedacht war. Die schöne weiße Kirche wurde 1621 als eines der ersten Bauwerke fertig. Was die Stadt nun brauchte, waren tüchtige Bürger; so holte der dänische Christian reformierte Holländer nach Glückstadt, ebenso wie portugiesische Juden, von denen einer sogar das Münzprivileg zugesprochen erhielt. Der König selbst baute sich am Hafen ein großes Schloß, das später leider verfiel und dessen Reste auch längst abgetragen sind. In der Gefolgschaft des Königs bauten sich Hofbeamte ihre Stadtschlößchen, von denen es noch ein paar gibt, das Brockdorff-Palais und das Wasmer-Palais; letzteres beherbergte zeitweise sogar die dänische Reichskanzlei, und eben hier, zu Glückstadt an der Elbe, wurde 1807 den Engländern der Krieg erklärt, als Antwort auf die Bombardierung Kopenhagens durch Admiral Nelson.

Diese Kriegserklärung leitete allerdings auch das Ende der dänischen Festung Glückstadt ein, die 1813/14 belagert wurde, von Land her von Preußen und Russen und von der Elbe her durch ein englisches Geschwader.

Nach dem deutsch-dänischen Krieg von 1864 kam die Stadt zunächst an Österreich und zwei Jahre später an Preußen.

Die Glücksgöttin Fortuna, dieses lose Weib, war der Stadt wohl doch nicht so gewogen, wie Christian es erhofft hatte, als er sie ins Wappen der Stadt setzte.

Die Stadt steckt trotz Bombardement noch immer voller wunderschöner Bauwerke. Das fängt schon am Binnenhafen an, wo an der Südseite

zwei große, auffallende, leider auch etwas heruntergekommene Gebäude stehen. Das eine ist das Admiralshaus, in dem der dänische Admiral Paulsen, der in Glückstadt immerhin eine Flotte von acht Kriegsschiffen mit 1000 Mann Besatzung kommandierte, residierte, und das andere, etwas stadteinwärts, ist das alte Zuchthaus, obwohl es eher wie ein Schlößchen wirkt, und das früher in ganz Holstein gefürchtet war: „Paß op, d kümmst na Glückstadt!" Im 1702 erbauten Admiralshaus saßen später die Glückstädter Grönländischen Compagnien und danach die Glückstädter Heringsfischerei: alles vergessen und vorbei.

Gegenüber sieht man den hohen, schlanken Wiebeke-Kruse-Turm über die Dächer aufragen; das einzige, was von dem Schlößchen übriggeblieben ist, das Christian seiner Geliebten, dem Bürgermädchen Wiebeke, gebaut hatte.

Zum Teil wirkt des alte Glückstadt etwas verfallen. Aber wenn man im Laufe der Zeit häufiger hierherkommt, dann kann man nicht übersehen, daß die Stadt Stück für Stück und auf das liebevollste restauriert wird.

Glückstadt wirkt auch insgesamt anders als sonst die Städte an der Elbe. Vielleicht ist es nur Einbildung, aber mir kommen die Menschen hier weniger steif und zurückhaltend vor, eben dänisch gelassen-heiter.

Sehr zu empfehlen ist das Büchlein „Glückstadt an der Elbe" von Waltraud Bruhn, das in der Glückstädter Buchhandlung erhältlich ist.

HW 2 h nach HW Cuxhaven, NW 2 h 20 min nach NW Cuxhaven. Der Strom setzt elbaufwärts ab 2 h 45 min vor und elbabwärts 3 h nach HW Cuxhaven.
MTH 2,6 m

Wer viel Zeit mitbringt, kann von Glückstadt aus einen kleinen Abstecher in die

Stör

machen, einen Fluß, der in seinem unteren Lauf mit 100 bis 200 m etwa so breit wie die Oste ist, aber ganz andere Wassertiefen aufweist: Nahe der Mündung kann man bis zu 6 m loten, und bei dem weit im Landesinnern gelegenen Itzehoe noch fast 5 m. Deshalb kann der Fluß auch noch gut von kleineren Berufsschiffen befahren werden.

Die Stör strömt in weit ausschwingenden Bögen durch die stille, grüne Wilster Marsch, die am tiefsten gelegene Elbmarsch überhaupt mit einem Niveau von 3 m unter dem Meeresspiegel.

Der Tidenhub ist nicht ohne: An der Mündung steigt das Wasser um 2,6 m, nahe Itzehoe immer noch um 2,3 m. Doch das ist, anders als der Strom, bei den beträchtlichen Wassertiefen eigentlich ohne Belang. Der Strom erreicht einlaufend Geschwindigkeiten bis zwei und auslaufend bis zu eineinhalb Knoten.

Die Ansteuerung der Stör sucht man zwischen den roten Elbtonnen Nr. 74 und 76. Die Rinne zum (offenstehenden) Sperrwerk ist gut betonnt. Die bewegliche Brücke wird auf Verlangen (Schallsignal lang-lang) geöffnet, außer bei Sturm. Wegen des manchmal starken Autoverkehrs sollte man sich dann sputen und am besten unter Motor durch die nicht sehr breite Öffnung fahren.

Gleich hinter dem Sperrwerk liegt einlaufend an Stb ein ziemlich großer, doch leider auch sehr verschlickter Nebenarm, das

Störloch

neben dem Dorf Borsfleth (Ortsteil Ivenfleth). Wer bei NW noch nicht einlaufen kann, darf gleich hinter der Einfahrt stromaufwärts nur an Stb-Seite in Höhe km 48,7 bis 49,2 ankern. Bei NW hat man in der ausgeprickter Rinne, die zu den Stegen im Störloch führt, zwischen 0,6 und 0,8 m Wasser. Alles andere ist weicher, schwarzgrauer Schlick. Trotz der nahen Autostraße ein beschaulicher Platz. Ohne Komfort natürlich, doch den wird man an der Stör sowieso vergeblich suchen. Die Versorgung ist so schlecht gar nicht; immerhin gibt es WCs, im Dorf kann man einkaufen, und der Bäcker bringt morgens frische Brötchen zum Hafen. Eine Gaststätte mit ländlicher Küche ist gleich hinter dem Deich; etliche Gemüsebauern sind in der Nachbarschaft. Freilich: Bis zur nächsten Tide sitzt man hier fest.

Das ist anders bei dem nahen

Wewelsfleth

wo eine große Werft arbeitet, deren hohe, gelbe Kräne man schon weit draußen in der Elbe sehen kann.

Diese Werft beherrscht voll und ganz den kleinen Ort, scheint auch noch gut Arbeit zu haben; früher entstanden hier stebige Elbewer, jetzt werden ziemlich große Kümos auf Kiel gelegt.

Der Ort mit seinen braunroten Backsteinhäusern wirkt sehr streng, eine Strenge, die nur unten am Hafen etwas aufgelockert wird, wo in einer langen Reihe unter wohlgestutzten Bäumen malerische Kapitänshäuser stehen.

Der Schriftsteller Günther Grass war von dem eigenartigen Städtchen so angetan, daß er sich hier ankaufte und in dem ehemaligen Kirchvogthaus jahrelang wohnte.

Die Liegeplätze sind etwas problematisch; eben hinter der Werft findet man einen Steg mit Dalben davor, die jedoch so eng stehen, daß man in Anbetracht des starken Stroms beim Manövrieren ziemlich zu tun bekommt. Die Wassertiefe am Steg beträgt nicht mehr als 1 m, der Grund besteht aus hartem Sand. Am besten macht man deshalb längsseits an einem Kümo fest.

Beidenfleth

erkennt man schon von weitem an seinem sehr hohen, gelben Silo, das den kleinen Ort schier zu erdrücken

scheint. Der Hafen ist auf eine unglaubliche Art altmodisch: schönes 19. Jahrhundert! Auch hier stehen wieder diese nüchtern-strengen roten Backsteinhäuser. Der kleine Ort ist ein beliebtes Wochenendziel der Elbsegler, hat auch bessere, vor allem mehr *Liegeplätze* als Wewelsfleth.

Vor der Seilfähre (vor Passieren der Fährstrecke Schallsignal 1 × lang geben!) steht ein ziemlich langer Steg, und am Ortsausgang hat der Segelclub nochmals Liegeplätze; außerdem kann man auch vor dem reetgedeckten Fährhaus festmachen, wo man sehr schön im Garten über der Stör sitzt. Beim Bäcker erhält man noch die berühmten Störkringel, ein Relikt aus Walfängertagen und heute noch als Dauerproviant von Nutzen.

Die kleine Werft, die einst ebenfalls Berufsschiffe baute, hat sich, dem Trend folgend, auf Sportboote umgestellt, so daß man hier notfalls auch eine Reparatur ausführen lassen könnte.

Langes Rack

Hier hat der SV Wilster einen langen Steg im Strom vor dem grünen Deich liegen. Wasser am Steg.

Kasenort

liegt an einer fast kreisförmigen Flußschleife.

Man findet hier alles noch einmal, was die Stör so attraktiv macht: flaches, grünes Land, hohe Deiche, von denen man einen weiten Blick über die Marsch hat, ein gemütliches, weltabgelegenes Dorf und dazu als Besonderheit einen kleinen Sielhafen. Der Störhafen allerdings ist nicht nur ziemlich klein geraten, sondern auch noch trockenfallend, für ein größeres Kielboot also nicht ganz das richtige. Man geht mit dem Bug an den Steg und bringt einen Heckanker aus.

Eine Alternative ist die jenseits der Holländerschleuse gelegene Mündung des Flüßchens Wilster, die Wilster Au: wenn eine solche Steigerung

überhaupt noch möglich ist, noch ruhiger als im kleinen Becken an der Stör. Man liegt entweder am lehmigen Ufer oder macht an den alten Dalben fest. Die Schleuse wird etwa zur Glückstädter Tide (NW) geöffnet; also zwölf Stunden müßte man mindestens hier bleiben.

Wie man hört, soll es im Restaurant „Zur Schleuse" im Sommer eine sagenhafte Erdbeertorte geben; ich weiß es nicht, gebe deshalb die Information mit dem erforderlichen Vorbehalt weiter.

Heiligenstedten,

fünf Kilometer vor Itzehoe, hat eine Klappbrücke, die auf Schallsignal (1 × lang) prompt geöffnet wird. Oberhalb der Brücke an Stb ein Schwimmsteg des hiesigen Seglervereins (Wasser und Strom), gegenüber der Sporthafen des Vereins (ein Dockhafen). Die Stemmtore können je nach Wasserstand 1 bis 3 h vor HW und bis zu 1 h nach HW geöffnet werden. Im Hafen ein Clubhaus mit den üblichen Einrichtungen. In Hafennähe Busverbindung in die Stadt Itzehoe. Einkaufsmöglichkeiten auch im nahegelegenen Ort Heiligenstedten.

Nautische Unterlagen: wie voriges Kapitel, s. S. 19.

3 Von Glückstadt nach Hamburg

BEI DEN ELBSEGLERN

Der größte an der Elbe: der Hamburger Yachthafen Wedel. 1800 Boote sollen hier Platz haben. Optimale Versorgung. Doch etwas weit nach Hamburg. Gastlieger fahren durch die nördliche Einfahrt (links) und legen sich an den dritten oder vierten Steg von links.

1 *Freiburg, kleiner, gemütlicher Hafen mit großer Tradition. Man muß ihn nahe HW anlaufen.*

2 *Der Ruthenstrom, ein schmaler Nebenarm der Elbe, am linken Ufer. Vor dem Sperrwerk der Steg des Wassersportvereins Drochtersen. Ein stiller, sehr entlegener Platz.*

3 *Natur, und sonst (fast) gar nichts: Wischhafen. Eigentlich nur ein langer Steg, der sich mit Ebbe und Flut knarrend bewegt. Rechts Krautsand, eine ehemalige Elbinsel, ein sehr fruchtbares, immer wieder von Sturmfluten bedrohtes Land.*

4 *Kollmar, sehr dem Schwell von der Elbe ausgesetzt und für tiefgehende Schiffe kaum geeignet.*

1

2

*Pinnaumündung (1) und Krük-
kaumündung (2): beides Dockhäfen, wo sich mit dem ablaufenden Wasser die Hafentore
selbsttätig schließen, so daß
man im tiefen Wasser liegen
bleibt.*

3 *Welch ein Revier! Die Unterelbe mit dem Pagensand
(vorne) und dem Schwarztonnensand (im Hintergrund).*

1 *Die Haseldorfer Binnenelbe.
Der kleine Haseldorfer Hafen
fällt trocken. Das Dwarsloch,
ein guter Ankerplatz, führt
hinaus in die Elbe. Am anderen
Ufer: das Atomkraftwerk Stade.*

2 *Abbenfleth: ein recht guter
Hafen mit Bootswerft.*

3 *An einem Sommer-
nachmittag. Ankern in der
Pagensander Nebenelbe.*

4 *Stadersand an der Mündung
der Schwinge. Viel, viel Industrie. Doch es führt kein anderer
Weg nach Stade hin.*

5 *Hörne, Liegeplätze direkt an
der Schwinge.*

1 *Stade. Mittelalterliche Handels- und Hafenstadt an der Schwinge. Der Hafen allerdings hat so seine Tücken.*

2 *Eine Idylle, die trügt. Brunshausen, ein gemütlicher Hafen an der Schwinge, inmitten von Obstgärten — und ringsum Industrie.*

3 *Neuenschleuse, ein feiner, kleiner Hafen jenseits der Elbinsel Hanskalbsand, ideal für einen Landgang in das Alte Land.*

1 *Nochmals Wedel. Im Hintergrund die langgezogenen Inseln Hanskalbsand und Neßsand.*

2 *Nur ein Steinwurf hinter Wedel: gemütliche Liegeplätze an der Wedeler Au. Zur Elbe kommt man durch eine kleine Schleuse.*

3 *Schulau. Der einstige Handelshafen wird heutzutage fast nur noch von Sportbooten angelaufen. Gute Versorgung.*

4 *Mühlenberg. Feine Elbvillen stehen über diesem kleinen, schönen Hafen, der recht geschützt ist, aber nicht viel Wasser hat.*

1 *Teufelsbrück an der Elbchaussee. Diesen Hafen kann man nur nahe HW anlaufen, liegt dann aber recht ordentlich und wie in einem Park. Mit dem Bus oder der Fähre kommt man gut nach Hamburg.*

2 *Der Sporthafen Baurspark. Schön vor Blankenese gelegen, aber nicht das richtige für größere Boote.*

3 *Neßkanal (vorne) und Rüschkanal, zwei Bootshäfen auf Finkenwerder. Recht ordentliche Liegeplätze. Industrie und Flugplatz stören allerdings beträchtlich.*

4 *Auf der Rückreise vielleicht ein Abstecher nach Neufeld, einem winzigen Fischerhafen westlich von Brunsbüttel. Ein langer, trockenfallender Priel zieht sich durch das Vorland. Bei HW können Boote mit einem Tiefgang von gut 1,5 m den kleinen Hafen ansteuern.*

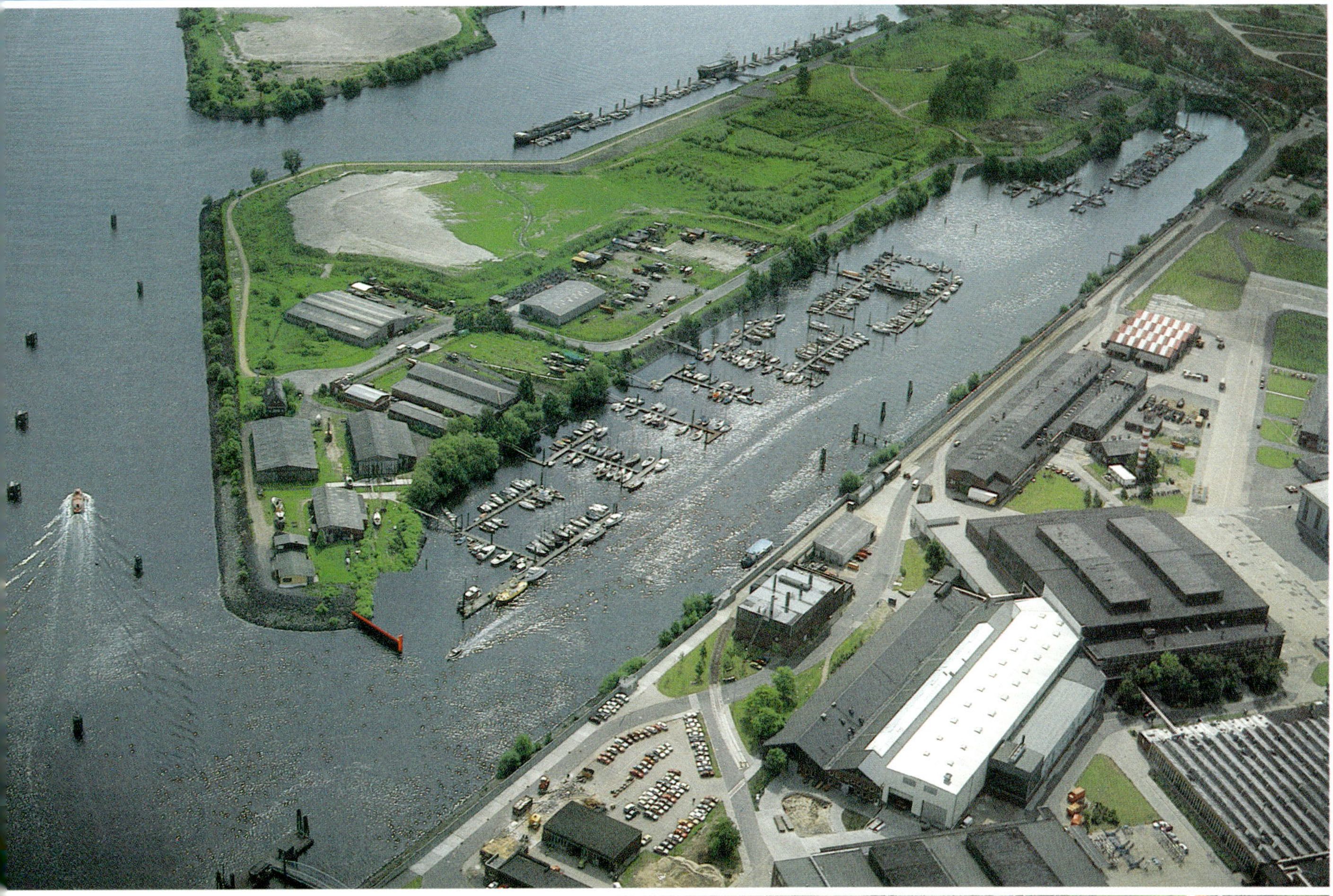

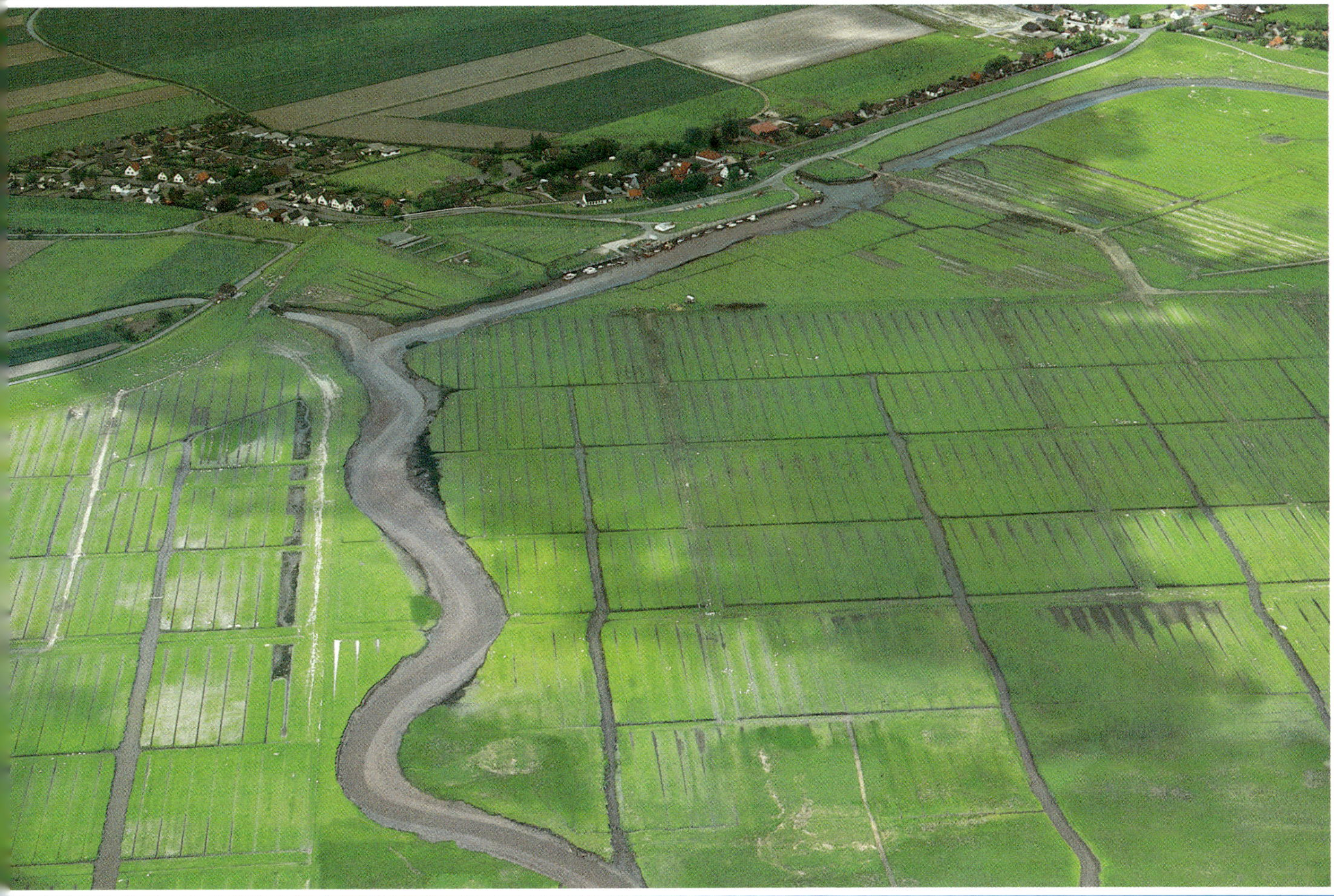

*Die Insel Trischen.
Die Boote kommen
aus dem Neufahr-
wasser, das nach
Friedrichskoog
führt. Im Hinter-
grund (rechts oben)
ist schwach das
graue Silo von
Büsum zu erken-
nen. Vorne, vor der
Sandbank, die tiefe
Norderelbe.*

1 *Ein zwei Kilo-meter langer, von einem Steindamm geschützter Priel führt zum Fischer-hafen Friedrichs-koog. Das Sperr-werk ist öfter ge-schlossen, als einem lieb sein kann.*

2 *So malerisch er ist, so wenig Platz hat er, der Hafen von Friedrichskoog.*

3 *Dorumersiel, ein alter Kutterhafen, der sich immer mehr zum Seebad wandelt. Gute Ver-sorgung. Man kommt nur nahe HW hin.*

4 *Wremertief. Kleiner Sielhafen, nur sieben See-meilen vor Bremerhaven.*

5 *Fedderwarder-siel. Große Boote sollten in den Fischerhafen (vorne) fahren und am Schlengel vor dem Siel fest-machen. In das Becken des Butja-dinger Yachtclubs kommen nur klei-nere Boote; im Gegensatz zum Fischerhafen mit seinem weichen Schlick ist hier der Grund auch sehr hart. Wer in keinem der beiden Häfen unterkommt, kann draußen im Priel, etwa 300 m südöst-lich, gut vor Anker liegen.*

Hamburg, die große Hafenstadt, ist Ziel dieses Törns. Auf dem Weg dorthin gibt es gute, kleine Häfen, aber auch Ankerplätze, etwa in der Idylle der Haseldorfer Binnenelbe. Daneben kann man allerdings die Industrie nicht übersehen, die jetzt immer dichter wird, etwa bei Stadersand, einer gigantischen Industrieregion, hinter der die malerische Altstadt von Stade liegt. In Hamburg können wir unser Boot im Hamburger Yachthafen Wedel lassen, einer Supermarina; wir können aber auch in einem der kleinen Bootshäfen an Hamburgs feiner Elbchaussee festmachen oder gegenüber in Finkenwerder. Die Rückreise führt uns wieder nach Cuxhaven, wo uns die ganze Welt offensteht. Doch wir werden jetzt eine beschauliche Fahrt ins nahe Wattenmeer machen.

Segelrevier Elbe

Zurück zur Elbe: Kennt man es nicht, so hat man ja meist völlig falsche Vorstellungen von diesem Revier: viel Industrie, eine kaum mehr erträgliche Umweltverschmutzung, und dazu ein ungeheurer Schiffsverkehr, bei dem man nicht nur Boot, sondern auch Leib und Leben riskiert.

Was die Umweltverschmutzung angeht, so stimmt dies wohl, nur: Merken wird man davon nichts, denn so sensibel sind unsere Sinne nicht, als daß man etwa die Verschmutzung des Elbwassers mit Schwermetallen und Säuren registrieren könnte — auch der Grund dafür, daß Baden in der Elbe streng verboten ist.

Und die große Industrie gibt es natürlich, ist aber doch auf einige Schwerpunkte konzentriert: etwas nahe Cuxhaven, dann sehr viel bei Brunsbüttel, ebenso ein Menge bei Stadersand, und auch am linken Elbufer gegenüber von Hamburg. Aber sonst? Kann man sich ein einsameres Revier vorstellen als das Wischhafener Fahrwasser? Den Ruthenstrom? Oder die Haseldorfer Binnenelbe?

Die großen Schiffe sind ein Problem, zumal für den Revierfremden. Aber die sind auch nicht unberechenbar, sondern laufen sauber ihren Kurs im tiefen Fahrwasser: Wenn man sie immer im Auge behält, auch bedenkt, daß sie sehr schnell aufkommen, dann stellen sie für den aufmerksamen Skipper meiner Erfahrung nach keine Gefahr dar; eher sind unachtsam das Fahrwasser kreuzende Sportboote eine arge Behinderung für die Berufsschiffahrt.

Zu zwei stillen, weltenfernen Häfen soll nach dieser Einstimmung unser Törn gehen:

Freiburg

liegt am niedersächsischen Ufer, etwa auf der Höhe der Störmündung, ist allerdings etwas schwierig anzulaufen. Man muß nämlich zunächst wieder elbabwärts fahren, etwa bis zur grünen Tonne 67.

Der Kirchturm, weit hinten im Marschland, ist schon lange zu sehen, und noch auffälliger: der hohe, schlanke, bizarr geformte Radarturm, der nahe der Einfahrt steht; doch davor liegt auch ein knapp zwei Seemeilen langer, schmaler und teilweise hoch trockenfallender Sand, den man eben von der grünen 67 aus umgehen muß, indem man auf das Ufer zuhält und danach im relativ tiefen Wasser auf den Hafenpriel zuläuft.

Außer der grünen 67 gibt es nirgendwo Tonnen, also Vorsicht und eifrig loten!

Der schmale Hafenpriel, der sich durch das flache Vorland etwa eine Seemeile lang hinzieht, fällt trocken. Wenn man seinen Kurs auf Freiburg absetzt, muß man also nahe HW dort ankommen. An der Mündung des Hafenpriels steht ein Pfahl mit einem grünen Toppzeichen.

Das Sperrwerk mit seiner beweglichen Brücke hat eine 8 m breite Durchfahrt.

Im kleinen gemütlichen Hafen liegt man recht gut, am besten am Steg (Heckpfähle) unterhalb des hohen Silos; vielleicht auch in dem Becken davor, bei der Werft.

Mit einem Boot bis zu 2 m Tiefgang kommt man nahe, sehr nahe HW gut in den Hafen; sollte man zu früh dran sein, kann man nahe dem Hafenpriel hinter der Sandbank gut ankern.

Der Segelclub hat ein kleines Clubhaus, etwas altmodisch, aber sehr gemütlich, wo man angenehm über dem Wasser sitzt. Die Versorgung geht an, neben der schon erwähnten Werft steht am Handelshafen die bekannte Bootswerft Hatecke.

Freiburg ist ein Flecken, also ein Ort, der in der Größe irgendwo zwischen einem Dorf und einer Stadt anzusiedeln ist. Lange war Freiburg Kreisstadt des Landes Kehdingen, bis dann der Großkreis Stade geschaffen wurde. Eine sehr alte Ansiedlung, die 1154 vom Bischof von Bremen gegründet wurde, der wahrscheinlich ein Auge auf die Elbe haben wollte. Die Siedlung war schwer zugänglich, lag praktisch wie auf einer Insel und war nur von der Elbe und der Oste aus mit dem Boot zu erreichen.

Im vorigen Jahrhundert entwickelte sich der Flecken zu einem wichtigen Elbhafen, denn die Kehdinger Bauern entdeckten, daß sie nur den Spaten in die Erde zu stecken brauchten, um an einen fetten Ton zu kommen, der sich hervorragend zum Backen von Ziegeln eignete. So entstanden im Hinterland von Freiburg zahlreiche Ziegeleien, deren Produkte in Freiburg verladen und elbaufwärts nach Hamburg gesegelt wurden, denn nach dem großen Brand von 1842 zum ersten Mal, und dann zu Beginn der Industrialisierung ein zweites Mal bestand in Hamburg ein enormer Bedarf an Baumaterial. So legten hier in Freiburg Tag für Tag hoch mit Ziegeln beladene Ewer ab, um die Ziegeln nach Hamburg zu bringen. Damit wurde unter anderem der Freihafen gebaut, und auch Wohnhäuser für die 400 000 Menschen, die in den Gründerjahren nach Hamburg strömten, um dort Arbeit und Auskommen zu finden. Das ist alles längst vorbei, die Ziegeleien sind stillgelegt, und im Elbhafen von Freiburg liegen auch keine Ewer mehr.

MTH 2,2 m.

Flachgehende Boote könnten bei HW über die Sandbank hinweg und gleich in die *Wischhafener Süderelbe* einbiegen. Tiefgehende Boote müssen den Weg zurück zur grünen Nr. 67 nehmen.

Freiburg ist schon ein stiller Platz, aber wenigstens noch ein Städtchen, mit Kirche, Hafen und allem Drum und Dran.

Wischhafen

ist nur Natur, und sonst (fast) gar nichts.

Bei der Ansteuerung der Wischhafener Süderelbe muß man nicht ganz so auf die Tide fixiert sein wie anderswo, denn selbst bei NW bleiben hier noch gut 1,5 m Wasser stehen, bei den Stegen wird's allerdings wieder knapp: vorne

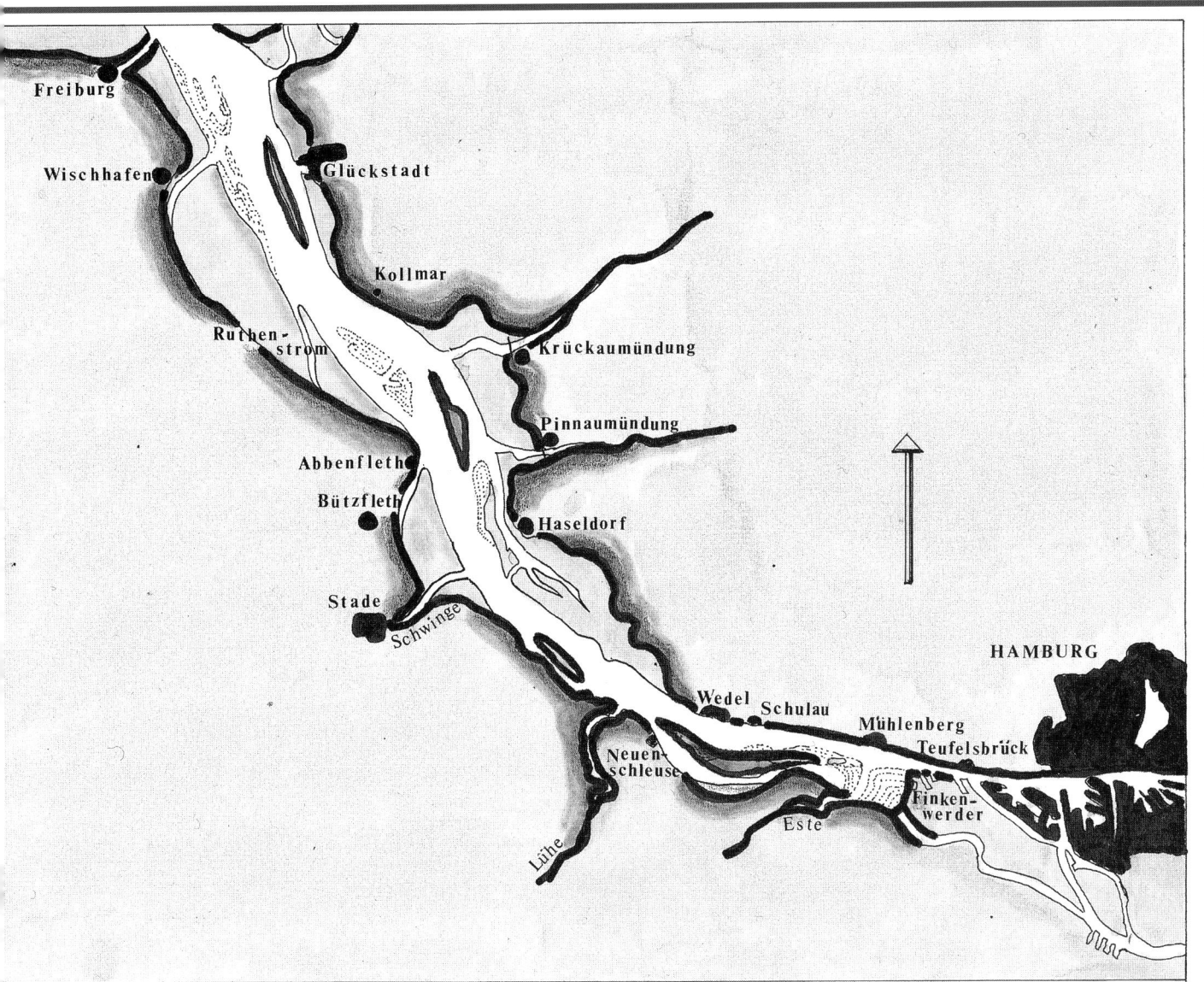

hat man bei NW etwa 1,3 m, weiter hinten nur noch 0,7 m. Doch hat man erst einmal festgemacht, dann kann das Wasser ruhig weglaufen, im weichen Schlick wird man gut liegen.

Auffallendste Landmarke in der Ansteuerung ist das 6 m hohe *Leuchtfeuer Wischhafener Süderelbe,* ein roter Gaskessel (Ubr.w/r/gn. 3s). Die Einfahrt versandet immer wieder und wird ebenso regelmäßig gebaggert. Hält man sich peinlich genau an die Tonnen, so ist die Einsteuerung nicht schwer, lediglich in der Mündung gibt es ein unerwartetes Hindernis: An der Stb-Seite springt eine Buhne ziemlich weit vor. Man muß auf die Bake mit grünem Ke-

gel achten, die auf ihrem Kopf steht. Gegenüber befindet sich eine Bake mit rotem Zylinder als Toppzeichen.

Ebenso sollte man die Fähre im Auge behalten, die mit ziemliches Tempo von Glückstadt herübergerauscht kommt. Man macht je nach Tiefgang an dem etwa 500 m langen Schwimmsteg fest. An seinem Ende steht ein recht ansehnliches Clubheim. Etwas dahinter sieht man einen zweiten Steg, der jedoch einer Werft gehört. Ein sehr einsamer Platz: Vor sich hat man die saftiggrünen Marschwiesen der ehemaligen Elbinsel *Krautsand* liegen, um die sich früher die Wischhafener Süderelbe als Nebenfluß herumgezogen hat. Krautsand ist

ein überaus fruchtbares Land mit reichen Höfen, die traditionsgemäß auf hohen Wurten stehen, denn die ehemalige Insel liegt sehr tief: Bei der Januarflut 1976 hatte kein Gebiet so sehr gelitten wie die Länder an der Wischhafener Süderelbe.

Mit einem Kielboot kommt man inzwischen nicht mehr allzu weit, aber wenn man sich ein Fahrrad leiht und über das flache Land radelt, dann wird man sehen, daß die Dörfer und Städtchen noch immer ihre kleinen Häfen haben, in denen auch heute noch Plattbodenschiffe liegen, die dort im Schlick beileibe nicht vor sich hinrotten, sondern hier ihre festen Plätze behauptet haben.

Die Wischhafener Süderelbe ist nach wie vor „Heimathafen" vieler Motorschiffe. In dem inzwischen weit binnen gelegenen Städtchen Drochtersen sollen noch 150 Kapitäne wohnen.

Vor der Mündung setzt der Strom bis zu 2 kn.
MTH 2,7 m

Der etwas weiter elbaufwärts, ebenfalls am niedersächsischen Ufer gelegene

Ruthenstrom

ist kein Hafen im engeren Sinne, sondern eine schmale, recht gut geschützte Rinne, die nur durch eine niedrige, schilfbewachsene Landzunge vom Hauptstrom getrennt ist.

In der Einfahrt wird es bei Niedrigwasser recht knapp; mit mehr als 0,9 m sollte man dann nicht rechnen. Die Einfahrt ist gekennzeichnet mit zwei Stangen; die eine trägt als Toppzeichen einen grünen Kegel, die andere einen roten Zylinder. Zwei Dreiecksbaken weisen in Deckung gebracht einen Kurs von 196°. Sie tragen auch Richtfeuer (O.F. u. UF. Ubr.gn.), doch nachts sollte ein Revierfremder besser nicht in den Ruthenstrom fahren.

Man liegt wohl am besten vorne an der Ladekade, wenn sie frei sein sollte; hier kann man auch mit den größten Wassertiefen (3 m) rechnen. Weiter nach hinten wird es immer weniger, an den Stegen des Wassersportclubs vor dem Sperrwerk werden es nicht mehr als 1,5 m sein. Die Versorgung ist praktisch null; man müßte kilometerweit bis zum nächsten Ort pilgern. Wie in Freiburg, gibt es eine Hatecke-Werft auch am Ruthenstrom; jedoch kein Zweigbetrieb, sondern Verwandtschaft.

Abbenfleth/Bützfleth

sind bestimmt keine schlechten Häfen, doch mehr etwas für Jollen und kleine Kielschiffe sowie große Motorschiffe. Außerdem gerät man hier jetzt schon mehr und

mehr in die Nähe des Industriegebiets von Stade. Besser queren wir jetzt wieder die Elbe, wo jenseits der großen Elbinsel Pagensand an der *Pagensander Nebenelbe* zwei recht eigenartige, im Grunde aber gleichartige Häfen liegen – Krückaumündung und Pinnaumündung: beide sind Dockhäfen. Was ist das? Häfen, bei denen sich bei ablaufendem Wasser Tore schließen, so daß im Hafen selbst bei Niedrigwasser ein bestimmter Wasserstand erhalten bleibt.

Krückaumündung

Vor der roten Tonne Nr. 92/PN 1 verläßt man das Hauptfahrwasser und biegt in die Pagensander Nebenelbe ein. Vorsicht: Vor der Insel erstreckt sich nach NW ein sehr langes Flach mit einem Leitdamm, der fast bis an das Leuchtfeuer von Pagensand Nord reicht. Am kleinen *Hafen Kollmar* vorbei läuft man bis zur roten Spiere PN 8; von hier aus dann im Tonnenstrich auf die Krückaumündung zu, an der ein Sperrwerk liegt, dessen Brücke auf Verlangen geöffnet wird. In der Krückaumündung steht bei NW etwa 1,3 m Wasser, bestenfalls. Doch bei NW sollte man den Hafen sowieso nicht ansteuern, da dann ja die Docktore schon geschlossen sind. Als Faustregel gilt, daß etwa 2 h vor HW bis ½ Stunde danach die Tore offen sind. Verpaßt man diese Zeit, dann muß man ein Stückchen flußaufwärts an einem Schlengel längsseits gehen, der zwar auch trockenfällt, was bei dem weichen Schlick aber ohne Folgen bleiben wird.

Dieser recht große Hafen liegt wunderschön in einer weiten, idyllischen Landschaft. Zu den alten Deichen, über die die Dächer mächtiger Reetdachhöfe lugen, hat man es ziemlich weit. Doch da muß man wohl auch nicht hin; es ist die Seestermüher Marsch. Nach der Sturmflut von 1962 sind die beiden Sperrwerke an der Krückau und an der Pinnau gebaut worden, und das Gebiet hat dabei so gewonnen, daß die Seester-

müher Marsch langsam zum Apfelgarten Schleswig-Holsteins heranwächst.

Wenn man keine zu großen Ansprüche stellt, sind die sanitären Einrichtungen am Hafen ausreichend.

Die Wassertiefe schwankt zwischen 1 und 3 m.

HW 2 h 25 min nach HW Cuxhaven. NW 2 h 50 min nach NW Cuxhaven.
MTH an der Krückau 2,7 m

Bei HW kann man die Krückau bis Elmshorn unter Motor befahren.

Der etwas stromaufwärts gelegene Hafen

Pinnaumündung

ist als Hafen vielleicht etwas intimer als der an der Krückau, dafür ist jener meinem Empfinden nach landschaftlich etwas reizvoller.

Auch hier führt ein Tonnenstrich von der roten Spiere PN 18 zum Sperrwerk, das genauso wie das an der Krückaumündung seine Brücke öffnet.

Der Hafen liegt gleich hinter dem Deich und ist zunächst einmal nichts weiter als ein toter Arm der Pinnau, eines Flüßchens, das von der Rosenstadt Uetersen kommt und manchmal noch von erstaunlich großen Schiffen befahren wird.

In der Mündung beträgt die Wassertiefe nicht mehr als 1,2 m. Im Hafen bleiben, nachdem sich die Tore durch das ablaufende Wasser selbst geschlossen haben, noch 3 (vorne) und 1 m (hinten) Wasser stehen. Man muß wegen eines Platzes sowieso mit dem Hafenmeister sprechen, denn viel steht in dem kleinen Hafen nicht zur Verfügung.

Die Tore stehen zwei Stunden vor bis HW offen.

Das Clubhaus liegt recht hübsch auf einer überwucherten Halbinsel und gleich hinter dem hohen grünen Deich.

Die Versorgung entspricht einem so ländlichen Hafen: Wasser, sowie WC und Duschen am Clubhaus.

HW 2 h 36 min nach HW Cux-
[h]aven; NW 3 h 7 min nach NW
[C]uxhaven.
[M]TH an der Pinnaumündung
[?],5 m

Steigt man auf den Deich
[h]inauf, so hat man einen wun-
[d]erbaren Blick über die
[s]chmale Pagensander Neben-
[e]lbe auf die sehr große Elb-
[i]nsel

Pagensand,

[d]eren Name wahrscheinlich
[P]ferdeinsel bedeutet. Es ist
[e]ine recht hohe, scheinbar
[g]anz mit Wald bewachsene
[m]enschenleere Insel, doch
[d]ies täuscht: Pagensand ist
[e]ine Insel mit einem Natur-
[s]chutzgebiet und eine Idylle
[f]ür Paddler. Ein Bauer lebt
[h]ier noch vom Ackerbau
[u]nd der Viehzucht. Pagen-
[s]and ist durch Baggersand aus
[d]er Elbe zur flutfreien Insel
[g]eworden. An seiner Süd-
[s]pitze lag einst der „Hungrige
[W]olf", ein Mahlsand, der
[n]ichts mehr herausgab, was er
[e]inmal in die Fänge bekom-
[m]en hatte, ob es nun Men-
[s]chen, Tiere oder auch große
[S]chiffe waren. Mit Baggergut
[h]at man ihn so zugedeckt, daß
[e]r jetzt niemandem mehr ge-
[f]ährlich werden kann.

Die *Elbsande*, wie man
[d]iese Inseln nennt, ob sie nun
[n]och unbewaldet sind wie
[d]er Pagensand, kahl
[w]ie der Schwarztonnensand
[o]der saftig grün wie der
[K]rautsand (der allerdings
[k]eine Insel mehr ist), sind alle
[a]uf die gleiche Weise entstan-
[d]en: Sie bauten sich aus Un-
[t]iefen auf, die durch den ange-
[s]pülten Sand immer höher
[w]uchsen, bis sie zuerst bei
[N]W trockenfielen und
[s]chließlich auch bei Hochwas-
[s]er noch trocken blieben.
[S]ande heißen diese Inseln
[a]uch dann noch, wenn sie
[l]ängst schon zu richtigen grü-
[n]en Inseln geworden sind, wie
[d]er hier vor uns liegende Pa-
[g]ensand.

Von der Pagensander Ne-
[b]enelbe fährt man quasi auto-
[m]atisch in eine der schönsten
[L]andschaften an der Elbe, in
[d]ie

Haseldorfer Binnenelbe

hinein, eine Wildnis aus
Schilffeldern, halb versunke-
nen Auwäldern, geformt von
Prielen und kleinen Inseln.
Hier wachsen noch seltene
Binsenarten, ebenso wie der
Röhricht und die Korbweide,
und bei Niedrigwasser ist der
graubraune Schlickgrund oft
mit dunkelgrünem Blaualgen-
rasen überzogen.

Eine verwunschene,
dschungelartige Wildnis –
dicht vor den Toren der großen Stadt Hamburg.

Viele Tiere finden in diesem
einzig noch verbliebenen Süß-
wasserwatt an der Nordsee einen letzten Lebensraum, darunter allerdings auch Myria-
den von Mücken, die einem
an einem warmen Sommer-
abend das Leben recht sauer
machen.

Im *Dwarsloch*, dem Priel,
der wieder hinaus zur Elbe
führt (nur bei HW), kann
man gut ankern. Boote mit
wenig Tiefgang könnten auch
im *Haseldorfer Hafen* festmachen, der freilich trockenfällt.

Gleich hinter diesem Hafen
erhebt sich der neue Schutz-
deich, der die Haseldorfer
Binnenelbe in zwei Teile zer-
schnitten hat. Früher konnte
man auf ihr, und anschließend
auf der *Hetlinger Binnenelbe*
bis zur *Wedeler Au* und damit
praktisch bis an die Tore Hamburgs fahren.

Hinter dem Deich liegt das
alte, schöne Dorf *Haseldorf*
mit seinem in einem verwun-
schenen Park gelegenen
Schloß, das einst Landsitz des
dänischen Kanzlers von
Glückstadt war. Klopstock,
seinerseits auch dänischer Be-
amter, war hier 1776 zu Gast
und dichtete an seinem „Mes-
sias", in der Lindenallee des
Haseldorfer Schlosses. Die
Gastfreundschaft der Schloß-
herren blieb Tradition: später
wohnten Detlev von Liliencron und Rainer Maria Rilke
hier.

An der Haseldorfer Bin-
nenelbe wird einem bei aller
Naturromantik besonders der
Kontrast bewußt, der für diesen Teil der Elblandschaft so
typisch ist. Denn wo immer
man auch hier liegt, man
braucht nur den Blick zu heben, um am andern Ufer den
gewaltigen, allerdings auch
elegant-filigranen Schornstein des Stader Atomkraft-
werks in den Himmel ragen zu
sehen. So ist hier eben alles
ganz nahe zusammen, und
das hat viele wohl besonders
sensibel für die Gefährdun-
gen unserer Welt gemacht.

Bei *Stadersand*, an der
Mündung der *Schwinge*, haben wir eines der gewaltigsten
Industriegebiete der Niederelbe vor uns, und dahinter –
wiederum dieser Kontrast! –
eine der schönsten alten deutschen Städte: Stade.

Die Ansteuerung von *Sta-
dersand* ist nicht schwer, obwohl die Einfahrt schlecht
auszumachen ist. Hier, in der
schmalen Einfahrt, liegen zumeist noch kleinere Frachtschiffe an der Kade, an denen
vorbei man zur

Schwinge

läuft, jenem Flüßchen, das
sich in weiten Schleifen zu
dem vier Kilometer entfernten Stade hinzieht. Bei Stadersand hat man 3 m Wassertiefe,
in Stade aber nur noch 1 m,
und dies auch nicht überall.
Man muß sich also nach den
Gezeiten richten.

Anfangs viel Industrie, darunter auch der Atommeiler,
der inzwischen schon ein tech-
nisches Fossil geworden und
trotz aller Proteste immer
noch in Betrieb ist. Und neben dieser gewaltigen Industrie, deren beeindruk-
kender Größe und techni-
scher Eleganz man sich nicht
ganz entziehen kann, immer
wieder ländliche Idylle: saftig-
grüne Wiesen, auf denen Vieh
weidet, und Obstgärten, mit
schönen, alten Bauernhöfen
dazwischen.

Probleme hat man auf der
Fahrt nach Stade eigentlich
kaum, weder das Sperrwerk
noch die Brücken halten einen viel auf; man muß etwas
aufpassen auf die – seltenen
– Frachtschiffe, die einem in
der engen Schwinge nur noch
wenig Platz zum Ausweichen
lassen.

Man könnte, wenn einem
der Sinn danach steht, unterwegs noch in kleinen Häfen
festmachen: in *Brunshausen*
und in *Hörne/Wörden;* beide
liegen hübsch zwischen großen Obstgärten, sind schon
etwas angejahrt und recht gemütlich. Immer aber hat man
auch die Industrie von Stadersand vor Augen.

Stade

Bevor man sich etwas näher
mit der wirklich zauberhaften
Altstadt befaßt, muß man auf
den Hafen eingehen, denn
der ist für Bootsfahrer doch
eine ziemliche Plage: Man
muß in den nicht sehr großen
Handelshafen fahren, dessen
Einfahrt zumeist trocken
fällt. An der Ostseite liegt ein
Schlengel, an dem man festmachen kann, am besten
möglichst weit hinten, weil da
mehr Wasser stehen bleibt. In
den *Holzhafen* hinter der
Schleuse kommen leider nur
Boote, die den Mast legen
können. An die Westkaje des
Hafens dürfen Boote eigentlich nicht, wobei die Beto-
nung auf „eigentlich" liegt,
denn wenn einem das Wasser
buchstäblich unter dem Kiel
wegläuft, muß man ja ir-
gendwo bleiben. Also liegen
an den Wochenenden auch an
der „verbotenen" Stadtkaje
massenhaft Boote.

Die Versorgung ist zwar
gut, in dem Sinne, daß man alles bekommt, aber nicht alles
direkt am Hafen.

Es ist schade, daß diese
alte, schöne Stadt, ein Schatz-
kästlein des Nordens, es so
wenig gut mit den Leuten
meint, die auf die traditionelle Art nach Stade kom-
men, nämlich mit dem Schiff.

Bevor noch jemand an der
Elbe ernsthaft mit Hamburg
rechnete, war Stade die wichtigste Handels- und Hafenstadt an der Niederelbe.
Dank eines Privilegs; denn jedes Schiff, das elbaufwärts
wollte, mußte zur Schwinge
fahren, in Stade festmachen,
Zoll zahlen und drei Tiden
lang liegenbleiben und in dieser Zeit seine Waren zum Ver-
kauf anbieten. Stade wurde so
zu einer reichen Stadt, wie
man sehen kann, wenn man
durch die Gassen der Altstadt
und besonders am Alten Hafen entlang schlendert, wo ein

Haus prächtiger als das andere dasteht.

Der große Fluß, der die Stadt hat reich werden lassen, wurde ihr allerdings auch zum Verhängnis; denn die Elbe baute im Lauf der Jahrhunderte vor der Schwingemündung eine so gewaltige Sandbarre auf, daß die Schiffe nicht mehr nach Stade fahren konnten: Stapelrecht hin, Stapelrecht her, für die Stadt begann nun ein langer Abstieg.

Im Dreißigjährigen Krieg spielte sie nochmals eine Rolle, aber nicht als Handelsstadt, sondern als Festung, zu der sie von den Schweden ausgebaut wurde, angeblich zur stärksten des Nordens. Doch so weit vom Mutterland war diese schwedische Enklave auf die Dauer nicht zu halten, und so wurde Stade 1712 nach schwerem Bombardement von den Dänen, die ja bequem und nahe am anderen Elbufer saßen, genommen.

Die Sandbarre an der Schwingemündung konnte erst Anfang des 19. Jahrhunderts, genauer gesagt 1819, abgetragen werden, erst jetzt war die Technik so weit, daß man dieses Schiffahrtshindernis aus dem Weg räumen konnte.

Doch erst nach dem Zweiten Weltkrieg, nachdem die alte Stadt lange Zeit verkommen und vergessen hinter den Elbdeichen gelegen hatte, erlebte Stade eine neue Blüte. In atemberaubendem Tempo entstand die Großindustrie um Stadersand und später auch um Bützfleth, das 1972 zu Stade gekommen war.

Wenn man jetzt sieht, wie die alte Stadt auf das schönste wieder restauriert wird, so ist dies sicher auch den üppigen Steuern aus der Großindustrie zu danken; so hat eben jedes Ding seine zwei Seiten.

HW 2 h 38 min nach HW Cuxhaven, NW 3 h 5 min nach NW Cuxhaven. Der Strom setzt elbaufwärts ab 2 h vor und elbabwärts ab 3 h 30 min nach HW Cuxhaven. Stromgeschwindigkeit: einlaufend bis 2,2, auslaufend ebenfalls. MTH 2,8 m (alles Stadersand)

Die beiden nächsten Seitenflüsse der Elbe, die *Lühe* und die *Este,* wird man wohl auslassen müssen, denn soviel Zeit hat man auf einem Urlaubstörn doch nicht. Vielleicht ein andermal.

Das naheliegendste wäre es also, von Stadersand aus den Kurs direkt auf Hamburg abzusetzen.

Wer aber nur ein bißchen Zeit übrig hat, der sollte — vorher oder nachher, das bleibt sich gleich — einen Abstecher zu dem kleinen Hafen

Neuenschleuse

machen, nicht in erster Linie wegen des Hafens, obwohl der sehr idyllisch hinter der mit hohem Wald bewachsenen Elbinsel *Hanskalbsand* liegt, sondern wegen des *Alten Landes.*

Das Alte Land ist noch immer — trotz der Industrie, die daran knabbert — das größte geschlossene Obstanbaugebiet des Nordens. Ein Land, das wie so viele Gegenden an der Küste von Holländern kultiviert worden ist, die man ja nicht zuletzt wegen ihrer Deichbaukünste ins Land geholt hatte. Vor ihnen saßen in dieser Gegend Sachsen, und zwar in den Wurtdörfern: Twielenfleth, Grünendeich, Borstel und Haselwerder, das sind alles alte sächsische Siedlungen, während Hollern, Steinkirchen und Jork holländische Gründungen sind.

Alle diese Dörfer, von denen die meisten wunderschöne Kirchen haben, liegen in weitausgedehnten Obstplantagen, die diese Elblandschaft viel intimer machen als es die flußabwärts gelegenen flachen Marschen sind, wo der Blick weit bis zum Horizont schweifen kann.

Zur Baumblüte, wenn das Alte Land wie unter einem weißen Schleier liegt, wird man wohl nicht da sein, aber auch im Sommer lohnt sich ein Besuch ganz zweifellos. Man muß sich nur ein Fahrrad leihen und gemütlich durchs Alte Land radeln, wo zwischen den Obstgärten die alten Höfe stehen, mit ihrem weißen Fachwerk und dem kunstvollen Mauerwerk,

auch häufig noch mit den Altländer Prunkpforten: das sind ebenso mächtige wie fein gearbeitete Holztore, die das Anwesen zur Straße hin abschließen.

Der *Hafen Neuenschleuse* hat zwei Schlengel; hängt in einer Box ein grünes Schild, dann darf man hier festmachen. Besser aber ist es, sich nach der Einfahrt gleich rechts zu halten und möglichst weit nach hinten zu fahren, wo für Gäste am Steg unter der Spundwand immer einige Plätze freigehalten werden. Außerdem hat man hier mit 1,5 m die größte Wassertiefe (an den Schlengeln knapp 1 m). Das scheint nicht viel, reicht aber bei dem weichen Schlickgrund allemal.

Vor der Hafeneinfahrt lag lange eine Barre. Die ist jetzt weggebaggert. Es ist allerdings die Frage, wie lange das anhält.

Über dem Hafen steht das Clubhaus des Altländer Yachtclubs, nichts weiter als zwei aufeinandergestellte Container, doch das reicht (mit Duschen und WC) allemal. Wasser gibt es auch, sonst aber nichts; doch zum Dorf ist es nicht allzu weit.

Über **Hamburg**

braucht man nicht viele Worte zu verlieren: Es ist sicher eine der schönsten und faszinierendsten deutschen Städte, großzügig gebaut und weltoffen.

Sie auf eigenem Kiel anzulaufen, ist allerdings kaum möglich, jedenfalls, wenn man wirklich zur Stadt will, recht nahe zum Zentrum. Das geht nicht, was bei einer Stadt mit dieser Seefahrttradition ja etwas verwunderlich ist.

Deshalb sei hier einem Nicht-Hamburger die möglicherweise naive Anregung erlaubt, ob es denn wirklich nicht machbar ist, für segelnde Hamburg-Besucher irgendwo, in einem Fleet vielleicht, einen kleinen Stadthafen anzulegen: Das müßte der reichen Hansestadt doch noch möglich sein.

Hamburg hat doch massenhaft Bootshäfen, wird man erwidern. Gewiß doch, aber es

läßt sich doch nicht leugnen daß sie entweder weit vom Zentrum oder in wenig attraktiver Umgebung liegen.

Der Hafen, den man im allgemeinen ansteuert, ist der

Hamburger Yachthafen Wedel

eine ebenso riesige wie perfekte, ja: elegante Marina Nur: weite 20 km vor Hamburg gelegen. Man muß erst umständlich nach Wedel hinein, kommt von da dann allerdings, wie man gerechterweise anmerken muß, mit der S-Bahn schnell ins Zentrum.

Der Hafen hat zwei Einfahrten. Am besten nimmt man die erste, wenn man stromaufwärts fährt; denn dann ist man gleich an den für Gäste reservierten Stegen „L" und „M". Hat man sein Boot festgemacht, sollte man sich bald in einem der beiden Hafenbüros (Hafen West/Hafen Ost) melden, wo man sich auch an einem Plan über den unübersichtlich großen Hafen und seinen Einrichtungen informieren kann.

Wie nicht anders zu erwarten: Der Hafen bietet jeden erdenklichen Service.

HW 3 h 35 min nach HW Cuxhaven, NW 4 h 15 min nach NW Cuxhaven. Der Strom setzt elbaufwärts ab 1 h vor HW Cuxhaven und elbabwärts ab 4 h 10 min nach HW Cuxhaven. Stromgeschwindigkeit ein- und auslaufend etwa 2,0 sm/h. MTH 2,9 m

Den nur einen Steinwurf weiter gelegenen ehemaligen Handelshafen

Schulau

kann man nicht als Alternative zu Wedel ansehen, obwohl auch er fast nur noch von Yachten, die bei NW trockenfallen können, benutzt wird und ganz gewiß nicht ohne Atmosphäre ist.

Gleich neben dem Schulauer Hafen liegt eine weithin bekannte Hamburger Attraktion, das *Willkommhöft,* ein großes Restaurant, von dem aus jedes größere, einkommende Schiff mit National-hymne und -flagge begrüßt wird. Gleichzeitig erfährt man noch via Lautsprecher allerlei Wissenswertes über den derart Begrüßten.

Neben Wedel kämen noch drei Hamburger Bootshäfen in Frage, die aber in punkto Service und Komfort mit diesem in keiner Weise mithalten können. Dafür liegen sie sehr schön an Hamburgs feinstem Elbufer. Der Sporthafen

Baurspark

unterhalb des Villenviertels Blankenese ist ein gut geschützter, kleiner Hafen, mit etwa 1 m Wassertiefe, in der recht schmalen Einfahrt 2 m. Dicht östlich davon der Jachthafen

Mühlenberg

mit vier Schwimmstegen, etwa 1 m Wassertiefe bei NW.

Teufelsbrück,

das zwar direkt an der vielbefahrenen Elbchaussee liegt, dessenungeachtet aber ein stiller, parkartiger Hafen geblieben ist. Nicht groß: ein langer, schmaler Schlauch, mit zwei Schwimmstegen. Wassertiefe variierend, nahe der Einfahrt etwa 1,3 m. In den Hafen kommt man nur nahe HW, denn in der Einfahrt steht bei NW das Wasser nur noch knietief. Man liegt hier sehr angenehm, es gibt ein kleines Restaurant auf einem Hausboot, und selbst kleinere Reparaturen können ausgeführt werden.

Direkt am Hafen eine Bushaltestelle, so daß man rasch und ohne viel Umstände in die Stadt kommen kann, eben auf der schon erwähnten Elbchaussee, wo man an den prächtigsten Villen und Landsitzen der Hamburger Kaufleute und Reeder vorbeifährt.

Es gibt allerdings auch die Möglichkeit, mit dem Fährboot nach Hamburg zu fahren. So käme man wenigstens auf dem Wasser, wenn auch

---

nicht auf dem eigenen Kiel, dorthin.

Finkenwerder

wäre ebenfalls ein guter Ausgangspunkt, um mit der Fähre in einer knappen halben Stunde nach Hamburg zu kommen. Hier, am Geburtsort von Gorch Fock, findet man ordentliche Liegeplätze. Besonders *Neßkanal* und *Rüschkanal* haben sich zu einem Yachtzentrum entwickelt. Mehrere Sportbootclubs haben dort ihre Stege, auch für Gäste ist immer ein Platz frei. Oder man kommt beim *Yachtzentrum Hamburg* (Ed. Schäffler) unter, am Steendiekkanal/Hein-Saß-Weg. In Finkenwerder liegt man mit Blick auf das nördliche Elbufer von Blankenese bis Teufelsbrück und befindet sich in einem Revier mit Atmosphäre. Eine Entdeckungsreise durch das alte Fischerdorf mit Gorch Focks Geburtshaus; Hamburg und seine Häfen aus einer ganz anderen Perspektive als der Tourist sie sonst erlebt; die verkehrsmäßige Anbindung an die Stadt (mit Bus zur S-Bahn, über die berühmte Köhlbrandbrücke, oder mit der Fähre nach St. Pauli-Landungsbrücken), besser kann man es in der Nähe dieser Weltstadt kaum haben. Dazu alle Einkaufsmöglichkeiten am Ort, Bootsversorgung in Hafennähe.

Die Rückreise

Das Beste wäre es natürlich, die rund 50 Seemeilen bis Cuxhaven in einem durchzuziehen. Das mag ein starker Motorkreuzer schaffen. Für ein Segelboot, das die Tide nutzen muß, ist es zuviel, denn wir brauchen ja den Ebbstrom, der uns flußabwärts mitnimmt.

Von Hamburg aus läuft der Ebbstrom nicht mehr als vier Stunden. Das reicht bis Cuxhaven keinesfalls, auch wenn man an diese vier Stunden noch zwei dranhängt, denn nahe HW und NW hat der Strom bekanntlich noch sehr geringe Geschwindigkeiten,

---

so daß man durchaus noch gut gegenankäme. Aber auch mit sechs Stunden kommt man nicht weit genug. Vielleicht 30 Seemeilen, wenn das Boot selbst vier Knoten läuft.

Wo wären wir dann? Exakt vor den Schleusen von Brunsbüttel, was dann eine feine Sache wäre, wenn wir in den Nord-Ostsee-Kanal wollten. Andernfalls sähe es ziemlich düster aus; denn nun hätten wir sehr wenig Wasser und keinen Hafen in der Nähe, den man unter diesen Umständen anlaufen könnte.

Deshalb mein Vorschlag: zuerst nach Glückstadt laufen. Denn in dessen Vorhafen steht auch bei NW genug Wasser, und notfalls kann man hinter der Rhinplatte vor Anker liegen, wenn der Hafen voll sein sollte. Dann würde ich hier in aller Ruhe die nächste Tide abwarten, um dann ohne Hast in sechs Stunden nach Cuxhaven zu fahren, wo mir dann wieder die ganze Welt offensteht.

Nun wird vielleicht mancher Elbsegler über so viel Theorie nur mit dem Kopf schütteln. Ich weiß: Wind gegen Strom, das alte Thema.

Wie jedem, ist mir dies auch schon passiert; denn wenn die Zeit drängt, läßt man eben alle Theorie sausen, dummerweise, wie man bald „erfahren" muß.

Jedenfalls erlebten wir es so: Zwischen Glückstadt und Brunsbüttel machten wir noch flott Fahrt, von Welle war kaum etwas zu spüren; doch dann stand der Wind genau gegenan, die Zeit drängte, wir warfen den Motor an, und von da an war es nur noch furchtbar. Obwohl wir gute Fahrt machten (der Strom!), krachte der Bug ununterbrochen in steile Wellen, eine bösartiger als die andere. Es war einer jener Momente, die jeder Segler kennt und da man sich ernsthaft die Frage stellt, was man hier eigentlich soll? Und ob es nicht langsam doch an der Zeit wäre, wie andere Leute auch, im Sommer irgendwo am Mittelmeer am Strand zu liegen?

Doch dann bei Altenbruch, wo sich das Fahrwasser wieder nach Westen wendet, war der Spuk von einer Minute zur anderen auch schon vorbei, und wir liefen gegen die untergehende Sonne friedlich und auch sehr zufrieden mit uns selbst auf Cuxhaven zu.

Soll man auf der Elbe nachts oder gar bei Nebel fahren?

Ich meine, nein. Vielleicht mal eine kurze Strecke, von Brunsbüttel nach Glückstadt etwa. Aber sonst? Nein, es sei denn, daß man sich bei entsprechender Ausrüstung durch Radarberatung von Tonne zu Tonne leiten lassen kann. Trotz der perfekten Befeuerung, vor allem wegen der großen Schiffe, ist alles zu kompliziert, man bewegt sich auch wegen des Stroms zu schnell, wird versetzt, und schließlich: man kommt ja an die Elbe, um etwas davon zu sehen, nicht um durch die

Nacht zu geistern. Wie es nun von Cuxhaven aus weiter gehen soll, hängt vor allem vom Wind ab. Ab Windstärke 5 aus West wird es für ein Boot in der Außenelbe schwierig, wenn nicht gar unmöglich werden. Weiter tragisch ist dies allerdings nicht, denn im Yachthafen von Cuxhaven kann man es gut etwas länger aushalten, und auch in der Stadt findet man genug Zerstreuung. Wie aber dann weiter? Die Außenelbe hinaus und dann nach Helgoland, das ist das übliche. Doch wie wäre es zur Abwechslung mit einer Fahrt

Nordwärts ins Wattenmeer?

Eine Alternative besonders

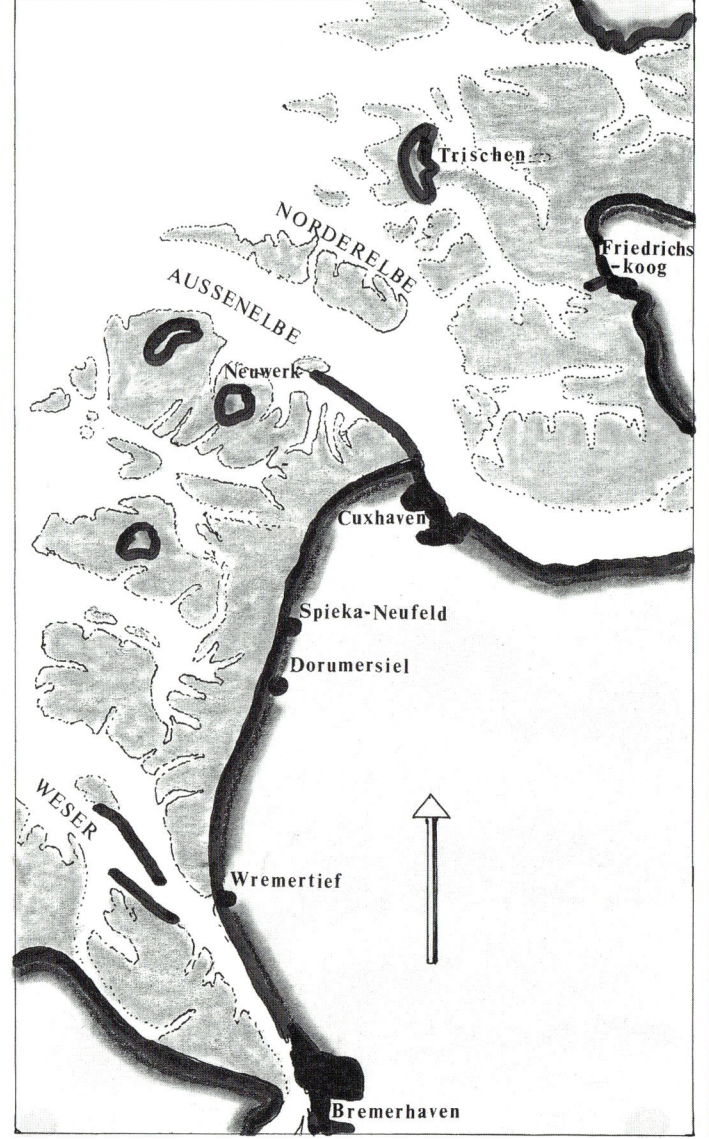

für den, der sowieso ins nord friesische Revier will; ein Re vier, dessen Ansteuerung ge rade von See her nicht ohne Tücken ist wie auf S. 160 aus führlich beschrieben.

Was sich von Cuxhaven ge radezu anbietet, ist eine Fahrt zur Norderelbe und von da dann weiter zum malerischen Fischerhafen Friedrichskoog Ab Cuxhaven sind das 21 See meilen; nicht viel, wenn man den Strom richtig nutzt, also zuerst mit dem ab- und da nach mit dem auflaufenden Wasser fährt. Nur: Wenn das Wetter für die Außenelbe zu hart ist, kann man diesen Törn genausowenig machen, denn dann sieht es in der Nord erelbe nicht viel besser aus Friedrichskoog, unseren Ziel hafen, kann man bei NW nicht anlaufen, sondern je nach Tiefgang des Bootes nur mehr oder minder nahe HW Ein Boot mit 1,5 m Tiefgang kommt schon 2 h vor HW in den Hafen, eines von 2 m ent sprechend später (vgl. „Fah ren in Gezeitengewässern" Seite 20).

Hinzu kommt: Vor Fried richskoog liegt ein Sperrwerk das geschlossen wird, wenn das HW 0,5 m über Normal steigt; außerdem auch noch bei jeder zweiten Tide, wofür es extra Ebbtore gibt, die 2 h nach HW geschlossen wer den. Zweck dieser Übung ist es, mit dem aufgestauten Was ser Hafen und Fahrtrinne wie der freizuspülen.

Die Sperrung wird mittels der üblichen Signale, also Rot über Rot, angezeigt. Doch dies nutzt unsereinem wenig, denn was macht man nun wenn das Wasser anfängt wegzulaufen und das Sperr werk ist zu? Zwar gibt es an der Nordseite davor einen Notsteg, doch für ein Boot mit einem Tiefgang von 1,5 m oder mehr hilft das wenig, denn der Grund ist unge wohnt hart. Einsinken in wei chem Schlick, das übliche bei Watthäfen, funktioniert hier nicht. Deswegen rate ich, den Hafenmeister von Friedrichs koog anzurufen (04854/390), bevor man in Cuxhaven die Leinen löst, denn so erfährt man zuverlässig, ob das Sperr werk auch wirklich offen ist, wenn man dort ankommt.

So, jetzt kann's losgehen: Wie immer in Gezeitengewässern wird man versuchen, mit dem Strom zu fahren. Bei diesem Törn heißt das: Ab Cuxhaven mit dem ablaufenden Wasser bis in die *Norderelbe*, und zwar etwa bis zur *roten Tonne NE 4* (= 19 sm) und von da mit dem Flutstrom nach *Friedrichskoog* (= 12 sm). Bei der Tonne NE 4 entsprechen die Zeiten für HW und NW praktischerweise fast genau denen von Büsum (siehe Seite 163). Nahe Cuxhaven erreicht der Strom eine Geschwindigkeit bis zu 4 sm/h, in der Norderelbe von etwa 2,5 sm/h. Nun muß man einmal nachrechnen: wie schnell läuft mein Boot, was bringt mir dazu der Strom, wann muß ich dem Tiefgang meines Bootes gemäß in Friedrichskoog sein? Entsprechend diesen Vorgaben wird man seine Fahrt anlegen. Kommt es nicht genau hin, so ist dies auch nicht weiter tragisch: nahe Trischen könnte man den Anker werfen und in Ruhe warten, bis das Wasser hoch genug gestiegen ist.

Also zum errechneten Zeitpunkt ab Cuxhaven: Wir halten uns nahe den roten Tonnen, und zwar bis zur roten Nr. *26/Norderelbe*, wo wir in das schmale, doch sehr tiefe *Zehnerloch* einbiegen, das sich hart um die Südosthuk des hoch trockenfallenden *Gelbsands* herumzieht. In der *Norderelbe* fahren wir sauber nach den — allerdings etwas weit auseinander — liegenden Tonnen. Linker Hand haben wir gewaltige Sände, zuerst den *Gelbsand*, dann den *Großen Vogelsand*, während sich nach Osten zu ein riesiges Watt erstreckt, fast sieben Seemeilen bis hin zum Deich. Von der roten Tonne NE 4 — jetzt sollte der Flutstrom einsetzen! — laufen wir mit Kurs ENE auf die drei Seemeilen entfernte Tonne B 8 des *Buschsandfahrwassers* zu. Vorsicht: Der Strom wird uns versetzen, und zwar auf die Sände zu!

Nach der Tonne B 8 dürfte es keine Probleme mehr geben. Das Buschsandfahrwasser geht unmerklich in das *Neufahrwasser* über; beide sind tief und gut betonnt. Das Neufahrwasser führt eng an der

Insel Trischen

vorbei, einer ziemlich großen, sich nur wenig über dem Wasser erhebenden Sandinsel, die von weither schwer auszumachen wäre, gäbe es hier nicht die wahrhaft monströse Buschsandbake, ein Dreibein von 24 m (!) Höhe, mit einem ovalförmigen schwarzen Toppzeichen sowie einer Plattform zwischen den Beinen, auf der ein Rettungshäuschen steht.

Trischen war einst besiedelt, sogar Landwirtschaft wurde auf der kargen Sandinsel betrieben. Doch das ist längst vorbei. Jetzt hat hier nur noch der Vogelschutzwart sein einsames Domizil. Inzwischen gehört Trischen auch zur Zone 1 des Nationalparks Wattenmeer (siehe Seite 162) und darf deshalb nicht mehr betreten werden.

Naturschutz hin, Naturschutz her — vor ein paar Jahren ist man nahe Trischen bei Versuchsbohrungen fündig geworden: angeblich lagern hier im Watt 75 Millionen Tonnen Öl. Auf der Mittelplate, etwas südöstlich von hier, sieht man eine Ölplattform stehen, mit der dieses Feld erschlossen werden soll.

Vor dem Sperrwerk von

Friedrichskoog

erstreckt sich etwa 2000 m lang ein Steindamm, der auf seinem Kopf die Leuchtbake Friedrichskoog trägt, ein Dreibein von 7 m Höhe (F. mit einem Nebelsignalgeber). Man hat diesen Damm einlaufend an Backbord. In der Rinne bleibt bei NW wenig Wasser stehen, bestenfalls 0,5 m, meist noch weniger.

Der Hafen ist ein ziemlich langer, vor allem aber enger Schlauch. Liegt er voller Kutter, dann bleibt nur wenig Platz für Manöver; noch knapper wird es, wenn die Versorgungsschuten der Ölbohrer hier sind.

Für Boote ist der beste Liegeplatz an der Nordkade, nahe vor der kleinen Werft.

Der Hafen fällt praktisch trocken, was aber wegen des weichen Schlicks nicht schadet.

Die Versorgung ist mittel. Dies ist eben kein Hafen, der auf Yachten eingerichtet ist. Wasser gibt es, und WCs. Donnerstags und freitags bringt ein Tankwagen Diesel zum Hafen. Fisch satt erhält man in der Fischhalle und Lebensmittel im nicht sonderlich sehenswerten Dorf.

Die Kutter laufen alle zwölf Stunden aus, so exakt, daß man die Uhr danach stellen könnte: Zwei Stunden vor HW tuckert die ganze Flotte los, und 2 h vor dem nächsten HW kommen sie alle wieder herein.

HW 30 min nach HW Büsum, NW 47 min nach NW Büsum. MTH ca. 3 m

Will man weiter nordwärts, so fährt man — natürlich bei HW — am besten im Prickenweg *Puttschipploch* über das Wattenhoch *Das Hohe Ufer*, ins *Hundeloch*, von da dann in den *Dieksander Priel* und das *Bielhövener Loch*, das in die *Süderpiep* mündet.

Alles weitere ist ausführlich im Kapitel 10 auf den Seiten 160 ff. beschrieben.

Der eben geschilderte Törn ist nicht sonderlich schwer, bei gutem Wetter jedenfalls. Das ist anders bei einer

Wattfahrt westwärts zur Weser

und nichts für den Anfänger, der noch nicht in leichteren Revieren „geübt" hat. Es ist ein gewaltiger Schlag von rund 50 Seemeilen. Dabei geht es über das riesige Watt, das sich zwischen Elb- und Wesermündung gut 15 Seemeilen weit seewärts erstreckt. Von den 50 Seemeilen zwischen Cuxhaven und Bremerhaven ist etwa die Hälfte echte Wattfahrt, die andere führt durch tiefes Wasser. Drei Wattenhochs sind zu queren: man wird den Törn also nicht in einer Tide schaffen. Zu fahren ist das durchaus von einem Boot bis zu 1,5 m Tiefgang, aber es ist fraglich, ob es auch in jeden der drei Häfen hineinkäme, was bei einem Tiefgang von 1,3 m und weniger sicher ist.

Eben wurde ausführlich die Planung eines Wattentörns beschrieben; in dem Absatz „Fahren in Gezeitengewässern" (siehe Seite 20) auch ausführlich das Wesen der Watten erläutert, so daß jetzt darauf verzichtet werden soll, das hier noch einmal detailliert darzulegen.

Da dieser Törn sowieso nichts für den Anfänger ist, genügt es, den Ablauf der Route zu beschreiben: Das *Weser-Elbe-Wattfahrwasser* verläuft so: *Elbe, Neuwerker Fahrwasser, Buchtloch* (1. Wattenhoch), *Ostertill, Neucappeler Tief* (2. Wattenhoch), *Robinsbalje, Paddingbütteler Tief* (3. Wattenhoch), *Bakenloch, Wurster Arm, Weser*.

Bis zum Wurster Arm fahren wir entgegen der Fahrwasserrichtung, haben also die Pricken „Besen aufwärts" an der Steuerbordseite (außer bei der Ansteuerung der Häfen).

Die drei Häfen, *Spieka-Neufeld, Dorumersiel* und *Wremertief*, sind sich ziemlich ähnlich. Alle drei fallen trocken. Überall gibt es Krabbenkutter, und überall auch ein paar Liegeplätze für Sportboote.

Am besten von den dreien gefällt mir der mittlere, *Dorumersiel*. Er ist auch relativ groß, hat eine recht ordentliche Versorgung: neben dem üblichen ein großes Restaurant, und eine Schwimmhalle — nebenbei ein gute Landmarke.

Wer nicht in diese Häfen hineinkommt, muß wohl ankern. Es gibt eine ganze Menge Ankerplätze, doch welchen soll man — wenn überhaupt — empfehlen? Zu sehr hängt das vom Wetter ab. Recht geschützt sind: das Neucappeler Tief bei der Tonne WE 14, und das Paddingbütteler Tief, etwa auf der Höhe Schwarze Gründe.

Nautische Unterlagen: wie Seite 19; dazu Karten für die Sportschiffahrt, Nr. 3014, „Brunsbüttel bis Borkum", und Nr. 3011, „Karten der Weser und der Jade".

Der weiße Dampfer läuft im
Fedderwarder Fahrwasser auf
Bremerhaven zu. Auf dem
gleichnamigen Watt der
schöne, alte Leuchtturm
Hohe Weg, der 1856 von
einem holländischen
Ingenieur gebaut wurde.
Jetzt ist Ebbe. Bei Hochwasser
steht der Leuchtturm im –
allerdings flachen – Wasser.

4 Auf der Weser nach Bremen

HOHE SÄNDE TIEFE PRIELE

1 *Bremerhaven. Zu jedem Liegeplatz muß man durch die Geestemündung. Praktisch, aber nicht komfortabel die Liegeplätze vor und hinter der Brücke. Den Hafen des Weser-Yacht-Clubs (rechts oben) erreicht man nur durch die Schleuse.*

2 *Der Hafen des Weser-Yacht-Clubs im Hauptkanal. Eine adrette Anlage mitten in der Stadt. Gastlieger bleiben am besten vor der Brücke.*

3 *Die Nordsee-Marina im Fischereihafen II. Ein guter Hafen, doch sehr weit von der Stadt weg. Das Leuchttürm-chen steht nur zur Zierde da.*

4 *Mitten im Schilffeld: Großensiel nahe Nordenham.*

5 *Gegensätze: das Kernkraftwerk Esensham und daneben schöne Natur an der Mündung des Beckumer Sieltiefs.*

1 Brake, ein tiden-
freier Industrie-
und Handelshafen.
In der unteren Ecke
ein paar Liegeplätze
für Boote.

2 Elsfleth, einer
der besten Häfen an
der Unterweser.

3 Im alten Bett der
Hunte der Yacht-
hafen Elsfleth:
dank der kleinen
Schleuse ein tiden-
freier Hafen. Durch
das Sperrwerk
kann man auf der
Hunte bis Olden-
burg fahren.

4 Sandstedt.
Bei NW bleibt dort
kaum mehr Wasser.

5 Idyll am Siel.

1

2

3

1 *Der Rönnebecker Hafen von Blumenthal. In der Umgebung viel Industrie.*

2 *Gegenüber von Vegesack: Lemwerder, Hafen einer traditionsreichen Yachtwerft und des Weser-Yacht-Clubs.*

3 *Hasenbüren. Ein riesiger Yachthafen, im Weichbild des Bremer Industriegebiets und sehr weit von der Stadt weg. Gäste machen an dem T-förmigen Steg in der Mitte fest.*

4 *Es gibt Unmengen von Liegeplätzen an der Lesum. Am besten liegt man wohl im gemütlichen Yachthafen von Grohn.*

5 *Vegesack, einst der Seehafen von Bremen: viel Platz im Alten Hafen. Das gelb-schwarze Leuchttürmchen steht an der Einfahrt in die Lesum.*

Die Küste ist viel zu weit, als daß man Landmarken erkennen könnte. Deshalb sind die **Leuchttürme in der Außenweser** unentbehrlich für die Navigation. Der schönste von allen ist der Leuchtturm **Roter Sand** *(6)*, auch wenn er schon vor über 20 Jahren außer Dienst gestellt wurde. Seine Aufgabe hat der monumentale Leuchtturm **Alte Weser** *(1)* übernommen, das wichtigste Feuer für die Ansteuerung der Weser. Kleine Museumsstücke, wenn auch noch voll in Funktion, sind der **Hohe-Weg-Leuchtturm** *(2)* und **Robbenplate-Oberfeuer** *(3)*. Verglichen damit ist das **Hooksielplate-Quermarkenfeuer** *(4)* an der Jade nur pure Technik und ohne jeden Schnörkel. Der pummelige Leuchtturm **Mellumplate** *(5)* steht da wie ein „Weltkind in der Mitten".

Von See her in die Weser einzulaufen ist nicht ganz leicht. Wegen der gewaltigen Sände, zwischen denen sich große und kleine Fahrwasser hindurchwinden. In Bremerhaven, dem Seebahnhof Bremens, steht auf alle Fälle ein ausgiebiger Besuch des Deutschen Schifffahrtsmuseums auf dem Programm. Auf der Unterweser sollten wir uns viel Zeit nehmen und gemütlich von einem Hafen zum anderen schippern. Fast bis Bremen eine idyllische, grüne, streckenweise auch einsame Flußlandschaft. Bremen, die alte Hansestadt, werden wir uns in aller Ruhe ansehen, unser Boot aber besser etwas weserabwärts lassen, vielleicht an der schönen Lesum, oder im alten Stadthafen von Vegesack. Dann geht's wieder zurück, und über ein gewaltiges Watt, das nicht umsonst Der Hohe Weg heißt. Vor uns liegt die Jade.

Die Weser

Könnte man sich das Deutsche Schiffahrtsmuseum in Bremerhaven ansehen, bevor man in die Wesermündung einläuft, dann wüßte man wohl besser Bescheid, dann wäre alles viel einfacher; denn dort steht ein maßstabgerechtes Modell der Außenweser, mit allen Leuchttürmen und den Fahrrinnen samt Betonnung. Das „Wasser" ist eine Glasplatte ist, so daß man den Grund sehen kann, die Sände und Watten und eben auch die Fahrrinnen, die einen zwischen diesen hindurch nach Bremerhaven führen.

Auf der Karte sieht der Mündungstrichter von Weser und Jade geradezu riesig aus, in Wirklichkeit ist der größte Teil davon flaches, zumeist sogar trockenfallendes Gebiet. Die Fahrwasser sind verästelt, kompliziert, und weil sie so exponiert sind, bei ungünstigen Wetterverhältnissen auch gefährlich.

Ohne Leuchttürme und -feuer ginge hier gar nichts, und deshalb gibt es nirgendwo an der Küste mehr Leuchttürme als hier, und nirgendwo auch schönere: ob Roter-Sand-Leuchtturm, Hoher Weg oder Robbenplate-Oberfeuer: Sie sind nicht nur unentbehrlich, sondern alle auch kleine Kunstwerke.

Wegen der schwierigen Ansteuerung ist die Weser ein Ziel, das sich Fahrtensegler aus anderen Revieren ziemlich selten aussuchen, jedenfalls viel seltener als die Elbe, die mancher allein schon deshalb befährt, weil er über den Nord-Ostsee-Kanal zur Ostsee will.

Andererseits: Die Weser ist ab Bremerhaven sehr viel mehr „Fluß" als die Elbe: relativ schmal, mit einem breiten, ziemlich in der Mitte verlaufenden Fahrwasser, und ohne die für die Elbe typischen Sände und Inseln samt ihren Seitenarmen.

Sie entsteht 432 km stromaufwärts durch den Zusammenfluß von Werra und Fulda. Bis Bremen heißt der Fluß Oberweser, danach bis Bremerhaven Unterweser, und von dort aus seewärts Außenweser. Diese und die Unterweser sollen hier beschrieben werden.

Die Ansteuerung der Elbe ist ja schon nicht einfach, die der Weser aber noch viel mehr. Man sieht es schon an den Distanzen: Von der Einsteuerung in die Elbe bis Cuxhaven sind es 16 Seemeilen, eine ganze Menge, aber wenig verglichen mit der Weser: hier hat man von der ersten brauchbaren Landmarke, dem Leuchtturm Alte Weser, bis Bremerhaven noch 27 Seemeilen zu laufen, mehr als von Helgoland bis Alte Weser! Bis zum Leuchtturm Hoher Weg ist es dazu immer noch Seefahrt, erst danach kommt man in etwas geschütztere Gewässer; und immer läuft man nahe an Sänden und Watten vorbei, getrieben von einem zuweilen mächtigen Strom.

Die fünf Leuchttürme der Außenweser sind sozusagen ihre „Landmarken"; ohne sie wäre Seefahrt in der Außenweser nicht möglich.

Von wo auch immer man herkommt, es wird ein langer Schlag werden: von Cuxhaven aus sind es außen herum 59 Seemeilen und über das Weser-Elbe-Wattfahrwasser (s. Seite 61) 50, von Helgoland aus aber „nur" 49.

Bei gutem Wetter kann man mit dem Strom sehr schnelle Fahrten machen. Von Cuxhaven aus läuft das geradezu nach dem Lehrbuch: zuerst mit dem ablaufenden Wasser die Elbe hinaus und danach mit dem Flutstrom in die Weser hinein – vorausgesetzt, daß der Wind richtig steht. Schon ab Bft 4 gegen den Strom wird es kritisch, zumindest aber ruppig und naß werden.

Von Helgoland her sieht es in dieser Beziehung viel besser aus; denn einem seetüchtigen Boot dürften fünf Windstärken auf der Nordsee nichts ausmachen, und in der Wesermündung auch nicht, wenn man dann mit dem Strom läuft.

Das Problem ist die Sicht.

Wie soll man zum Beispiel die Schlüsseltonne finden, oder auch den Leuchtturm Alte Weser, wenn es zuzieht? Besonders dem revierfremden Skipper stellt sich hier durch sorgfältige Navigation, gewissenhaftes Mitkoppeln und Steuern nach Kompaß manche interessante Aufgabe. Ein Lot ist unabdingbar. Und auch hier, wie auf der Elbe, ist Radarberatung bei entsprechender Ausstattung des Schiffes eine enorme Hilfe. Also: Es kann zwar schwierig werden, muß es aber nicht, besonders in den eher ruhigen Sommermonaten.

Von der Elbe

Kommt man bei gutem Wetter aus der Elbe, so fahren die meisten ab der grünen Tonne Scharhörnriff N über die Nordergründe und auf den acht Seemeilen entfernten Leuchtturm Alte Weser zu, einen runden, roten, sehr hohen Turm mit zwei weißen Bändern. Man kann aber auch bis zur Tonne Westertill N in der Außenelbe bleiben und dann erst Kurs auf den Leuchtturm nehmen; diese Strecke ist nur eine Seemeile länger, hält einen aber ein beträchtliches Stück mehr von den Nordergründen fern.

Von Helgoland

Dies ist zweifellos der einfachere und damit sichere Weg. Man setzt seinen Kurs auf die Schlüsseltonne ab und hat unterwegs zur Korrektur die große r.w. Tonne E 2, kann bei einigermaßen guter Sicht auch das rote Feuerschiff Weser, vielleicht sogar „Elbe 1" sehen.

Die „Schlüsseltonne" ist die traditionelle Ansteuerungstonne der Weser; sie heißt so, weil sie – über dem roten Ball als Toppzeichen – noch das Bremer Wappen, den Schlüssel, trägt.

Die Schlüsseltonne – auf Pos. 53°56'N, 7°55'E – wurde 1667 erstmals von der Bremer Kaufmannschaft ausgelegt. Ich weiß nicht, ob es irgendwo an der Küste eine ältere gibt.

In der Außenweser

Ob von der Elbe oder von Helgoland, bei *Alte Weser* treffen sich die Kurse zur Weiterfahrt nach Bremerhaven. Dieser Leuchtturm mit seinen beiden weitausladenden Stockwerken ist ein ebenso wichtiges wie markantes Seezeichen; zusammen mit dem knapp zwei Seemeilen südwestlich stehenden *Leuchtturm „Roter Sand"* (28 m hoher, rot-weiß waagerecht gestreifter, runder Turm) bildet er quasi ein Tor, durch das man sicher die *Hohewegrinne*, das Hauptfahrwasser nach Bremerhaven, erreicht.

Der Leuchtturm „Roter Sand" ist heute nur noch ein Museumsstück und steht unter Denkmalschutz. Er wurde 1885 gebaut und war damals der erste vollständig von Wasser umgebene Leuchtturm an der Küste. Als sich das Fahrwasser immer mehr verlagerte, wurde anderthalb Seemeilen weiter östlich 1963 „Alte Weser" gebaut. Den nun überflüssig gewordenen „Rote Sand" wollte man danach abreißen, aber inzwischen kämpfte eine Bürgerinitiative für die Erhaltung dieses Denkmals deutscher Seefahrtsgeschichte und wie man hört: soll der schöne Turm jetzt restauriert werden.

Die so lang erscheinenden 27 Seemeilen von „Alte Weser" bis Bremerhaven kann man rasch zurücklegen, wenn man die Tide richtig nutzt. Der einlaufende Strom beginnt auf der Höhe „Alte Weser" etwa 6½ h vor HW Bremerhaven und erreicht seine größte Stärke von gut 2 sm/h etwa 4½ h vor HW Bremerhaven. Die Stromgeschwindigkeit nimmt auf Bremerhaven hin zu; dort erreicht der Strom knapp 3 sm/h. Kommt man bei „Alte Weser" nahe NW an, so werden die Sände noch hoch und trocken liegen, während sich die Fahrrinne zwischen den hohen, gelben, naßglänzenden Sänden hindurchwindet – ein einmaliger Anblick.

Leuchtturm „Alte Weser":
HW 1 h 20 min vor HW Bremerhaven, NW 1 h 6 min vor

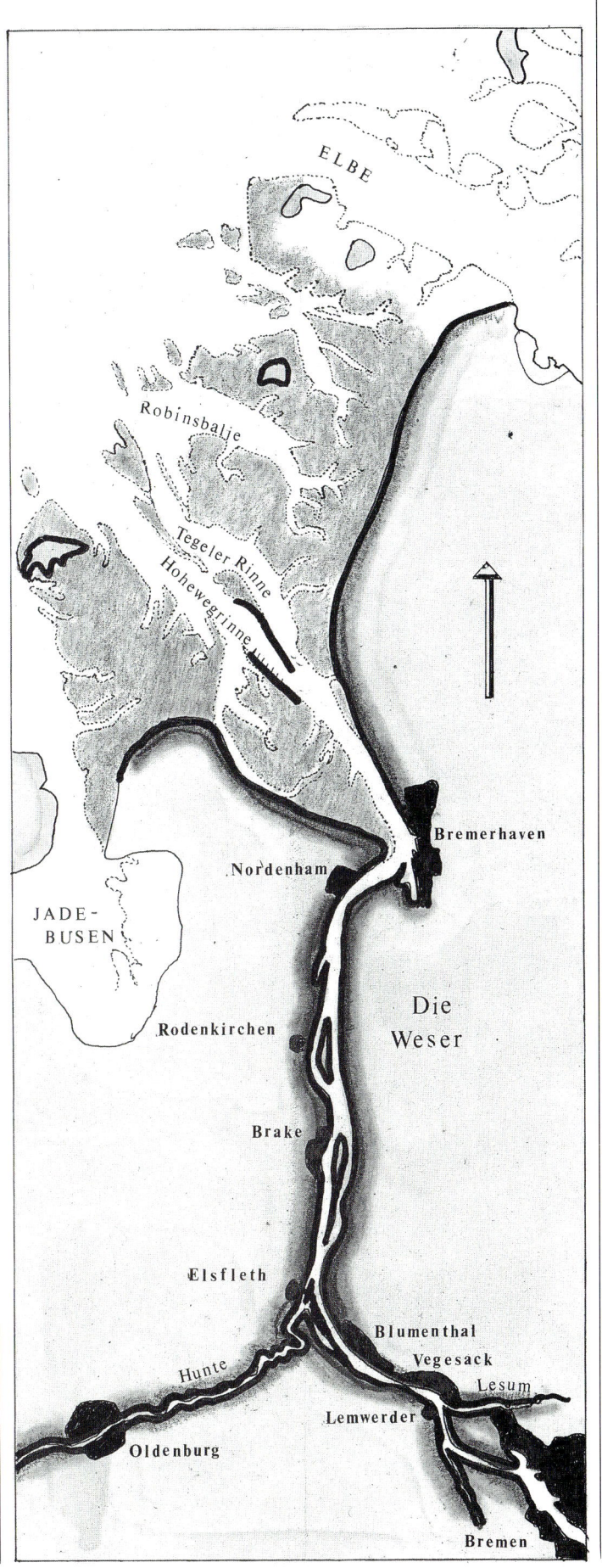

Zwei Kurse führen vom Leuchtturm *„Alte Weser"* nach *Bremerhaven:* einmal durch die *Tegeler Rinne,* die sich im *Wurster Arm* fortsetzt, der seinerseits nahe Bremerhaven wieder im Hauptfahrwasser mündet. Beides sind ruhige, etwas spärlich betonnte Fahrwasser, und bei Nacht nicht zu fahren.

Ganz abgesehen davon, daß im südlichen Teil abgesackte Buhnen liegen, deren Verlauf man in der Seekarte an den schwarz gestrichelten Linien erkennen kann.

Bei gutem Wetter und ruhigem Wasser würde ich diese Nebenstrecke wählen, vielleicht auch, wie „Abel mit der Mundharmonika"*, in den breiten Priel *Robinsbalje* fahren, der tief in den *Großen Knechtsand* hineinführt.

Bei schlechtem Wetter und erst recht als Revierfremder sollte man das Hauptfahrwasser nehmen, die *Hohewegrinne,* das gut betonnt und befeuert ist, eine Breite von einer Seemeile hat und im südlichen Teil von Leitdämmen eingefaßt ist; der östliche ist sechs Seemeilen lang, der westliche zwei. Am Westdamm gibt es viele Querbuhnen, die bei HW überflutet, doch an den s.g. Stangen (mit den entsprechenden Toppzeichen) gut zu erkennen sind.

Erst bei dem schönen, knallroten und achteckigen *Leuchtturm „Hohe Weg"* kommt man in ruhigeres Fahrwasser; er ist wie der *Leuchtturm Robbenplate OF* einer jener für die Außenweser charakteristischen pittoresken Leuchttürme.

Zu den Kränen, Türmen, Schornsteinen und Hafenanlagen, die früher die Silhouette von

---

* „Abel mit der Mundharmonika", von Manfred Hausmann, ein Buch, das von einer abenteuerlichen Bootsfahrt auf der Weser handelt, lesenswert für jeden, der zur Weser fährt.

Bremerhaven

bestimmten, kam vor wenigen Jahren ein Bauwerk, das jetzt alles dominiert, das weiß-blaue Columbus-Center, ein gigantischer Komplex direkt an der Weser, überragt von drei breit hingelagerten Hochhäusern. Bremerhaven, der Hafen Bremens, denn anderes war er anfangs nicht, ist eine recht junge Stadt. Etwas mehr als 150 Jahre sind vergangen, seit der weitsichtige Bremer Bürgermeister Johan Smidt die Gründung dieses Hafens betrieb, aus der Befürchtung heraus, daß die immer größer werdenden Schiffe Bremen wohl bald nicht mehr anlaufen könnten. An der Wesermündung entstand so ein nüchterner „Bahnhof am Meer", etwas verschönt durch die damalige in Schnörkel verliebte Architektur, deren schönstes Beispiel man am kirchturmhohen, neugotischen Leuchtturm „Oberfeuer Bremerhaven" sehen kann. Die Stadt wuchs in der zweiten Hälfte des vorigen Jahrhunderts in dem gleichen atemberaubenden Tempo, wie Macht und Weltgeltung des jungen Kaiserreiches zunahmen. An der Columbuskaje lagen die großen Überseedampfer, aber auch die Auswandererschiffe, die die Enttäuschten des alten Kontinents ins Land der unbegrenzten Möglichkeiten brachten.

Die Jahrhundertwende war die große Zeit der deutschen Seefahrt und die große Zeit Bremerhavens. Norddeutscher Lloyd und Hapag waren um 1914 zu den größten Reedereien der Welt aufgestiegen. Die Schiffe der Imperator-Klasse blieben 20 Jahre lang die größten Passagierschiffe der Welt, die größten, die es überhaupt je gegeben hat, mächtiger als die mächtige „Titanic".

Dieser Drang aufs Wasser, die Hybris des Flottenbaus, mit der man sich in England einen unversöhnlichen Feind geschaffen hatte, war schließlich auch mit schuld am Ausbruch des Ersten Weltkrieges und am Zusammenbruch des alten Europa.

Doch auch danach, in der zwanziger und dreißiger Jahren, behauptete Bremerhaven einen hervorragenden Rang als großer Überseehafen. Jetzt lagen hier die „Bremen" und die „Europa", Ozeanriesen, deren Namen heute noch jeder kennt. Die ganze Herrlichkeit nahm erst in den fünfziger Jahren ihr Ende, als die Passagierfahrt über den Atlantik vom schnelleren zeitsparenden und auch billigeren Fliegen verdrängt wurde.

Heute ist Bremerhaven ein Allround-Hafen. Sein Containerhafen ist die größte geschlossene Containerumschlaganlage Europas; seine einst beträchtliche Fischfangflotte ist allerdings dahingeschmolzen. Doch ist der Fischereihafen Bremerhavens noch immer führend in der Beschickung des deutschen Marktes mit dort angelandetem Seefisch. Und im Automobilumschlag hat man sich inzwischen eine Spitzenstellung erkämpft.

Die Entwicklung der Schiffahrt, vom Einbaum bis zum Ozeanriesen, kann man nirgendwo besser studieren als im *Deutschen Schiffahrtsmuseum,* das unterhalb des Columbus-Centers am Alten Hafen liegt und auch eine geradezu einmalige Sportbootabteilung hat. Bei den Exponaten im sehr schön gebauten Museum, einem Werk des berühmten Architekten Hans Scharoun, könnte man Tage verbringen; auch in der Freiluftausstellung mit dem Rahsegler „Seute Deern", dem Feuerschiff „Elbe 3" vor 1909, einem U-Boot, alten Schleppern und dem ersten Tragflügelboot der Welt.

Das Museum verdankt seine Entstehung dem Zusammentreffen einiger entscheidender Voraussetzungen in den sechziger Jahren: Die Bremerhavener Schiffahrtssammlung wuchs über die bisherigen Räume hinaus; das Freilichtmuseum hatte am Alten Hafen mit „Seute Deern" und „Elbe 3" seinen Betrieb aufgenommen; die berühmte Sammlung Bernartz wurde der Stadt angeboten; und in der Weser bei Bremen fand man 1962 beim Baggern eine

Hansekogge, die wahrscheinlich um 1380 gesunken war. Sie sollte ursprünglich in einem dafür noch zu erbauenden „Kogge-Haus" in Bremen ihren Platz finden, wurde dann aber nach Bremerhaven abgegeben, als die Pläne für dieses einmalige Deutsche Schiffahrtsmuseum endgültig Gestalt annahmen. Übrigens: Bei dem Gang durchs Museum kann man sich jetzt auch das Modell der Außenweser ansehen, durch die man ein paar Stunden vorher in natura gesegelt ist. Es steht im ersten Stock des Museums und ist so plaziert, daß man durch ein großes Glasfenster immer wieder die Wirklichkeit draußen mit dem Modell im Glaskasten vergleichen kann.

Und hier erlebt man dann auch sehr schön das Charakteristische dieses Reviers. Bei Hochwasser hat man eine riesige, schier endlose Wasserfläche vor sich, bei Niedrigwasser aber sieht alles ganz anders aus: direkt vor einem das schmale, nicht einmal eine halbe Seemeile breite Fahrwasser und dahinter, sechs Seemeilen breit, der hoch trockenfallende Lange Lütjen Sand, eine enorme Sand- und Schlickbank.

Bremerhaven ist im letzten Krieg in der Innenstadt zu 97(!) Prozent zerstört worden. Was danach wieder aufgebaut wurde, zeigt alle Schwächen der stürmischen Nachkriegsjahre. Was allerdings in jüngster Zeit gebaut wurde, kann sich durchaus sehen lassen: das schon erwähnte Columbus-Center, der eindrucksvolle Bau des Schiffahrtsmuseums, und auch das Alfred-Wegener-Polarforschungs-Institut, das mit seiner kühnen Architektur der Brücke eines Ozeanriesen nachempfunden wirkt.

Mit Liegeplätzen sieht es nicht so gut aus, wie man es erwarten könnte. Alle erreicht man durch den Vorhafen der Geestemündung, der eben südlich vom Columbus-Center und Radarturm liegt. Die hohen Molen verstellen einen den Blick in den Hafen, so daß man mit einiger Vorsicht einfahren sollte; man muß deswegen auch ein 8 sec langes Schallsignal geben.

Am einfachsten liegt man in der Geestemündung selbst, und zwar gegenüber dem Tonnenhof. Segler bleiben vor der Brücke, Motorboote fahren darunter hindurch und legen sich dort an Schwimmstege. Die Schwimmstege, ob vor oder hinter der Brücke, reichen nicht aus, besonders wenn hier die Segler von der Weser auf besseres Wetter nach Helgoland warten. Päckchen dürfen nicht mehr als vier Boote breit sein (heißt es). Waschgelegenheiten und Toiletten bei den Motorbootplätzen. Ein unruhiger, unkomfortabler aber praktischer Platz.

Bei NW liegt man sehr tief an den rostigen, hohen Spundwänden. Dennoch: wohl der beste zentrale Liegeplatz in Bremerhaven, wenn man nicht allzu lange bleiben will. Zweite Möglichkeit wäre der Hafen des Weser-Yachtclubs, des traditionsreichsten Segelclubs an der Weser, dessen Stander mit dem roten Stern im weißen Feld man überall an der Nordsee begegnet. Der Hafen liegt im Hauptkanal, den man ebenfalls durch den Vorhafen der Geestemündung, dann aber auch noch durch eine Schleuse erreicht. Es ist also ein tidenfreier Hafen, inmitten von Wohnhäusern gelegen; eine kleine, adrette Anlage mit elegantem Clubhaus. Dritte, eher theoretische Möglichkeit wäre die Nordsee-Marina im Fischerhafen II, den man ebenfalls via Vorhafen und Schleuse erreicht: ein einfacher, doch gut ausgestatteter Yachthafen, der allerdings sehr weit von der Stadt weg liegt und deshalb am wenigsten in Frage kommt.

Der einlaufende Strom beginnt 5 h 10 min vor HW, der auslaufende 1 h vor HW. Stromgeschwindigkeit: einlaufend bis 2,8 sm/h, auslaufend bis 3,4 sm/h.
MTH 3,7 m

Etwa auf der Linie, wo die *Blexen-Fähre* verkehrt, wird unser Törn zur Flußfahrt.

Die Weser ist im Laufe der Jahre planmäßig gezähmt worden, die Seitenarme und Priele, die Inseln und Sand-

bänke: fast alle sind sie verschwunden. Die Ufer wurden begradigt und befestigt. Genau besehen hat man jetzt einen schnell strömenden und – dies war letztlich wohl beabsichtigt – ziemlich tiefen Flußkanal vor sich.

Rote und grüne Tonnen begrenzen wie üblich das Fahrwasser. Dann gibt es aber auch noch eine Menge Kardinaltonnen (gelb-schwarz), die auf den Köpfen der Buhnen stehen und durchnumeriert sind – am Ostufer gerade, am Westufer ungerade Zahlen –, und eine Unzahl von Leitbaken, die die Hauptkurse angeben und nachts Richtfeuer tragen.

Eine Besonderheit ist noch zu beachten: Boote über 12 m Länge müssen immer an der rechten Seite rechts fahren.

Nordenham

schräg gegenüber von Bremerhaven, eine Industrie- und Hafenstadt, wird man wohl auslassen. Sie wurde seinerzeit bundesweit bekannt durch die Schiffe „Kronos" und „Titan", als diese vom „Greenpeace"-Schiff „Sirius" bei der Verklappung von Dünnsäure in der Nordsee spektakulär attackiert wurden.

Etwas südlich von Nordenham, ebenfalls am Westufer, liegt der kleine Hafen von

Großensiel,

der ursprünglich als Bauhafen für das Atomkraftwerk Esensham diente, inzwischen jedoch ein kleiner (trockenfallender) Handelshafen ist, in dem man auch festmachen könnte.

Interessanter aber ist der etwas südlich davon gelegene Yachthafen, den man vom Handelshafen Großensiel aus durch eine schmale Rinne erreicht; ein sehr angenehmer Platz, mitten in einem großen Schilffeld. Einfach, ländlich. WC und Duschen in Containern. Blickt man nach Süden über die Marschwiesen und die schöne, idyllische Landschaft der Unterweser, dann schaut man allerdings auch

genau auf das Atomkraftwerk Esensham.

MTH 3,8 m

Ganz entlegen und ruhig ist der kleine Sielhafen von

Rodenkirchen,

den man über den Weserseitenarm *Schweiburg* erreichen kann, indem man in diesem in seinem südlichen Teil hoch trockenfallende Gewässer von Norden her einläuft, und zwar ziemlich genau auf der Höhe von *Esensham*. In der Mündung des Siels erstreckt sich von Nord her eine Schlickbank recht weit zur Mitte hin. Man sollte hier keinesfalls über die Pricken hinausfahren. In diesem langen, schmalen Hafenschlauch, der bei NW fast vollständig trockenfällt, schwimmt ein sehr langer Steg, an dem man längsseits festmachen kann.

Der kleine Hafen ist an beiden Seiten von dichtem Wald umgeben, an dessen Rand das Seglerheim steht: alles einfach, aber auch sehr gemütlich. Zum Ort Rodenkirchen ist es etwas weit, die Versorgung ist mäßig.

MTH 3,8 m

Das Gewässer *Schweiburg* kann nur von Booten sehr geringen Tiefgangs in seiner ganzen Länge befahren werden, denn nach Süden zu fällt es hoch trocken.

Brake,

eine mittlere Industrie- und Hafenstadt, kündigt sich schon von Ferne durch gewaltige graue Silos und viele Hafenkräne an. Man kann an der Stadt, ohne etwas zu versäumen, vorbeifahren, obwohl sie tidenfreie Liegeplätze im Handelshafen hat, den man durch eine Schleuse erreicht. Diese Plätze findet man ganz in der hintersten Ecke des Hafens, wo Stege hinter einem hohen Drahtzaun liegen. Die Umgebung wird einem weniger gefallen: Geleise, der Bahnhof, Lagerhallen, eben ein großer Hafenbetrieb.

HW 52 min nach HW Bremerhaven, NW 1 h 11 min nach NW Bremerhaven. Der einlaufende Strom setzt ab 4 h 10 min vor und der auslaufende ab 1 h 30 min nach HW Bremerhaven. Stromgeschwindigkeit: einlaufend bis 2,2 sm/h, und auslaufend bis 2,6 sm/h. MTH 3,8 m

Statt Brake sollte man den ebenso eigenartigen wie schönen Hafen von

Elsfleth

anlaufen, der eine merkwürdige Entstehungsgeschichte hat: Als das neue Hunte-Sperrwerk gebaut wurde, hat man die alte Mündung, jetzt ein toter Arm, einfach abgedeicht – fertig war der neue Hafen. Das sehr große Becken, von dem nur der geringste Teil von den Schwimmstegen beansprucht wird, erreicht man durch eine kleine Schleuse; an den Wochenenden wird sie jederzeit geöffnet, während der Woche nur alle zwei Stunden, und zwar immer zu den ungeraden Stunden. In der Schleusenkammer steht bei NW nicht viel mehr als ein Meter Wasser. Boote mit einem größeren Tiefgang tun deshalb gut daran, den Hafen nahe HW anzulaufen.

Der Hafen ähnelt mehr einem See, liegt landschaftlich sehr schön und ist ruhig und sicher. Kinder können hier gut Opti segeln, wie überhaupt der Hafen sehr kinderfreundlich ist. Die Versorgung ist rundum gut.

Das moderne *Hunte-Sperrwerk* steht zumeist offen. Nur wenn das Wasser einen Meter über mittleres HW steigt, werden die Tore geschlossen. Die Brücke wird auf Verlangen geöffnet.

Die *Hunte* ist ein kleiner Fluß, den aber Berufsschiffe immer noch bis Oldenburg befahren. Streckenweise wäre es eine schöne Fahrt, aber ob man die Zeit hat?

Über die Hunte könnte man auch zum Küstenkanal gelangen, der von Oldenburg zur Ems führt, wo er bei dem Dorf Dörpen mündet.

Man braucht wegen eines Liegeplatzes nicht extra in die Huntemündung zu fahren, da ist der Yachthafen Elsfleth viel praktischer.

Die Stadt Elsfleth war lange das, was Bremerhaven heute ist, nämlich der Seehafen von Bremen. Der Bremer Hafen wanderte in vergangenen Jahrhunderten wegen der Versandung der Weser immer weiter seewärts, zuerst nach Vegesack; als auch das zu flach wurde, nach Elsfleth. Dann endlich wurde es Bremerhaven; inzwischen ist die Weser wieder so tief, daß Bremen auch von großen Schiffen angelaufen werden kann.

Um Elsfleth ist die Landschaft noch grün und wenig bebaut, eine stille, beinahe idyllische Flußlandschaft. Doch das ändert sich jetzt gründlich; immer dichter wird die Bebauung, vor allem am östlichen Weserufer, bis sie schließlich unmerklich mit den Vororten von Bremen verschmilzt.

Blumenthal,

der erste dieser Orte, hat schon viel Industrie. Hinter einer baumbestandenen Halbinsel findet man den kleinen *Rönnebecker Hafen:* recht eng, geeignet für Boote bis zu einem Tiefgang von 2 m. Um den Schwell der vorbeifahrenden Schiffe abzuhalten, liegt vor den Stegen ein Wellenbrecher: Vorsicht! Der Hafen könnte einem schon gefallen, die Umgebung wohl weniger.

Zunehmend enger wird es bei

Vegesack.

Dabei kommen die großen Schiffe mit ziemlicher Geschwindigkeit daher. Man fährt an der traditionsreichen Werft Bremer Vulkan vorbei und kann sich schon einmal Gedanken machen, wo man sein Schiff lassen soll, wenn man nach Bremen will. In dieser Beziehung sind sich Bremen und Hamburg ähnlich: Es gibt auch hier keinen guten, *stadtnahen* Hafen. Der

Alte Hafen von Vegesac[k] wäre unter diesen Umständen nicht das schlechteste. Da[s] Becken, direkt neben de[r] Mündung des Flüßchen[s] Lesum, ist sehr groß, allerdings wenig komfortabel. Man liegt an einem Schwimmsteg unter einer hohen Spundwand. Am Hafen vorbei führ[t] eine vielbefahrene Auto[-] straße. Auf der anderen Seit[e] sieht man nur Wohnblock[s] und Bürohäuser, doch gegen[-] über gibt es einen kleine[n] Park, davor die Uferpromenade mit mehreren gemütlichen Gasthäusern und am Fähranleger das elegante Terrassenrestaurant „Strandlust". Das alles ist so übe[r] nicht.

HW 1 h 30 min nach HW Bre[-] merhaven, NW 2 h 10 mi[n] nach NW Bremerhaven. De[r] einlaufende Strom beginnt 3 [h] 20 min vor und der auslau[-] fende Strom 1 h 40 mi[n] nach Bremerhaven. Stromge[-] schwindigkeit: ein- und aus[-] laufend jeweils bis 1,8 sm/h. MTH 3,9 m

Obwohl als Liegeplat[z] zweifellos besser als Vege[-] sack, von der Versorgung ga[r] nicht zu reden, halte ich de[n] gegenüberliegenden Hafe[n] von

Lemwerder

nicht unbedingt für eine Alter[-] native. Der Hafen gehört zu[m] Teil dem Weser-Yacht-Club, zum Teil ist er Werfthafen vo[n] Abeking & Rasmussen. Wa[s] einem weniger gefallen kann[,] sind die hohen Hafenmauer[n] aus Beton und auch die gro[-] ßen grauen Hallen von A & R[,] die doch recht auf den Hafe[n] drücken. Andererseits hat de[r] Yachtclub ein ansehnliche[s] Clubhaus mit Blick auf die Weser und Vegesack.

Wenn man nach Bremen will, muß man erst mit de[r] Fähre über die Weser.

MTH 3,8 m

Am ruhigsten und auch am besten liegt man meiner Mei[-] nung nach in der

Lesum,

inem schmalen Flüßchen, as direkt neben dem alten Vegesacker Hafen mündet. Hier gibt es massenhaft Liegeplätze, sowohl vor als auch inter dem Sperrwerk, doch m besten von allen ist der Yachthafen

Grohn,

in sehr gemütlicher, wenig aufwendiger, eher ländlicher Bootshafen mit einer Wassertiefe von gut 2 m. Der Hafen iegt hübsch unterhalb eines barkartigen Waldes und sehr ruhig im Grünen; man blickt auf die Lesum, hat alle Einichtungen eines Yachthafens ur Verfügung und kann sein Boot ruhigen Gewissens und icher liegen lassen, um mit eiem öffentlichen Verkehrsmittel nach Bremen zu fahen.

MTH 2,9 m

Dies ist bestimmt die besere Alternative zu dem großen Bremer Yachthafen

Hasenbüren,

Her am Westufer der Weser, chräg gegenüber der qualmenden Klöcknerhütte, im lachen, grünen Marschland iegt — ein sehr weites, tief in len Boden gegrabenes Beken. Sein großer Nachteil: Man kommt nur auf langem und umständlichem Weg nach Bremen; es sei denn, man ände einen freundlichen Zeitgenossen, der einen mit einem Auto mitnimmt.

MTH 4 m

Bremen

mit nur 600 000 Einwohnern kleinstes aller Bundesländer, hat über diese nüchterne Zahl hinaus eine große Bedeutung an der Küste sowohl als Industrie- wie auch — und dies noch mehr — als traditionsreiche Handels- und Hafenstadt. Es war wie Hamburg einst ein mächtiges Mitglied der Hanse, doch, anders als die Konkurrentin von der Elbe, immer behäbiger, überschaubarer, vielleicht auch kleinstädtischer, was nicht abwertend gemeint ist, oder besser: familiärer.

Der Ursprung der Stadt geht auf Karl den Großen zurück, der im Jahre 788 hier an der Weser ein Bistum gründete und eine Holzkirche bauen ließ. Damit nahm die Christianisierung des Nordens ihren Anfang.

Über Bremen, wie über Hamburg, gibt es Bücher, mit denen man Bibliotheken füllen könnte. Was es in Bremen alles zu sehen und zu erleben gäbe, würde weit über die Zeit hinausgehen, die man während eines Bootsurlaubs hat. Nicht versäumen darf man indes einen Bummel durch die Altstadt, die sich zwischen dem Hafen und den baumbestandenen Wällen, dem ehemaligen Festungsgürtel der reichen Hansestadt, erstreckt.

Der Marktplatz ist in jeder Beziehung das Zentrum der Stadt. Hier steht der Bremer Roland, Wahrzeichen ihrer Unabhängigkeit und Hinweis auf ihren Charakter als Handelsstadt. Aber hier stehen sich auch die beherrschenden Kräfte der Stadt gegenüber, vereint wiederum durch den Markt: das wunderbare Rathaus mit den gotischen Schmalseiten und der prunkvollen Renaissancefassade des Lüder von Bentheim, Zentrum der politischen Macht der Stadt, und an der Südseite des Marktplatzes der Schütting, das im flandrischen Renaissancestil erbaute Haus der Bremer Kaufmannschaft, Ausdruck des weltläufigen Bremer Kaufmannsgeistes, und als drittes Element, mehr optisch dominierend, als daß sich hier noch die einstige Macht des Bremer Erzbischofs wiederfände, der strenge gotische St. Petri-Dom, das älteste Bauwerk der Stadt. Und über allem weht dieser satte und schwere Geruch aus Tabak, Gewürzen und vor allem geröstetem Kaffee, der einen nie vergessen läßt, daß man sich hier in einer weltoffenen Handelsstadt befindet.

„Buten un binnen/Wagen un winnen", steht über dem Portal des Schütting in Stein gemeißelt. Gewagt haben sie oft, die Bremer, gewonnen nicht immer, die „mercatores imperii", die Kaufleute des Reiches, wie sich die Bremer Handelsherren und Reeder selbstbewußt nannten.

Eine besondere Sehenswürdigkeit ist die nahe dem Marktplatz gelegene Böttcherstraße, ein Gesamtkunstwerk, wie man heute sagen würde, ein schmales Gäßchen, nur hundert Meter lang. Der Bremer Kaufmann und Mäzen Ludwig Roselius (Kaffee Hag) hat die Böttcherstraße in den Jahren zwischen 1920 und 1930 bauen lassen, von den Architekten Scotland und Runge und dem Bildhauer Bernhard Hoetger; aus braunrotem Backstein sind so mittelalterlich nachempfundene Häuser entstanden, mit expressionistischen Bauformen und Skulpturen. Die Straße ist voll schöner Geschäfte, Galerien, Museen und Gaststätten. Und überall begegnen uns die Bremer Stadtmusikanten, auch sie ein berühmtes Wahrzeichen der Stadt: in der Böttcherstraße, im Ratskeller und vor der Westseite des Rathauses, als Kunstwerk des Bildhauers Gerhard Marcks.

Ebenfalls nur ein paar Schritte vom Marktplatz liegt der Schnoor, ein lange vernachlässigtes, dabei arg heruntergekommenes altes Viertel, das jedoch inzwischen auf das beste renoviert ist: mit seinen engen Gassen, den schmalen Durchschlüpfen und den geduckten Häusern ein lebendes Museum mittelalterlicher Stadtarchitektur.

Den Bremer Hafen sieht man sich, wie den Hamburger auch, am besten per Hafenrundfahrt an.

Hier endet unser Urlaubstörn weseraufwärts. Die 27 Seemeilen zurück nach Bremerhaven sollte man nach Möglichkeit in einer Tide bewältigen. Einen Hafen für einen Zwischenstopp zu finden, ist wegen des ablaufenden Wassers nicht leicht. Deshalb ist es wohl das gescheiteste, auch mal ein Stück gegen den Strom zu bolzen, und wenn's denn nicht anders geht, eben unter Motor, möglichst an der Stromkante entlang.

Nautische Unterlagen: Sportboot-Kartensatz Nr. 3011 „Karten der Weser und der Jade"; gut, aber in der Wesermündung fehlt einem etwas der Überblick; den Anschluß von Karte zu Karte zu finden, gelingt nicht sofort. Tidenkalender — absolut unentbehrlich.
Für den, der auch nachts fahren will: Leuchtfeuerverzeichnis Nr. 2102, Teil III A, „Nordsee, südlicher Teil, einschließlich Orkney- und Shetland-Inseln".

Das Hooksmeer, ein künstlich angelegter See, ein Naherholungsgebiet mit mehreren neuen Yachthäfen und dem schönen, alten Handelshafen von Hooksiel (vorne). Rechts vom Bildrand muß man sich den großen Industriekomplex denken, der sich bis Wilhelmshaven hinzieht. An der Ostseite der Jade die Sandinsel Alte Mellum. Das gewaltige Watt Der Hohe Weg, das sich zwischen Jade und Weser ausbreitet, fällt bei Ebbe hoch trocken. Bei Hochwasser, wie jetzt, ist von ihm nichts zu sehen.

5 Von Bremerhaven zur Jade

IDYLLE AM RANDE

1 *Alte Mellum: Einsame Sand-insel zwischen Jade und Weser. Von hier erstreckt sich ein Flach sieben Meilen seewärts.*

2 *Der Nassauhafen. Der beste Platz in Wilhelmshaven, wenn man den etwas mühsamen Weg durch Schleusen und Brücken in den Binnenhafen scheut.*

1 *Man liegt gut, kommt aber nur auf umständlichen Wegen hin: die Stege des HYC Germania im Großen Binnenhafen von Wilhelmshaven. Man muß durch die Seeschleuse, und für ein Segelboot muß außerdem noch die Kaiser-Wilhelm-Brücke (links) geöffnet werden.*

2 *Steg der Marine-Seglerkameradschaft im Nordhafen.*

3 *Steg der Bootswerft Harbers im Großen Binnenhafen.*

4 *Eckwardersiel, ein einsamer, in der Nordostecke des Jadebusens gelegener Hafen. Nur etwas für kleinere Boote. Zufahrt und Hafen fallen trocken.*

5 *Vareler Siel. Im Jadebusen ist fast schon das ganze Wasser weggelaufen. Jetzt sieht man sehr schön den Verlauf des Vareler Tiefs. Zwei Stunden vor bis zwei Stunden nach HW wird die Schleuse bedient. Man liegt im Vareler Siel in einer stillen, einsamen Landschaft.*

1 *Der Stadthafen von Varel. Zu erreichen über einen knapp zwei Kilometer langen Kanal. Ein Ladehafen, weniger etwas für den Urlaub.*

2 *Dangast. Nicht umsonst hat dieser kleine Badeort am Jadebusen immer wieder Maler angezogen. Er liegt in einer schönen, waldreichen Landschaft. Der Sielhafen fällt weitgehend trocken. Die Versorgung am Hafen ist mäßig.*

3 *Rüstersiel. Ein traditioneller Hafen an der Jade, doch der Yachthafen liegt neben Industrie, Kraftwerk und dem Öllager.*

4 *Wasserlandschaft von Menschenhand: das Hooksmeer, ein Naherholungsgebiet, das bei der Trockenlegung des Vorlapper Grodens geschaffen wurde. Hierher kommen Boote mit einem Tiefgang bis zu 1,9 m. Den Vorhafen kann man auch bei NW von der Jade her anlaufen.*

Trotz des Chemie-giganten nebenan ist das Hooksmeer ein attraktives Gewässer mit vielen guten Bootsliegeplätzen. Der Hafen der Werft Hooksiel (1) zeichnet sich durch eine rundum gute Versorgung aus. Dicht nebeneinander (3) liegen drei neue, gute Bootshäfen: die Marina Hooksiel (2), der Hafen des Wilhelmshavener Segelclubs (4) und der des WSV Hooksiel (5).

6 Horumersiel, auch Wangersiel genannt. Bei halber Tide können ihn Boote mit einem Tiefgang bis zu 1,5 m anlaufen. Der Hafen fällt größtenteils trocken. Das kleine Seebad hinter dem Deich kann sich sehen lassen.

1

2

4

Auf der Jade bekommen wir es mit dem größten Tidenhub an unserer Küste zu tun: vier Meter! Er hilft uns, manchen kleinen Hafen zu erreichen, zu dem wir sonst nie kämen, besonders am Jadebusen, einer gewaltigen Meeresbucht, der bei Ebbe fast das ganze Wasser wegläuft, so daß nur noch eine riesige, grau-schwarze Schlickfläche übrigbleibt. Wir statten Wilhelmshaven einen Besuch ab, einem großen Kriegshafen mit Tradition, wo aber jetzt die Industrie überwiegt. Hinter einer dieser gigantischen Industrieanlagen entdecken wir ein kleines idyllisches Gewässer, das Hooksmeer, mit ein paar neuen Yachthäfen und einem alten malerischen Sielhafen. Vielleicht noch ein Liegetag in Horumersiel, einem kleinen Hafen direkt an der Jade, dann geht's ins Wattenmeer.

Die Jade

Natürlich kann man außen herum zur Jade segeln; doch um das Watt *Der Hohe Weg* und die *Alte Mellum* samt der *Mellum-Plate* wird das ein recht weiter Schlag werden – und man müßte auch sehr auf das Wetter achten, denn zum größten Teil wäre es richtige Seefahrt.

Doch von Bremerhaven aus kann man auch eine sehr schöne Wattfahrt zur Jade machen, die ein Boot mit einem Tiefgang bis zu 1,6 m, vielleicht sogar etwas mehr, gut fahren kann.

Der Törn führt über das Watt Der Hohe Weg, eine gewaltige Sandplatte, die sich zwischen Weser und Jade acht Seemeilen weit seewärts erstreckt (wenn man die Mellum-Plate hinzurechnet) und eine Breite von gut sechs Seemeilen hat.

Bei Nippzeit stehen auf dem Wattenhoch noch ca. 1,7 m Wasser, bei Springzeit etwa 2 m. Nahe Springzeit könnten diesen Törn also auch Boote mit einem größeren Tiefgang wagen.

Doch Vorsicht: Alle Angaben über Wattengewässer unterliegen großen Veränderungen! Man kann der Karte und anderen nautischen Unterlagen nicht hundertprozentig vertrauen. Es ist am besten, man schnackt am Steg mit einem Einheimischen oder erkundigt sich sonst bei jemandem, der dieses Revier aus eigener Erfahrung kennt.

Der Wattentörn von Bremerhaven bis zur Einsteuerung in die Jade mißt gut 20 Seemeilen, über das Wattenhoch selbst aber sind es nur vier Seemeilen. Alles andere kann man in tiefem Wasser fahren.

Man wird bei ablaufendem Wasser in Bremerhaven ablegen und flott mit dem Ebbstrom die 13 Seemeilen durch das *Fedderwarder Fahrwasser* bis zum Ende des westlichen Leitdamms segeln, an dessen nördlichem Ende die s.g. Tonne Buhne 3 ausliegt: Hier dreht man in den betonnten und gut tiefen *Fedderwarder Priel* ein.

Zur Zeit mündet hier das *Wattfahrwasser* nahe der grünen Tonne F 5. In den Prickenweg würde ich eine gute Stunde vor HW einlaufen. Wäre ich zu früh dran, so würde ich den Anker werfen und in aller Ruhe bis dahin warten; danach langsam durch den Prickenweg, den „Willy-Weg", wie ihn die Einheimischen nach der alten Tonne „W" nennen. An der *Kaiserbalje* wäre ich dann schon wieder im tiefen Wasser, und an der s.r.s. Bake mit den zwei Bällen im Topp wäre ich in der *Jade* angekommen, just gegenüber der gewaltigen Tankerlöschbrücke.

HW 9 min vor HW Wilhelmshaven, NW 2 min vor NW Wilhelmshaven. Der einlaufende Strom beginnt 6 h 20 min vor HW Wilhelmshaven, der auslaufende bei HW Wilhelmshaven. Stromgeschwindigkeit: einlaufend 1,8 sm/h, auslaufend 2,2 sm/h.
MTH 3,5 m (Jade, Höhe Tankerlöschbrücke)

Wem die Wassertiefe des Wattfahrwassers nicht reicht, dem bleibt eben nichts weiter übrig, als das Hauptfahrwasser, die *Hohewegrinne*, seewärts zu fahren, bis etwa zur grünen Tonne 9/Mitteltonne 2, und von dort aus südwärts in die Jade einzulaufen. Es ist aber fraglich, ob man in einer Tide bis zur grünen Tonne 9 kommt.

Das Seehandbuch erwähnt eine dritte Möglichkeit: das *Fahrwasser Mellum*, das man als solches aber vergebens in der Karte suchen wird. Es handelt sich im Grunde um nichts weiter als eine Überquerung der *Mellum-Plate*, und zwar etwas südlich des gleichnamigen Leuchtturms. Es gibt keine Betonnung, und deshalb schränkt das Seehandbuch auch ein: „unter ortskundiger Führung". Bei ruhigem Wasser und nahe HW kann man es machen. Etwa bei der grünen Tonne 19 raus aus der Hohewegrinne und auf die g.s. Tonne zu, die ein Wrack markiert; von dort mit Kurs W auf die Jade zu und eben südlich am *Leuchtturm Mellum-Plate* vorbei, einem roten, viereckigen Turm mit weißem Band.

HW 46 min vor HW Wilhelmshaven, NW 18 min vor NW Wilhelmshaven. Der einlaufende Strom beginnt 6 h 20 min, der auslaufende 10 min vor HW Wilhelmshaven. Stromgeschwindigkeit: einlaufend bis 2,4 sm/h, auslaufend ebenfalls.
MTH 3,3 m

Wie auch immer man zur Jade gekommen ist, man wird dann wohl

Wilhelmshaven

einen, wenn auch meist nur kurzen Besuch abstatten. Die Stadt sieht vom Wasser her imposanter aus, als sie es in Wirklichkeit ist. Man sieht die großen Hafenanlagen mit ihren Kränen, eine gewaltige Industrie, besonders im Norden der Stadt, aber auch die grauen Kolosse der Bundesmarine, die im Vorhafen liegen, und manchmal noch die Schiffe anderer NATO-Staaten; Holländer, Engländer und Amerikaner.

Wegen dieses Marinehafens, einst Kriegshafen genannt, ist Wilhelmshaven überhaupt entstanden; der Name läßt schon ahnen, unter wessen Regiment: es war ein preußischer Wilhelm, aber nicht der unselige Zweite, sondern der preußische König Friedrich Wilhelm IV., der 1856 den Grundstein für diesen Hafen gelegt hat. Daß hier, an der tiefen Jade, ein idealer Platz für einen großen Hafen war, hat man schon lange gewußt. Auch Napoleon hatte einen solchen Plan erwogen. Doch Wirklichkeit wurde daraus erst, als unter größter Geheimhaltung das Königreich Preußen Land am Jadebusen erwarb und es 1853 dem Großherzog von Oldenburg mit dem Jadevertrag abkaufte, für die damals stattliche Summe von 500 000 Talern. Der Ausbau zum Kriegshafen kam allerdings erst uner Wilhelm II. so richtig in Gang. Im Ersten Weltkrieg lag hier die große deutsche Flotte, mehr oder minder von der britischen Home Fleet festgenagelt, bis sie endlich im Jahre 1916 auslief und den Engländern mit der Schlacht am Skagerrak die größte Seeschlacht aller Zeiten lieferte.

Trotz der Bombardierungen und Verwüstungen des Zweiten Weltkrieges ist Wilhelmshaven immer noch geprägt von den Jahren des ausgehenden 19. und dem Beginn des 20. Jahrhunderts: Man braucht sich nur die Kaiser-Wilhelm-Brücke anzusehen oder die aus Backsteinen gebauten alten Verwaltungsgebäude.

Es ist also eine nüchterne Stadt, eine Stadt, die auf dem Reißbrett entstanden ist: Erst war der Kriegshafen da, und danach wurde eine Stadt darum herum gebaut. Eindrucksvoll das 1928/29 erbaute Rathaus, in strengem Backsteinstil von dem Architekten Fritz Höger entworfen, der auch das Hamburger Chilehaus gebaut hat.

Schlicktown nannten es früher die Seelords, wahrscheinlich wegen des grauen Schlicks im Jadebusen, oder vielleicht auch, weil man hier wie im Schlick festsaß, in dieser damals wohl trostlos-langweiligen Stadt.

Der Hafen ist riesig und scheint für den heutigen Bedarf viel zu groß geraten, jedenfalls kommt er einem manchmal leer und etwas verödet vor.

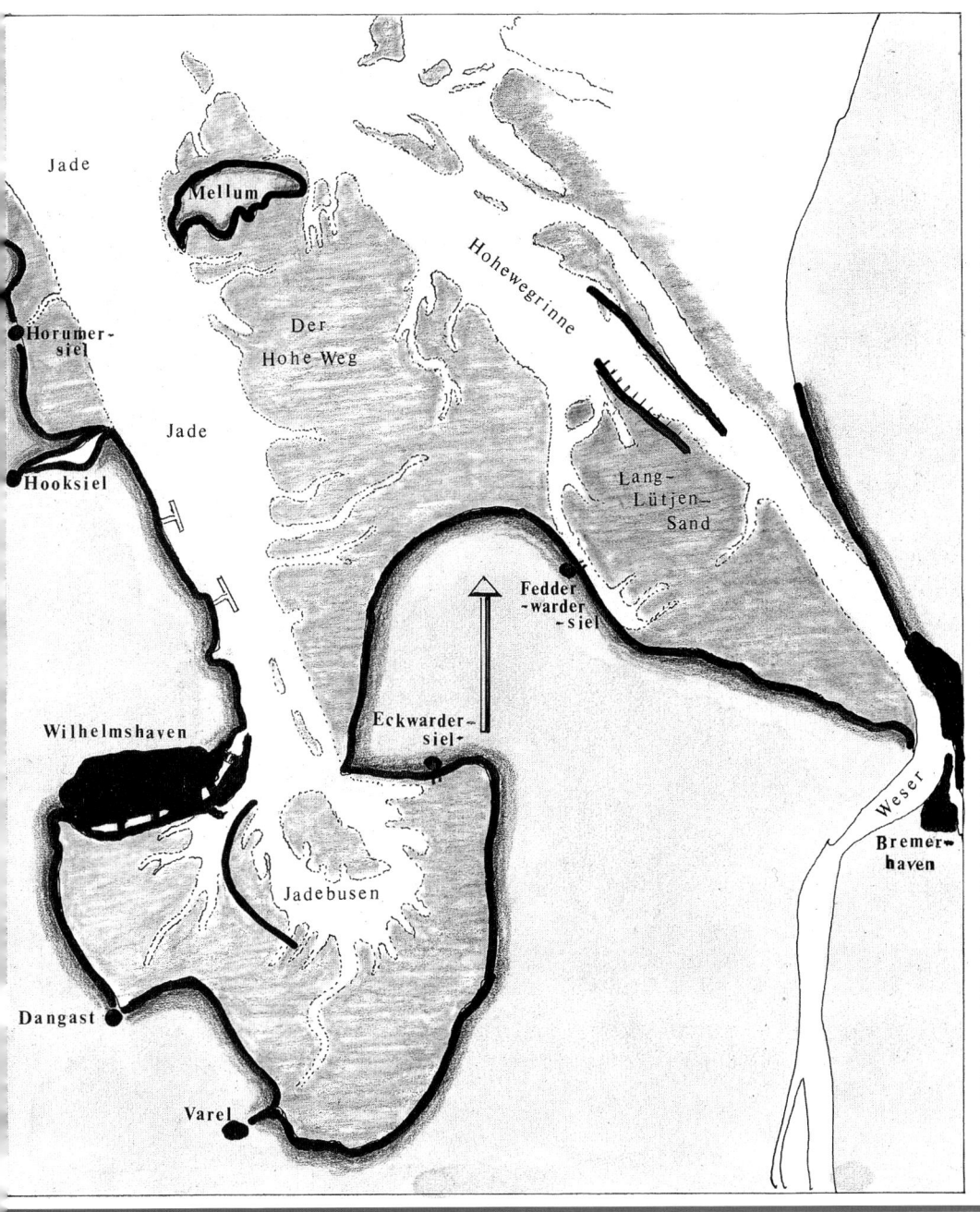

Liegeplätze: Wenn man nur kurz bleiben will, sollte man sein Boot in den *Nassauhafen* legen, entweder an den großen Schwimmponton zu den Berufsschiffen oder zu den Booten des Wilhelmshavener Segelclubs (Bojen, Heckleinen). Zum Stadtzentrum hat man es ziemlich weit, wenn man nicht mit dem Bus fährt. Ganz in der Nähe das Restaurant „Columbus", von dem aus man einen weiten Blick über den − wie man hier sehen kann − riesigen Jadebusen hat.

Wegen der Schleusen und der drehbaren Kaiser-Wilhelm-Brücke ist der *Hafen des HYC Germania* nur umständlich zu erreichen, also eher etwas für den, der länger in Wilhelmshaven bleiben will. Dafür ist dieser Hafen sehr geschützt, was man von den Liegeplätzen im Nassauhafen nicht unbedingt behaupten kann.

Die Versorgung ist insgesamt gesehen und wie zu erwarten sehr gut, man bekommt allerdings nicht alles an einem Platz.

HW und NW siehe Tidenkalender. Der einlaufende Strom beginnt 6 h 20 min vor HW, der auslaufende genau bei HW-Zeit. Stromgeschwindigkeit: einlaufend bis 1,8 sm/h, auslaufend bis 2,2 sm/h. MTH 3,8 m

Wie ein prallgefüllter Wassersack hängt der

Jadebusen

an der Jade; so jedenfalls sieht es auf Land- und Seekarten aus. Eine große Meeresbucht, neun Seemeilen breit und sieben Seemeilen tief. Doch so gewaltig dieses Gewässer auch aussieht, bei Ebbe läuft ihm fast das ganze Wasser weg, und übrig bleibt eine endlose Fläche grauschwarzen Schlicks. Vier Fünftel fallen trocken. Andererseits kann ein nicht zu tiefes Boot den Jadebusen fast ganz aussegeln, jedenfalls bei HW, denn nirgendwo an der deutschen Küste ist ein größerer Tidenhub zu verzeichnen als hier: mit rund vier Metern.

Diese enormen Wassermassen, die sich wie in einem Reservoir sammeln, um dann wieder seewärts zu strömen, sind letztlich auch die Ursache dafür, daß die Jade das tiefste natürliche Fahrwasser an der Küste ist. Der Jadebusen selbst entstand 1164 bei der Juliana-Flut, als eine gewaltige Sturmflut das ganze Land wegriß.

Um die gewaltigen Kräfte der Gezeiten zu nutzen, wurde vor Wilhelmshaven ein sechs Seemeilen langer Damm gebaut, der einen Teil des Wassers so nahe an Wilhelmshaven vorbeileitet, daß der natürliche Strom die Einfahrten möglichst tief hält. Dieser Damm ist − von den übergroßen Flachs einmal abgesehen − das größte Schiffahrtshindernis im Jadebusen; denn bei HW − dann also, wenn ein Boot unterwegs sein wird − ist er überflutet und damit nicht zu sehen. An seiner Nordspitze, vor Wilhelmshaven, trägt der Damm eine Bake mit zwei Bällen als Toppzeichen; sonst ist er nicht markiert. Am südlichen Ende kann man sich zur Not an dem etwas östlicher stehenden *Leuchtturm Arngast,* einem 37 m hohen, runden Turm, rot mit einem breiten weißen Band, orientieren.

In den Jadebusen hinein läuft nur ein einziger langer und tiefer Priel, das *Vareler Fahrwasser,* das man auch bei NW bis etwa zur Mitte des Jadebusens noch befahren kann.

Dieses Fahrwasser führt zum besten und wichtigsten Hafen am Jadebusen, nach

Varel,

wobei das letzte Stück allerdings über ein hohes Watt geht, so daß man letztlich doch wieder auf die Flut warten muß.

Dank des enormen Tidenhubs kämen sogar sehr tiefgehende Boote dann ohne weiteres dorthin.

Das Sperrwerk hält den Hafen tidenfrei: geschleust wird 2 h vor bis 2 h nach HW. Gleich hinter dem Sperrwerk liegt in einem Seitenarm ein

kleiner Yachthafen; genau betrachtet, besteht er nur aus Stegen, an denen Segelboote liegen. In der Nähe ein paar Häuser, darunter auch ein Fischgeschäft; sonst hat man nur Natur.

Zum eigentlichen Hafen führt ein knapp eine Seemeile langer Kanal, an dessen Ufer immer wieder Boote liegen, manchmal auch ein Fischkutter, der am Steg vor dem Haus festgebunden ist. Man kann sich überall einen Platz suchen und wird ihn auch finden.

Ganz nahe dem Sperrwerk ist die Versorgung gleich null, dafür liegt man hier sehr einsam und ruhig im Grünen. Im Stadthafen, der von Varel allerdings ziemlich weit entfernt ist, findet man die übliche Versorgung.

Das 30000 Einwohner zählende Varel ist leider − oder soll man sagen: Gott sei Dank? − wenig bekannt, wohl weil es als Fahrtenziel zu abseits liegt. Dabei hat es eine ausgesprochen angenehme Atmosphäre. Lange Zeit war es Hauptstadt des einstigen Amtes Varel. In seinem Zentrum steht eine wuchtige Schloßkirche, die aus dem 12. Jahrhundert stammt. Beachtenswert sind auch die vielen schönen Bürgerhäuser. In Varel hatten sich nach der Sturmflut von 1854, als die Insel Wangerooge in zwei Teile zerrissen wurde, 170 Wangerooger niedergelassen, weil sie beim Bau von Wilhelmshaven als Schiffer gute Arbeitsmöglichkeiten finden konnten.

Über das hohe *Vareler Watt* können nur Boote mit geringem Tiefgang segeln; andere müßten also, wenn sie zu dem nur wenig nordwestlich von Varel liegenden

Dangast

wollen, recht umständlich fahren, nämlich erst zurück nach Wilhelmshaven, dann durch das *Stenkentief,* hart entlang am Steindamm, und anschließend durch das teilweise trockenfallende *Dangaster Außentief:* Um nach Dangast zu kommen, braucht man also Hochwasser.

Auch der kleine, recht hübsche Hafen, der vor dem Sperrwerk liegt, fällt teilweise trocken: ein einfacher, sehr schön gelegener Sielhafen. Man blickt über den Jadebusen, hinaus nach Wilhelmshaven und kann ein – wie es heißt – besonders mildes Klima genießen, das vielleicht auch von den großen Laub- und Nadelwäldern beeinflußt ist, die Dangast umgeben, das neben Norderney das älteste Seebad an der Nordsee sein soll.

Wohl wegen seiner idyllischen Lage zwischen Wald und Meer hat es immer wieder Künstler angezogen, vor dem Ersten Weltkrieg die Maler der „Brücke", Heckel, Schmidt-Rottluff und Pechstein.

Die Versorgung am Hafen ist mäßig.

MTH 3,9 m

Was den Strom angeht, so braucht man hier nicht viel zu rechnen; vereinfachend gesagt, ist es so, daß der Ebbstrom, den wir ja brauchen, wenn wir aus der Jade hinaussegeln wollen, ziemlich genau nach HW zu laufen beginnt.

Nach den gewaltigen Industrieanlagen nördlich von Wilhelmshaven, Erdölraffinerien und Produktionsstätten eines Chemiemultis, passiert man einige Häfen, die jeder auf seine Art einen Besuch lohnen.

Hooksiel

einst der Verladehafen von Jever und damals noch direkt an der Jade gelegen, befindet sich jetzt nach der Eindeichung der *Vorlapper Groden* ziemlich weit binnen, am Ende eines schmalen Sees, des *Hooksmeers*, das sich vom Sperrwerk aus zwei Seemeilen weit erstreckt.

Den Vorhafen vor der Schleuse kann ein Boot auch bei NW ohne weiteres anlaufen, doch bleiben wird man hier nicht wollen: eine einzige Betonwüstenei. Die Schleuse öffnet nur zu bestimmten Zeiten, die oben am Schleusen-

wärterhaus angeschlagen sind (dort auch WCs).

Das *Hooksmeer* ist eine künstlich gestaltete Erholungs- und Ferienlandschaft, die einem mit ihrer wildwuchernden Pflanzenwelt wohl gefallen würde, gäbe es nicht diese unglaublich großen Chemieanlagen direkt davor. Es ist auf Boote bis zu einem Tiefgang von 2 m angelegt. Das wurde aber nicht ganz erreicht: mit 1,90 m maximalen Tiefgang können Boote bis zum alten Hafen von Hooksiel kommen.

Gleich nach der Schleuse befindet sich der Hafen der *Werft Hooksiel*, die einen überaus guten Service bietet. Dort kann man auch Wasser und Treibstoff bunkern. Daneben findet man ein merkwürdiges Ding, einen Wasserskilift.

Landschaftlich sehr viel schöner sind die Häfen gelegen, die etwas später kommen – alles neue, proppere Yachthäfen.

Doch am besten ist es wohl, ganz bis ans Ende des Hooksmeers zu laufen, nach dem alten Hafen *Hooksiel.* Er ist auf das schönste renoviert worden, so daß man jetzt sehr gut an den hohen, aus Backstein gemauerten Kajen liegen kann; sein größter Vorzug: Er ist tidenfrei, wie das ganze Hooksmeer. Außerdem: die ersten 24 Stunden darf man dort kostenlos liegen. Sehr schön auch die alten Speicherhäuser am Hafen; nahe im Dorf locken mehrere stilvolle, gute Restaurants zu einem längeren Verweilen.

Vor Hooksiel liegt übrigens einer der kritischsten Punkte in der tiefen Jade; denn hier müssen die Supertanker an einer verhältnismäßig schmalen Stelle ihren Kurs um 20° ändern, und wenn der richtige Moment verpaßt wird, sitzen sie ganz schnell auf, wie etwa 1976 der liberianische Tanker „Energy Vitality" mit seinen 220000 Tonnen Öl. Er schlug leck, verlor aber nur 60 Tonnen Öl, die rasch wieder aufgesaugt waren. Seit ab 1980 alle Schiffe mit Radar dirigiert werden, ist diese Stelle allerdings weitgehend entschärft worden.

Horumersiel,

auch *Wangersiel* genannt, kann man nicht bei NW anlaufen; im *Wanger Außentief*, dem Priel, der zum Hafen führt, bleibt zwar etwas Wasser stehen, doch das reicht für ein Kielboot nicht aus. Boote mit einem Tiefgang bis zu 1,5 m können etwa bei halber Tide durch das Wanger Außentief fahren.

Horumersiel ist schon von weither gut auszumachen an den drei hohen Appartementhäusern aus Backstein, die hinter dem Deich in den Himmel ragen. Der Hafen ist ohne Atmosphäre, völlig zubetoniert und kahl. Dennoch liegt man hier nicht schlecht, entweder an den Stegen des Segelclubs oder einfach an der Kaje. Der Hafen fällt trocken; man sinkt indes ohne Probleme im tiefen Schlick ein.

Der etwas trostlose Eindruck, den man zunächst von Horumersiel hat, ändert sich schlagartig, wenn man oben auf dem grünen Deich steht: Dann hat man vor sich einen kleinen Kurpark, mit einem recht ansehnlichen Kurhaus, und auch der Ort, der schön im Grünen liegt, erscheint adrett und freundlich.

Die üblichen sanitären Einrichtungen findet man am Hafen. Was das leibliche Wohl angeht, so braucht man sich in dem kleinen Kurbad keine Sorgen zu machen.

MTH 3,3 m

Nautische Unterlagen: Sportboot-Kartensatz Nr. 3011 „Karten der Weser und der Jade". Tidenkalender – absolut unentbehrlich. Für den, der auch nachts fahren will: Leuchtfeuerverzeichnis Nr. 2102, Teil III A, „Nordsee, südlicher Teil, einschließlich Orkney- und Shetland-Inseln".
Hinweis: In den Sportbootkarten findet man immer wieder, etwa im Jade-Fahrwasser vor Minsener Oog, rotgedruckte Symbole eines Kreises mit einer Nummer darin und ein oder zwei Pfeilen; hierbei handelt es sich um Schiffsmeldestellen für die Berufsschifffahrt, die für ein Sportboot ohne Belang sind.

6 **Von der Jade nach Spiekeroog**

WATTENMEER SANDMEER

Das Wattenmeer bei Minsener Oog (rechts) und Wangerooge. Von rechts, von der Jade, führt das Minsener Oog-Wattfahrwasser im Bogen um die flache Insel herum und läuft auf die Blaue Balje zu, das Seegatt zwischen Minsener Oog und Wangerooge. Wenig Wasser: Jetzt könnte man hier nicht fahren.

1 *Der Leuchtturm Minsener Oog Buhne A, mit seinem Sektorenfeuer unentbehrlich für die Einsteuerung in die Jade.*

2 *Minsener Oog Buhne C. Der schlanke, 54 m hohe Leuchtturm steht schon an der Jade.*

3 *Wangerooge, der Westanleger. Ein einsamer, eigenartiger Platz, fern von jeder Zivilisation. Bei NW fällt das Watt hinter den Steinmolen trocken, im Hafen selbst bleibt aber genug Wasser stehen. Seit der neue Yachthafen (rechts) fertig ist, müßte man in diesem schönen Inselhafen immer unterkommen können.*

1 *Harlesiel, der Versorgungshafen von Wangerooge. Gut und ruhig liegt man binnen der Schleuse im tidenfreien Wasser.*

2 *Der monumentale Westturm von Wangerooge: eine enorme Landmarke. Der 64 m hohe, rot-weiße Leuchtturm gehört zu den wichtigsten Leuchtfeuern in der Deutschen Bucht.*

3 *Spiekeroog. Ein guter, wenn auch kleiner Hafen.*

4 *Spiekeroog, die feine, grüne Insel. Zum Hafen führt ein langer Priel, der bei NW zum schmalen, seichten Rinnsal wird.*

1 *Der Alte Fähranleger von Spiekeroog. Bei Ebbe liegt er hoch trocken.*
2 *Neuharlingersiel, der Versor-* *gungshafen von Spiekeroog. Die Schwimmstege im Außenhafen fallen trocken.*
3 *Der Fischerhafen von* *Neuharlingersiel, ein stimmungsvoller Platz. Manchmal darf man bei einem Kutter längsseits gehen.*

Unser erster größerer Wattentörn. Doch keine Angst vor dem flachen Wasser! Mit etwas Rechnen und dem Tidenkalender am Kartentisch schafft auch ein Kielboot das allemal. Wir laufen den einsam zwischen Dünen und Watt gelegenen Westanleger an, den Hafen von Wangerooge, einem kleinen gemütlichen Seebad. Dann geht es hinüber zum Festland, zum historischen Carolinensiel, einst nach Emden der größte Seglerhafen von Ostfriesland. Nach Spiekeroog führt uns eine gar nicht schwierige Wattfahrt. Wir erleben diese feine, stille Insel und bleiben vielleicht ein paar Tage. Neuharlingersiel, „ihr" Festlandshafen, ist wohl der schönste dieser kleinen Versorgungshäfen am Festland.

Revier-Information

Die erste Erwähnung der *Ostfriesischen Inseln* findet sich in einer holländischen Urkunde aus dem Jahre 1398, die im Archiv von Den Haag liegt. Darin sind aufgezählt: Borkum, Juist, Buise, Osterrende, Baltrum, Langeoog, Spiekeroog und Wangerooge. Und Norderney?

Das gab es damals offensichtlich noch nicht, dafür aber zwei andere Inseln: Buise und Osterrende.

Buise ist mittlerweile verschwunden; um 1700 wurde noch eine Sandplate dieses Namens verzeichnet, danach aber: einfach weg. Nur das Busetief, zwischen Norderney und Juist, erinnert heute noch daran.

Norderney, so muß man annehmen, ist aus der Insel Osterrende entstanden, keinesfalls aber aus einem Zusammenwachsen von Buise und Osterrende, wie man einmal glaubte.

Alle sieben ostfriesischen Inseln haben den Drang, von West nach Ost zu wandern, denn ununterbrochen nagt die See an ihrer Westseite, trägt hier Land ab, um es im Osten wieder abzulagern. Diese merkwürdige Inselwanderung ist erst vor nicht allzu langer Zeit zum Stillstand gekommen. Mit den heutigen starken und weit ins Meer hinausgebauten Buhnen gelang es, die Inseln zu stabilisieren und den mächtig durch die Seegatten schießenden Gezeitenströmen zu trotzen.

Die Inseln haben fast alle die gleiche Form: im Westen hoch, manchmal mit mächtigen Dünen, und im Osten flach mit meist überspülten Sänden. Die Häfen liegen alle an der geschützten Wattseite, zumeist in einer tiefen Bucht, die den Westteil der Insel zu einem Haken formt; hier befinden sich auch fast immer die Inseldörfer, jedenfalls, wenn es sich um alte Siedlungen handelt.

Lange Zeit nahm man an, die Ostfriesischen Inseln wären auf die gleiche Art entstanden wie die Nordfriesischen, nämlich nach Sturmfluten, die das flache Land aufgerissen hätten. Doch diese Ansicht hält den neueren wissenschaftlichen Erkenntnissen nicht stand. Die Ostfriesischen Inseln haben sich vielmehr aus Sandablagerungen gebildet, die mit der Zeit immer höher wurden, bis sie auch bei Hochwasser trocken blieben, dann langsam zu Dünen anwuchsen, die schließlich von anspruchslosen Pflanzen wie dem Strandhafer stabilisiert wurden: eine Insel war geboren.

Zwischen den Inseln und der Küste erstreckt sich auf einer Länge von fast 50 Seemeilen, von Ost nach West das *Wattenmeer*.

Es ist unser eigentliches Fahrtenziel, ein ebenso faszinierendes wie spannendes Revier, das sich ständig verändert − mal Wasser ist, dann wieder Land, zeitweise eine einzige Wasserfläche, dann wieder eine Landschaft aus Schlick- und Sandbänken, durchzogen von sich immer weiter verästelnden Prielen.

Im Osten ist das Wattenmeer nur vier Seemeilen breit, im Westen aber zwölf.

Der *Tidenhub* nimmt von Ost nach West kontinuierlich ab: bei Wangerooge mißt er 2,8 m, bei Borkum nur noch 2,4 m.

Das Wasser rauscht mit der Flut durch die Seegatten herein und mit dem Ebbstrom wieder hinaus. Es erreicht dabei Geschwindigkeiten bis zu vier Knoten. Hinter den Inseln wendet sich der Flutstrom sowohl nach Ost als auch nach West, bis er mit dem Wasser der anderen Seegatten zusammentrifft. An diesen Stellen ist es stets am flachsten; man nennt sie das *Wattenhoch* oder, wie die Fischer sagen, das „Hohe". Bei Niedrigwasser fallen diese Stellen immer hoch trocken, und sie bestimmen letztlich auch, ob ein Boot überhaupt im Wattenmeer von Insel zu Insel fahren kann.

Die *Seegatten* zwischen den Inseln sind die eigentlich gefährlichen Stellen. Hier zeigen die Gezeitenströme ihre ganze Wucht, und hier, vor den Seegatten, liegen gewaltige Sandbänke, auf denen schon bei geringem Seegang Brandung steht. Über diese *Sandbänke* führen die meisten nicht sehr tiefen Fahrwasser, die zudem häufig ihre Lage verändern. Jedes Fahrwasser hat seine kritischste Stelle dort, wo das Wasser am flachsten ist, an der *Barre*. Hier entscheidet es sich unter Umständen, ob man überhaupt in das Seegatt einlaufen kann.

Ansonsten ist das *Ansteuern* der Inseln nicht schwer. Selbst bei schlechter Sicht kann man unter Zuhilfenahme des Lots ungefährdet ziemlich dicht heranfahren, denn die 6-m-Linie verläuft recht gleichmäßig und in sicherem Abstand vor dem Strand. Lotet man entlang der 6-m-Linie, dann kommt man mit Sicherheit zum Tonnenstrich des Seegatts, wenn auch nicht zu den Ansteuerungstonnen, denn die liegen alle weiter seewärts, meistens nahe der 10-m-Linie.

Nur vor dem Seegatt Wichter Ee sieht es anders aus; hier verläuft die 6-m-Linie plötzlich gezackt wie ein Haifischmaul. Aber die Wichter Ee ist auch das unangenehmste Seegatt von allen, das einzige, das nicht zu befahren ist.

Der *Strom* läuft vor den Inseln ziemlich gleichmäßig, der Flutstrom nach Ost, der Ebbstrom nach West, mit einer Geschwindigkeit von nicht mehr als 1,5 sm/h; der Oststrom versetzt einen dabei allerdings kaum merklich landwärts. Als Faustregel kann man sich merken: Der Strom setzt ostwärts, solange das Wasser in Helgoland steigt, und er läuft westwärts, solange das Wasser in Helgoland fällt (s. Tidenkalender).

A und O allen Fahrens vor und hinter und natürlich auch zwischen den Inseln sind die *Gezeiten*. Nach ihnen richtet sich alles. Eigentlich muß man sie verinnerlichen, zumindest aber immer den *Tidenkalender* zur Hand haben; dieses blaue Heftchen, das jedes Jahr neu erscheint, ist unverzichtbar, es ist sozusagen das Gebetbuch aller Wattenseefahrer.

Segler, die das Wattenmeer noch nicht kennen, haben oft einen Horror davor. Dazu besteht kein Grund. Richtig ist schon, daß nur extra für

Gezeitengewässer gebaute Boote hier gar keine Probleme haben, als da sind Kielschwerter, vor allem Jollenkreuzer, und die schönen alten Plattbodenschiffe mit ihren Seitenschwertern. Doch auch Motorkreuzer mit ihrem zumeist geringen Tiefgang und dem flachen Unterwasserschiff brauchen nichts zu fürchten.

Und Kielyachten?

Man sollte sich nicht kopfscheu machen lassen, auch sie können im Wattenmeer fahren, selbst wenn sie einen großen Tiefgang haben, freilich nicht überall. Dennoch: Man kann mit ihnen eine ganze Menge machen, immer vorausgesetzt, man rechnet und tüftelt, und das letztlich ist es ja, was den Reiz dieses Reviers ausmacht.

Wer sich schon in langen Winterabenden auf seinen Sommertörn zum Wattenmeer einstimmen will, dem sei sehr das Buch „Das Rätsel der Sandbank" von Erskine Childers empfohlen.

Theorie und Praxis

Es hilft nichts: Wenn wir jetzt eine richtige Wattfahrt machen wollen, dann muß der Törn exakt und ausführlich berechnet und geplant werden, auch wenn das auf den ersten Blick etwas langweilig erscheinen mag. Man wird bald sehen: Das Fahren mit den Gezeiten ist die Hohe Schule des Fahrtensegelns — und Spaß macht es außerdem.

Also: Unsere Fahrt soll in der *Jade*, etwa bei der roten Spiere B 16, beginnen und in das ostfriesische Wattenmeer führen: durch das *Minsener-Oog-Fahrwasser*, die *Minse-*

ner Balje, die *Blaue Balje* und das *Wangerooger Wattfahrwasser* (auch Telegraphenbalje genannt), also hin zum Hafen von *Wangerooge*.

Betrachtet man die Karte, so sieht man, daß es zwei Wattenhochs zu passieren gilt: eines im Minsener-Oog-Wattfahrwasser (0,5 m) und ein zweites im Wangerooger Wattfahrwasser (0,7 m).

Die ideale Fahrtenstrategie, mit nur einer Tide auch nur ein Wattenhoch zu queren, läßt sich hier also nicht verwirklichen. Allerdings: Die beiden Wattenhochs liegen gar nicht so weit auseinander, so daß man es vielleicht doch mit einer Tide schaffen kann — vorausgesetzt, man tüftelt seinen Törnplan entsprechend aus.

Den mittleren Tidenhub (MTH) kann man hier mit etwa 3 m ansetzen. Demnach

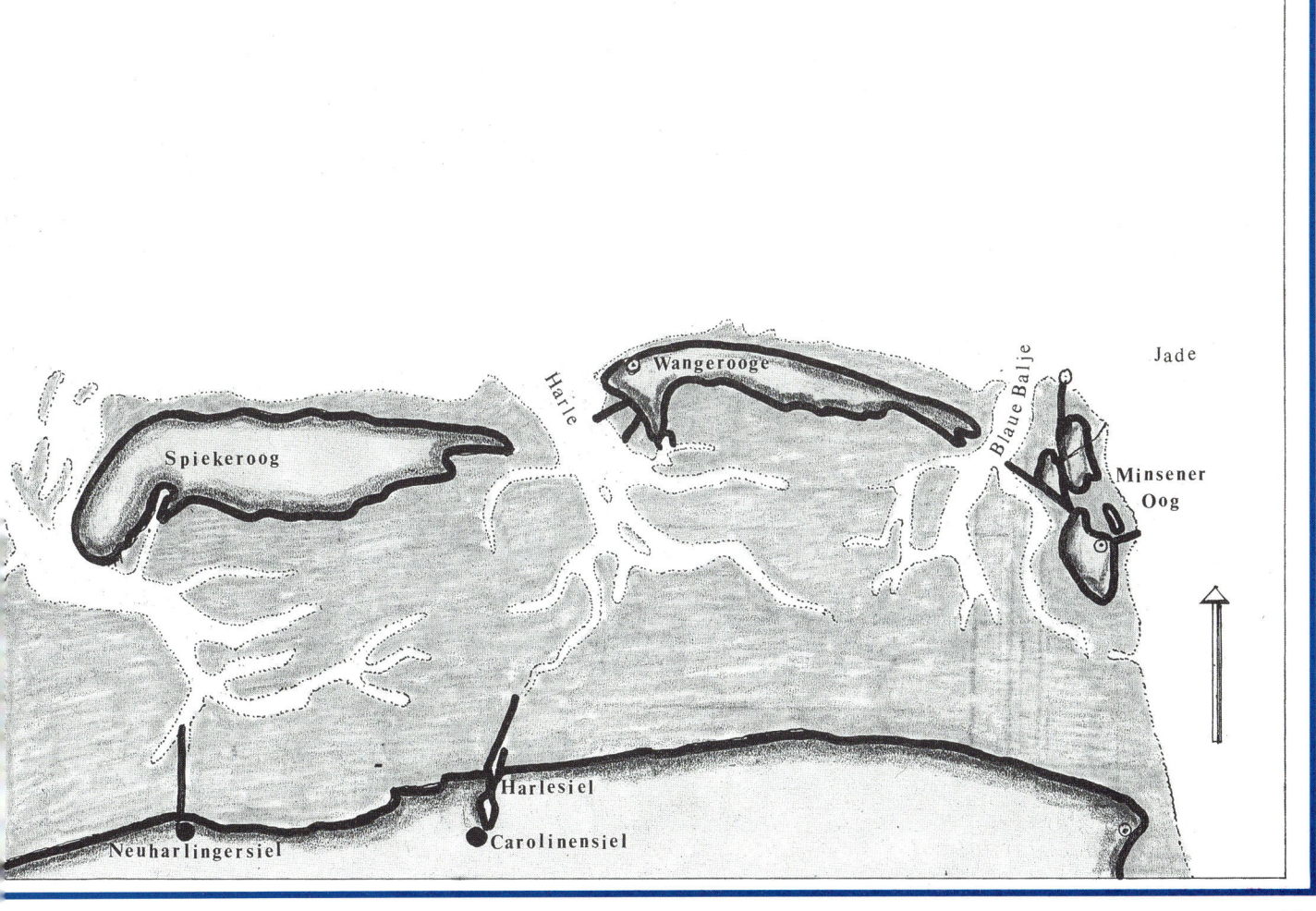

steht auf unseren Wattenhochs im Minsener-Oog-Wattfahrwasser: 3,0 minus 0,5 m = 2,5 m bei Hochwasser, und im Wangerooger Wattfahrwasser: 3,0 minus 0,7 m = 2,3 m bei HW.

Von der Ansteuerung aus der Jade liegt das Wattenhoch im Wangerooger Wattfahrwasser sechs Seemeilen entfernt. Rechnen wir mit vier Knoten Fahrt, dann brauchten wir bis dorthin etwa eineinhalb Stunden. Geben wir noch eine kleine Reserve von einer halben Stunde hinzu, so rechnen wir mit zwei Stunden. Allerdings: Ich möchte nicht exakt bei HW auf einem Wattenhoch sein, denn dann fängt das Wasser ja schon bald wieder an, abzulaufen. Als vorsichtiger Mensch hätte ich gerne noch eine Reserve, deshalb möchte ich etwa eine Stunde vor HW dort sein. Zusammengerechnet heißt das:

Ich müßte drei Stunden vor HW aus der Jade in das Minsener-Oog-Wattfahrwasser einlaufen.

Frage: Wieviel Wasser habe ich nun am Wattenhoch des Minsener-Oog-Wattfahrwassers?

Drei Stunden vor HW, also zur halben Tide, wird etwas mehr als die Hälfte des Tidenhubs aufgelaufen sein; sagen wir 1,7 m. Davon gehen nun die oben schon erwähnten 0,5 m ab, folglich kann ich auf diesem Wattenhoch mit 1,2 m Wasser rechnen. Wenn das für mein Boot reicht, gut, wenn nicht, dann müßte ich entsprechend später am Wattenhoch sein.

Auch das kann man sich ausrechnen: Würde ich nur eine Stunde später, also zwei Stunden vor HW ablegen, dann hätte ich nach der „Zwölfer-Regel" (siehe Kasten „Fahren in Gezeiten-

gewässern", Seite 20) scho[n] 75 cm mehr Wasser, also au[f] dem Wattenhoch im Minse[n]ner-Oog-Wattfahrwasser stat[t] der 1,2 m knapp 2 m.

Nach dieser Rechnung kä[men] wir wohl auch noch übe[r] das Wattenhoch im Wanger[ooger] Wattfahrwasser, hatte[n] wir doch in unserer erster[en] Rechnung eineinhalb Stun[den] den an Reserven drin.

Im übrigen: Wenn man e[s] nicht schaffen sollte, dann[n] braucht man sich desweger[n] noch kein Kopfzerbrechen zu[...] machen; denn in der Blauer[n] Balje, dicht unter der Osthu[k] von Wangerooge, könnte man[n] sehr schön vor Anker lieger[n] und auf das nächste HW war[ten.]

Ankern müßte man natür[lich] lich auch in der Jade, wäre[n] man zu früh dran. Man läge[n] dann übrigens auf dem glei[chen] chen Platz, wo im Ersten Welt[krieg] krieg ein kaiserliches Ge[...]

Fahrregeln im Nationalpark

Für Bootsfahrer sind nur die *Zonen 1,* für die die strengsten Vorschriften gelten, von Belang. In den Seekarten (ab Ausgaben 1986, zum Teil auch erst ab 1987) sind diese Zonen 1 *grün gestrichelt* eingezeichnet. Was ist hier erlaubt, was verboten?

Erlaubt ist, mit dem Boot diese Zonen 1 zu befahren, und zwar ohne zeitliche Einschränkung, dort zu ankern, auch trockenzufallen.

Verboten ist das „Betreten", also von Bord zu gehen und über das trockengefallene Watt zu wandern.

(Stand Anfang 1987)

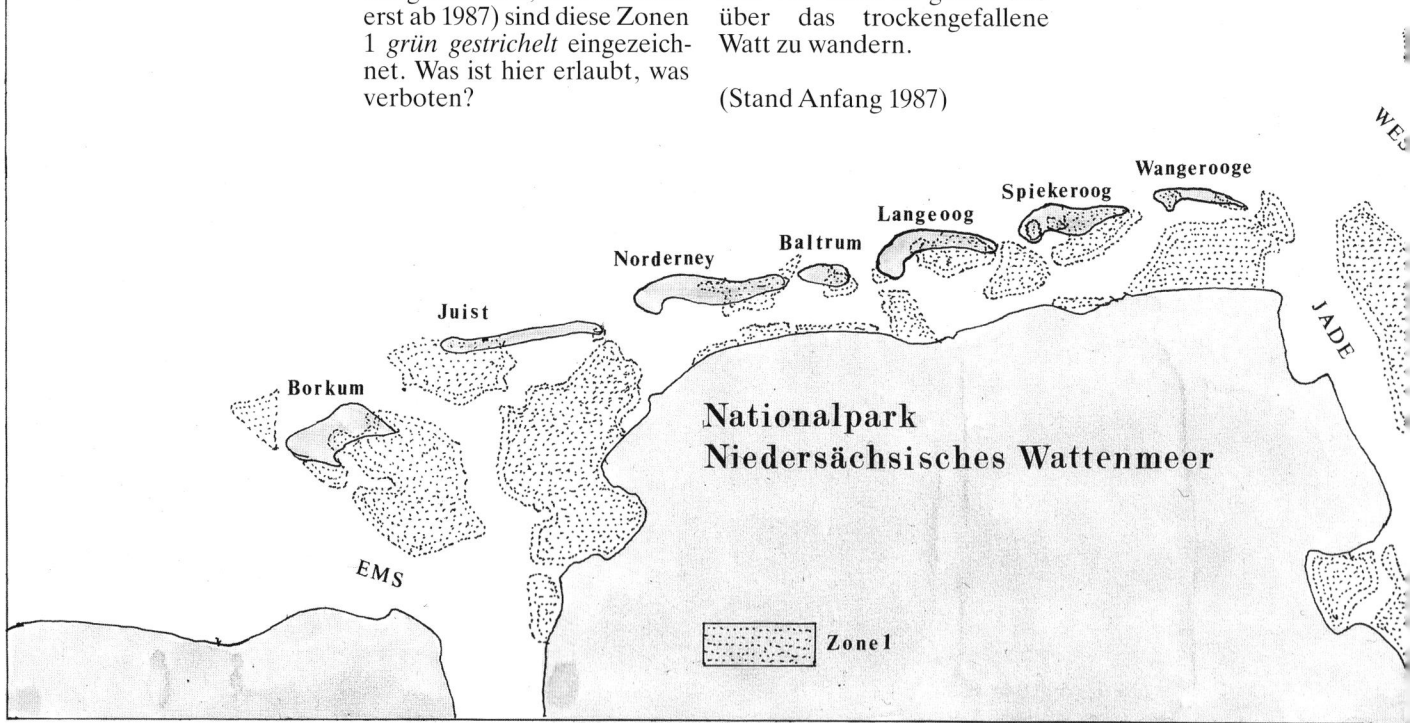

chwader ständig unter Dampf stand, das man hierher verlegt hatte, um notfalls die Engländer abfangen zu können, sollten sie wie weiland Nelson vor Kopenhagen versuchen, Wilhelmshaven zu bombardieren. Die Engländer kamen nicht. Das einzige Schiff, das hier wirklich auf Grund ging, war der deutsche Panzerkreuzer „York", der versehentlich in die eigene Minensperre gelaufen war.

Minsener Oog,

die flache Sandinsel, kann man nur im Vorbeisegeln betrachten, denn sie zu betreten ist verboten. Von *Oldoog,* der „alten" Insel, ist nur eine Sandbank geblieben. Um die anderen hat man kilometerlange Buhnen gebaut, die verhindern sollen, daß der Sand ostwärts und damit in das

wichtige Jadefahrwasser hineingetrieben wird. Am Kopf der nördlichsten Buhne, der Buhne A, steht ein massiger viereckiger, 17 m hoher Leuchtturm, der einen aber nur dann zu interessieren braucht, wenn man durch die Blaue Balje läuft. Wichtiger auf diesem Wattentörn ist das unverwechselbare Ensemble auf der südlichsten Insel: einmal der hohe, bleistiftdünne, schwarz-weiß gestreifte Radarturm, und daneben die Pfahlbauten mit dem kleineren, wenig auffallenden, viereckigen Leuchtturm dahinter.

Als Schiffbrüchiger, und dies ist die einzige Ausnahme, würde einem der Zutritt auf Minsener Oog nicht verwehrt, denn dafür sind die Baracken auf den Pfahlbauten da.

Die Buhnen greifen überall weit ins Wasser hinaus, sind auf unserem Kurs auch nicht unkritisch, weil wir in der *Minsener Balje* einer davon mit ihren Querbuhnen sehr nahe kommen. Wachsamkeit ist dringend angeraten, denn auf den Buhnenköpfen stehen zwar zur Orientierung Kardinalzeichen, doch vor der Sandplatte, dicht neben dem Fahrwasser, warnt uns gar nichts.

In der *Blauen Balje,* dem Seegatt zwischen Minsener Oog und Wangerooge, kann es einen ganz schön durchschütteln, doch sobald man sie gequert hat, wird man unter der Osthuk von Wangerooge mehr Schutz und auch wieder ruhiges Wasser finden.

In der Seekarte sind an der Osthuk von

Wangerooge

„Pfahlreste" vermerkt. Dabei handelt es sich um den alten *Ostanleger,* der 1902 gebaut wurde und bis an das tiefe Fahrwasser heranreichte, so daß auch die größeren Schiffe aus Bremerhaven und Wilhelmshaven die Insel anlaufen konnten, und zwar durch die tiefe Blaue Balje. Das hat man 1958 aufgegeben; seitdem ist der Anleger sich selbst überlassen und wird wohl

bald unter dem ständigen Ansturm von Wind und Wellen ganz verschwunden sein.

Ein sehr auffallendes Bauwerk auf dem flachen Ostland von Wangerooge ist die *Peilbake,* ein Brettergerüst in Form eines Stundenglases, das auf eine Pfahlbaracke gesetzt ist.

Der Ostteil von Wangerooge ist wie bei allen Ostfriesischen Inseln flach und bietet dem Auge wenig. Vielleicht sieht man mal ein Flugzeug landen oder starten, denn an dieser Seite liegt der kleine Inselflughafen, der um ein Haar Weltruhm erlangt hätte. Hier, auf dem Flugfeld von Wangerooge, erprobte einer der Pioniere der Raketentechnik, Reinhold Tilling, erstmals Raketen und schoß eine sogar von einem Flugzeug aus ab, hatte aber mit all diesen Versuchen kein Glück, denn die Marineleitung in Berlin hielt von derlei Experimenten damals noch nichts.

Erst im Zweiten Weltkrieg fing man mit solchen Versuchen wieder an, allerdings nicht hier auf Wangerooge, sondern in Peenemünde an der Ostsee, das dadurch weltberühmt wurde.

Das bei weitem auffälligste Bauwerk von Wangerooge, den *Westturm,* bekommt man schon früh ins Blickfeld, und auch vom Festland her ist er bei guter Sicht auszumachen, wie er da massig und dunkel an der Westhuk der Insel steht.

Die Ansteuerung des Hafens von Wangerooge, des Westanlegers, durch die *Dove Harle* ist recht einfach, wenn man aus dem Wangerooger Wattfahrwasser kommt. Man läuft bis zur *g.s.g. Tonne MW/ T* und danach entlang den roten Spierentonnen wieder ostwärts. Wichtig ist, daß man nicht zu früh auf die Hafeneinfahrt zudreht. Die letzte *rote Tonne,* die *D 8,* darf man keinesfalls übersehen, denn dahinter liegt eine Sandzunge, die sich ein Stück in die Hafeneinsteuerung hinein erstreckt.

Spätestens hier hat man schon einen guten Überblick über den Hafen, so daß man sich klar werden kann, wohin man sein Boot legen will.

Westanleger

Linker Hand hat man den alten Hafen; hier legt auch die Fähre an, und von hier fährt das Inselbähnchen ab. Am Ende des Hafenbeckens steht ein merkwürdiger Pfahlbau, in dem der Hafenmeister sein Büro hat. Die Wassertiefen im alten Hafen reichen von 1,4 bis 1,7 m (alles bei NW). Man legt sich entweder an die eiserne Spundwand im hinteren Teil des Hafens (vorne hat die Fähre ihren festen Platz) oder an den wuchtigen Holzsteg an der Ostseite, was aber für ein Segelboot etwas unkomfortabel ist. An den massigen, glitschigen Duckdalben festzumachen ist nicht ganz einfach. Außerdem muß man darauf achten, daß man nahe an einer Leiter liegt, denn sonst käme man bei NW gar nicht auf den Steg hoch.

Die Alternative zum alten Hafen ist das neugebaggerte und mit Steinmolen geschützte Becken direkt östlich davon. Hier findet man gut einen Platz, hat allerdings beim Festmachen die gleichen Probleme wie im alten Hafen. Die Wassertiefen reichen hier von 1,20 bis 1,80 m; in der Hafeneinfahrt darf man bei NW allerdings mit nicht mehr als 1,2 m rechnen. Das Problem für tiefergehende Boote ist immer, in den Hafen überhaupt hineinzukommen. Ist man erst einmal drin, dann wird man im weichen Schlick gut liegen.

Warnung: Alle Angaben in den Wattengewässern unterliegen Veränderungen; was heute noch ein tiefer, guter Hafen ist, kann im Jahr darauf schon völlig verschlickt sein. Es ist ratsam, den Hafenmeister (04469/630) anzurufen, bevor man Wangerooge anläuft, und sich zu erkundigen, wie es gerade aussieht, auch, ob das eigene Boot überhaupt im Hafen unterkommen kann.

HW Westanleger 31 min nach HW Norderney, NW 37 min nach NW Norderney. Im Seegatt — und ebenfalls quer zur Hafeneinfahrt — läuft der Strom bis zu 4 sm/h.
MTH 2,8 m

Der Westanleger ist ein absolutes Unikum, wohl der eigenartigste Inselhafen im ostfriesischen Revier; ein sehr einsamer Platz, nach Westen zu gut geschützt von hohen, weißen Dünen, während sich ostwärts eine riesige Marsch erstreckt, die Westgroden, die teilweise überflutet wird. Das Hafenbüro steht auf hohen Pfählen, weil es hochwassergefährdet ist. Bei der Sturmflut von 1962 war das Wasser so hoch gestiegen, daß die Wellen gegen seinen Fußboden schlugen. Zu den Sonderlichkeiten des Hafens gehört auch die Inselbahn, die sich ratternd und schaufend nähert, wenn die Fähre erwartet wird, und sich quietschend wieder davonmacht, sobald sie die Neuankömmlinge „an Bord" hat.

Der Westanleger ist 1902 von Marinepionieren gebaut worden. Die ganze Insel war damals schwer befestigt, sozusagen als Vorposten für Wilhelmshaven; sogar ein ganzes Bataillon Marinesoldaten lag im Ersten Weltkrieg auf Wangerooge. Das ist alles längst vergessen und vorbei; nur ab und zu stößt man noch auf Betontrümmer, Reste ehemaliger Bunker.

Die Versorgung am Hafen ist mäßig, kann es an einem so einsamen Platz auch gar nicht anders sein. Man kann Trinkwasser aufnehmen; und dann gibt es noch WC's und Duschen, die ebenfalls auf einem Pfahlbau stehen. Das ist alles. Was man sonst benötigt, muß man sich aus dem fernen Dorf holen; das ist aber dank der Inselbahn gar kein Problem.

Vom Westanleger aus nördlich sieht man im Watt Boote an Stegen liegen: das ist der kleine Yachthafen der Insulaner. Er fällt praktisch trocken und wird hier nur der Vollständigkeit halber erwähnt. Eine Alternative zum urigen Westanleger ist er ohnehin nicht.

Wangerooge ist die östlichste der ostfriesischen Badeinseln — Minsener Oog zählt in dieser Hinsicht ja nicht. Die Insel ist etwa 9 km lang und bis zu 2 km breit. Sie hat die typische Form der Ostfriesischen Inseln: an der Westseite einen dicken Haken, wo meist Dorf und Hafen liegen,

und nach Osten zu eine flache, schmale Sandplatte. Nur daß der Wangerooger Haken anders als der von Spiekeroog und Langeoog, kein grünes Land ist, sondern ganz untypisch aus Dünen und nassem Vorland besteht.

Die Insel lag früher ein beträchtliches Stück weiter westlich, bis sie im Jahre 1854 in zwei Teile zerrissen wurde. Das Westdorf nahe dem alten Westturm ging dabei fast vollständig unter. Ein großer Teil der damals 350 Menschen zählenden Inselbevölkerung verließ daraufhin fluchtartig die Insel. Nur der Westturm, das Wahrzeichen Wangerooges, blieb bei dieser verheerenden Flut unerschütterlich stehen. Auch heute steht er noch, nur daß der jetzige Westturm nicht mehr das Original, sondern eine Kopie davon ist. Der alte Turm war zwischen 1597 und 1602 vom Bremer Rat gebaut worden, denn der Schiffahrt fehlte an dieser gefährlichen Ecke eine natürliche, deutliche Landmarke. Die Turmspitzen waren exakt auf Nord-Süd ausgerichtet, so daß die Schiffe draußen leicht ihre Position peilen konnten. Dieser Turm überdauerte alle Stürme, auch Sturmfluten konnten seinen mehr als 2 m dicken Grundmauern nichts anhaben. Erst der Übermut des Menschen brachte ihn zu Fall: Zu Beginn des Ersten Weltkrieges, ausgerechnet zu Weihnachten, wurde der Alte Turm einfach weggesprengt. Die kaiserliche Marine fürchtete eine Invasion der Engländer mit einem Angriff auf Wilhelmshaven. So hoffte man, den Feind durch das Verschwinden dieser seit Jahrhunderten bekannten Landmarke verwirren zu können. Die Engländer kamen bekanntlich nicht, der schöne alte Turm aber war nun weg. Bis man Anfang der dreißiger Jahre daranging, einen neuen Alten Westturm zu bauen. In seiner Silhouette gleicht er seinem Vorgänger, ansonsten ist er eben neu, mit vielen Fenstern, die der alte nicht hatte. Die mußten eingebaut werden, weil der neue Turm als Jugendherberge dient. Bei NW kann man heute noch an der Buhne B das Trümmerfeld les alten Westturms sehen. Wangerooge empfindet man als ein gemütliches, recht familiäres Seebad. Anders als sonst auf den Inseln reicht hier der Strand ganz dicht an die Promenade heran, hinter der sich das etwas altmodisch anmutende Inseldorf erstreckt. Jeder kennt und liebt den „Pudding", das Wahrzeichen des Seebades, ein rundgebautes Café mitten auf der Seepromenade.

Auf Wangerooge lag im Zweiten Weltkrieg ein Fliegerhorst. Um ihn zu zerstören, flogen die Engländer am 25. April 1945, also nur wenige Tage vor Kriegsende, einen verheerenden Angriff auf die Insel, der sie – nach der Sturmflut von 1854 – ein zweites Mal fast völlig zerstörte. Angesichts dieser Ereignisse kann man sich nur wundern, daß sich Wangerooge den Charme eines Seebades aus dem vorigen Jahrhundert so schön hat bewahren können.

Wenn man im Dorf ist, sollte man auf den alten, inzwischen pensionierten Leuchtturm steigen; denn von dort hat man einen phantastischen Blick, vor allem nach Osten hin, wo man die ganze Jade überblickt und das Watt Der Hohe Weg, mit dem Fernglas wohl auch die schönen Leuchttürme der Außenweser erkennen kann, Roter Sand etwa, oder vielleicht sogar das Oberfeuer von Bremerhaven.

Wangerooge können erfreulicherweise auch solche Yachten anlaufen, die wegen ihres Tiefgangs nicht durch ein Wattfahrwasser kommen, und zwar von See her, durch das *Seegatt Harle*. Wangerooge liegt ja am tiefsten deutschen Fahrwasser überhaupt, dem Wangerooger/Jadefahrwasser. Die Ansteuerung ist auch deshalb nicht schwer, weil man mit dem Westturm eine ebenso große wie unverwechselbare Landmarke hat. Außerdem kann man sich an dem 64 m hohen Leuchtturm Wangerooge (schlank und rot mit zwei weißen Bändern) orientieren, einem der wichtigsten Feuer in der Deutschen Bucht, mit seinem alle 5 Sekunden wiederkehrenden

roten Blitz. Der Harle muß man sich, wie allen Seegatten, mit großem Respekt nähern. Ihre flachste Stelle, die *Barre* also, liegt zwischen den Tonnen H 2 und H 3. Hat nicht ein langanhaltender Ostwind den Wasserstand unter Normal gedrückt, dann kann hier eine Yacht mit einem Tiefgang bis zu 2 m über die Barre fahren, und zwar in der Zeit zwischen einer Stunde vor und einer Stunde nach HW. Nach der Barre wird es sowieso viel einfacher, denn man wird auch hier die Erfahrung machen, daß das Wasser jenseits der Barre erstaunlich ruhig ist, während draußen weiterhin mächtige Wellen anrollen.

Der einlaufende Strom an der Harle-Ansteuerung beginnt 5 h 35 min vor HW, der auslaufende 40 min nach HW. Im Seegatt läuft der Strom bis zu 4 sm/h!

Vor Langeoog muß man auch nach Passieren der Barre noch sehr aufpassen, denn zum Schutz der Westhuk sind hier Buhnen extrem weit vorgebaut. Die längste ist die *Buhne H*, fast 1,5 km lang. Sie sackt immer mehr ab, so daß sie praktisch immer überspült, bei NW aber gut an der Brandung zu erkennen ist. Vor der Buhne H liegt eine g.s.g. Tonne mit der Bezeichnung „Buhne H"; hier ist also große Vorsicht geboten. Nicht ganz so weit ragt die *Buhne V* vor, vor der eine g.s. Tonne liegt. Hier befindet man sich schon in der *Dove Harle*, einem mächtigen Priel, der ununterbrochen an der Westspitze der Insel nagt und dem man mit diesen extrem langen Buhnen seine Kraft zu nehmen hofft.

Jede Insel hat „ihren" Festlandshafen, von dem aus sie versorgt wird, von dem aus auch die Badegäste übergesetzt werden. Für Wangerooge ist es das nur sechs Seemeilen entfernte

Harlesiel,

ein relativ junger Hafen, der erst 1953 angelegt wurde,

nachdem die alten Deiche bei der großen Hollandflut gerade noch so gehalten hatten. In wenigen Jahren wurde er zusammen mit dem Sperrwerk und der Schleuse aus dem Boden gestampft: ein nüchterner, zweckmäßiger, vor dem neuen Deich gelegener Seebahnhof.

In diesem Außenhafen sollte man nur dann liegen, wenn man nicht mehr durch die Schleuse kommt, die im Sommer zwischen 07.00 und 20.00 bedient wird und nahe Hochwasser, wenn Wassergleichstand herrscht, auch offensteht.

Das letzte Stück der Ansteuerung, der *Carolinensiel Balje* fällt bei NW streckenweise hoch trocken. Begrenzt wird diese schnurgerade Zufahrt vom knapp 2 km langen *Westdeich*, der bei HW gerade überflutet ist, und vom 600 m langen *Ostdeich*, der dann noch etwa kniehoch aus dem Wasser ragt. Die Fähre verkehrt auch noch bei halber Tide; allerdings sollte man ihr zu diesem Zeitpunkt in der Hafenansteuerung nicht begegnen, da sie dann in der sehr engen Rinne kaum noch manövrierfähig ist.

Liegeplätze: Am Außenhafen, wie schon gesagt, liegt man schlecht und unruhig. Man muß sich an der Westkade, gegenüber dem Bahnhof, einen Platz suchen, eventuell längsseits bei einem Fischkutter. Wer Diesel bunkern will, muß allerdings im Außenhafen anlegen, anderswo ist nichts zu bekommen.

Der weitaus bessere, weil absolut ruhige und tidenfreie Liegeplatz ist binnen der Schleuse, und zwar entweder an den Stegen des Yachtclubs Harlesiel, an der Ostseite, oder an den freien Stegen an der Westseite. Meist weist einem der Schleusenmeister einen Platz zu.

Wo man jetzt im Innenhafen liegt, war vorher Wattenmeer, und zwar hin bis zu der kleinen Brücke, der einstigen Friedrich-Schleuse. Früher war der Fischerhafen von Carolinensiel ein sehr romantischer Platz, malerisch geradezu mit seiner holländischen Wippbrücke. Die Schleuse hatte ihren Namen vom Preußenkönig Friedrich dem Großen, der sie bauen ließ.

Carolinensiel,

zu dem der Hafen gehört, liegt etwa eine halbe Wegstunde binnenwärts. Es war, so unglaublich das auch klingen mag, nach Emden der größte Seehafen von Ostfriesland, der erst um die Jahrhundertwende an Bedeutung verlor und allmählich verfiel, als die größer gewordenen Dampfer den kleinen Hafen nicht mehr anlaufen konnten.

Carolinensiel wurde 1730 gegründet, vom Fürsten von Aurich, Georg Albrecht, der den Hafen nach seiner Frau benannte. Ein tiefer und seenaher Hafen war dringend erforderlich geworden, nachdem die Harle, bis dahin eine schiffbare, bis Wittmund und Jever reichende Meeresbucht, immer mehr versandet war. Die Neu-Gründung entwickelte sich gut, vor allem, nachdem Ostfriesland infolge einer komplizierten Erbfolge an Preußen gefallen war. Friedrich der Große ließ dann bald ein neues Stück Land eindeichen, den Friedrichsgroden, und auch die schon erwähnte Friedrichsschleuse bauen (um 1765).

Wie wichtig der Hafen bald wurde, zeigen folgende Zahlen: Im Jahre 1817 liefen 91 ausländische Schiffe Carolinensiel an, darunter 38 aus Norwegen, die Holz für die beiden städtischen Werften brachten. Ausgeführt wurden hauptsächlich Agrarprodukte; damit beladen gingen im gleichen Jahr 50 Schiffe nach Holland, 33 nach Bremen, vier nach Norwegen und eins nach England. Diesen Hafen von Carolinensiel gibt es tatsächlich noch. Er liegt vor dem alten Sieltor: ein nicht sehr großes, von mächtigen Bäumen umstandenes Becken, mit einer Reihe teilweise ansehnlicher, alter Häuser; das größte, „Mommens Groot Hus", ein ehemaliger Kornspeicher, beherbergt jetzt das „Sielmuseum Carolinensiel", ein kleines Museum, liebevoll eingerichtet, mit vielen interessanten Informationen über die Schiffahrt und den Deichbau an dieser Kante von Ostfriesland.

Auch größeren Booten ist eine

Wattfahrt nach Spiekeroog

möglich; mit einem Tiefgang bis an die 2 m (!) kann man diesen Törn durchaus wagen.

Das Wattenhoch im *Harlesieler Fahrwasser* mißt 0,8 m. Rechnet man mit einem mittleren Tidenhub von 2,8 m, dann hat man dort bei HW etwa 2 m Wasser stehen. Und wichtig: Es gilt nur ein Wattenhoch zu passieren.

Ich würde möglichst spät vor HW in Wangerooge ablegen, so daß ich knapp vor HW auf dem Wattenhoch wäre, das vom Westanleger vier Seemeilen entfernt ist. Von da an hätte ich dann ablaufendes Wasser, und zwar auf einer fünf Seemeilen langen Strecke, würde hier also mit dem Strom fahren, könnte aber nicht vermeiden, daß dieser mir dann in der eine Seemeile langen Ansteuerung von Spiekeroog entgegenkommt.

Ob es so einfach laufen wird, hängt natürlich nicht allein von den Gezeiten, sondern auch vom Wind ab. Bei wenig Wind wird es ein gemächliches Dahingleiten werden; bläst es aber kräftig aus West, dann wird man die Fahrt vielleicht ganz anders anlegen, oder noch besser: ganz am Westanleger bleiben.

Wie die anderen Ostfriesischen Inseln alle, so ist auch

Spiekeroog

in seinem Ostteil flach, so flach, daß es nicht selten überflutet ist. Doch nach Westen steigen die Dünen zu beträchtlichen Höhen an. Vielleicht liegt es daran, daß Spiekeroog von allen ostfriesischen Inseln die stabilste war, weder nennenswert nach Osten wanderte, noch zerrissen wurde wie Wangerooge, oder gar ganz verschwand wie Buise.

Es ist eine grüne Insel, so jedenfalls sieht sie vom Watt-

tenmeer aus, und so wird man sie auch erleben, wenn man im Hafen festgemacht hat und seinen ersten Landgang unternimmt.

Die Ansteuerung ist nicht schwer; ein schnurgerader etwa eine Seemeile langer Priel, bezeichnet mit starken Holzpfosten und mit Pricken führt zum Hafen, der sehr geschützt in einer tiefen Bucht am Scheitel des „Hakens" liegt.

Die Rinne und der Hafen haben bei NW nur noch wenig Wasser. In der Ansteuerung kann das böse enden; im Hafen schadet es nichts, denn dort liegt man weich im tiefen Schlick. Ein Meter — mit mehr Wasser sollte man nicht rechnen.

Der *Hafen* ist genau betrachtet das am wenigsten Attraktive von Spiekeroog, einmal davon abgesehen, daß man hier sehr ruhig und geschützt liegt. Er wirkt sehr neu, hat extrem hohe Spundwände, einen riesigen, kahl wirkenden Ladeplatz und ein Abfertigungsgebäude, das sicher nicht zu den Glanzleistungen moderner Architektur zählt. Wer an den Schwimmstegen des Yachtclubs einen Platz findet, liegt dort entschieden besser als nahe dem Fähranleger an der Spundwand. Flachgehende Boote können etwas südwestlich des Fähranlegers sehr gut trockenfallen.

Die Versorgung reicht: Wasser an der Kade bzw. am Steg WC u. Duschen im Abfertigungsgebäude und alles sonstige im Dorf, allerdings keinen Treibstoff, denn Autos gibt es auf Spiekeroog nicht.

HW 43 min nach HW Norderney, NW 30 min nach NW Norderney.
MTH 2,8 m

So wenig einen der Hafen und seine unmittelbare Umgebung begeistern können, so schön ist das Dorf, das man mit ein paar Schritten erreicht.

Eine kleine Idylle. Und nun sieht man auch, daß der Eindruck vom Wattenmeer her nicht getäuscht hat: Spiekeroog ist wirklich eine grüne Insel.

Das Dorf liegt geschützt hinter hohen Dünen und wirkt mit seinen engen Gassen, den alten Friesenhäusern und vor allem den uralten, hohen Linden sehr anheimelnd und gemütlich.

Spiekeroog ist die feine, die stille unter den Ostfriesischen Inseln.

Zum Strand hin muß man durch hohe Dünen wandern, zwischen denen kleine, duftende Kiefernwälder stehen. Der Strand ist weiß und fein und, wie es scheint, endlos; man sieht eher den Westturm von Wangerooge als daß man erkennen könnte, wo der Strand im Osten endet.

Geschichtlich gibt es wenig zu vermelden. Vor Jahrhunderten fuhr man von hier zum Walfang. Spiekeroog war eine Insel der Seeleute. Man sieht es an den grauen Grabsteinen im Inselfriedhof, an der winzigen, 1696 erbauten „Kark to Spiekeroog", der ältesten Inselkirche Ostfrieslands überhaupt, mit ihren Schiffsmodellen, die von der niedrigen Decke hängen, und mit dem Holzrelief, das angeblich von einem Schiff der spanischen Armada stammt.

Spiekeroog, immerhin schon seit 1809 Seebad, mit einer regelmäßigen Fährverbindung zum Festland, hat natürlich auch die üblichen Kureinrichtungen wie Hallenschwimmbad, Tennisplätze etc., doch das ist alles so geschickt in die Dünentäler hineingebaut, daß die Insel immer überschaubar, ja: eben intim bleibt.

Ein Hinweis noch auf den *Alten Fähranleger*, den man bei der Ansteuerung passiert, zumindest aber hat liegen sehen: ein graues, verwittertes Balkenwerk; dahinter sind vielleicht sogar ein paar Boote fest. Es ist die alte Landebrücke, die nicht mehr in Gebrauch ist und deshalb langsam aber sicher verfällt. Hier endete früher die Inselbahn, die inzwischen längst eingestellt wurde, wenn sich auch die schmalen Bahngleise noch immer durch Dünen und Marschland zum Dorf hinziehen. Selbst Weichen und Laderampen gibt es am Hafen noch. Neben diesem Anleger befindet sich an der Ostseite

ein zirka 80 mal 80 m großes Becken mit sehr massiven Stegen, das allerdings hoch trockenfällt. Immer noch sieht man hier ein paar flachgehende Boote liegen, deren Besatzungen sich in dieser vollkommenen Weltabgeschiedenheit augenscheinlich wohlfühlen.

Die viereinhalb Seemeilen nach *Neuharlingersiel*, dem Festlandshafen von Spiekeroog, sind wirklich nur ein Katzensprung. Zuerst geht es durch die tiefe *Schilbalje* und danach in die schnurgerade Hafenansteuerung, die nach Westen zu von einem bei HW überfluteten Deich geschützt ist.

Neuharlingersiel

ist wohl der stimmungsvollste und feinste Festlandshafen in diesem Revier, er paßt also ganz zu Spiekeroog. Die aus dunklem Backstein gebauten Häuser stehen dicht an dicht ganz nahe am alten Fischerhafen.

Im vorderen Teil des Hafens, an seiner Ostseite, da, wo er sich etwas weitet, liegen Schwimmstege aus, die allerdings bei NW trockenfallen; doch dies schadet wie üblich gar nicht. Etwas besser sieht es in dieser Beziehung im Fischerhafen aus, wo man allerdings bei einem der vielen Garnelenkutter längsseits gehen müßte, am besten nach Absprache mit dem Fischer, aber auch mit dem Hafenmeister.

Sonst gibt es über den kleinen Hafen wenig zu sagen; man kann in mehreren Restaurants gut essen, in einem, dem schloßartigen „Sielhof", auch in stilvoller Umgebung, kann baden, wenn einem der Sinn danach steht und es ausnahmsweise nicht zu kalt sein sollte. Das ist alles: Neuharlingersiel ist einfach ein kleiner, schöner Hafen.

HW 41 min, nach HW Norderney. MTH 2,6 m

Steht man oben auf dem Deich und blickt hinüber zur Insel, so fällt einem ein merkwürdiges, ziemlich weit im

Westen zwischen den Dünen gelegenes Bauwerk auf, eine — wie es scheint — dunkelbraune Pyramide; das ist es natürlich nicht, sondern eher das Gegenteil: nämlich die moderne katholische Kirche von Spiekeroog, die mit ihrer ungewöhnlichen Form die auffallendste Landmarke der Insel darstellt. Ich glaube aber nicht, daß ihr der Architekt wegen uns seefahrendem Volk diese etwas unnordische Form gegeben hat.

Nautische Unterlagen: Karten für die Sportschiffahrt, Nr. 3014, „Brunsbüttel bis Borkum", die auch die Ansteuerung von Elbe, Weser und Jade beinhalten, oder Nr. 3012, „Ostfriesische Inseln mit Helgoland und der Ems bis Papenburg", die im mittleren Teil dem obigen Satz voll entsprechen , dafür aber noch die Ems bringen. Tidenkalender!

7 Von Spiekeroog nach Norderney

VON INSEL ZU INSEL

*Die Fähre läuft, von Benser-
siel kommend, bei Hoch-
wasser durch den Wattenstrom
Rute auf Langeoog zu.
Der große Inselhafen täuscht:
Bei Niedrigwasser fällt der
ganze Ostteil trocken, mehr
als die Hälfte des Hafen-
beckens. Links führt das
Seegatt Accumer Ee zwischen
Langeoog und Baltrum hin-
aus in die Nordsee.*

1 *Langeoog. Winzig wirkt die nicht kleine Steganlage des Segelclubs in diesem riesigen Inselhafen.*

2 *Dornumer-Accumersiel. Zum alten Fischerhafen kam vor wenigen Jahren ein großer Yachthafen. Selbst tiefgehende Yachten können ihn nahe HW anlaufen.*

3 *Bensersiel, elegantes Seebad und Versorgungshafen für Langeoog. Zu Beginn der Saison steht an den Stegen noch viel Wasser, später verschlickt der Hafen immer mehr, so daß man ihn nahe HW anlaufen muß.*

1

2

1

1 Das Baltrumer Watt.
Im Vordergrund die weißen
Sände der Osthuk von Norder-
ney. Durch das Baltrumer
Wattfahrwasser, das im weiten
Bogen bis nahe ans Festland
schwingt, kommen selbst bei
HW nur Boote mit sehr gerin-
gem Tiefgang.

2 und **3** Der kleine, urgemütliche Hafen von Baltrum hat
leider sehr wenig Platz. Es
empfiehlt sich, vor einem
Besuch den Hafenmeister
anzurufen.

1 Der bescheiden-
ste aller Fährhäfen
am Festland: Neß-
mersiel. Von hier
fährt die Fähre nach
Baltrum. Ebenso
einfach, doch nicht
ohne Reiz: der
Bootshafen, der bei
NW trockenfällt.

2 Norderney, der
größte aller Insel-
häfen. Keine Pro-
bleme mit der Was-
sertiefe; man kann
ihn immer anlaufen.
Die Versorgung:
sehr gut. An den
Stegen liegt man
komfortabel, wenn
auch nicht gerade in
schöner Umgebung.

3 Norderney, das
mondäne Nordsee-
bad. Im vorigen
Jahrhundert Som-
merfrische von
Königen und Für-
sten. Ein bißchen
viel Trubel, aber
immer eine Reise
wert.

Nach Langeoog wird es etwas schwierig werden. Größere Kielboote müssen außen herum. Die Sand- und Düneninsel, mit ihrem fröhlichen Badeleben, wird uns gefallen. Nach Baltrum kommen über die Watten nur sehr flachgehende Boote, andere müßten umständlich über Norderney fahren. Von Langeoog außen herum nach Norderney wird ein weiter Schlag werden. Man sollte ihn nur bei gutem Wetter machen. Norderney, das mit Abstand eleganteste Seebad hier, hat vor allem einen geräumigen, guten Yachthafen. Es ist nicht nur das älteste deutsche Seebad überhaupt, im vorigen Jahrhundert war es auch die Sommerfrische der Reichen und der Mächtigen.

Wattfahrt nach Langeoog

Zwei Wattfahrwasser führen von Spiekeroog nach Langeoog: das *Langeooger Wattfahrwasser*, das sich ziemlich dicht unter der Insel hinzieht, und die *Stüverslegde*, die in einem weiten Bogen ziemlich nahe ans Festland heranführt.

Beide steuert man von der *Schilbalje* aus an, und zwar von der grünen Tonne 9/L 10. Beide Fahrwasser sind meiner Erfahrung nach mit einem Boot von 1,5 m Tiefgang schon nicht mehr zu befahren.

Im Langeooger Wattfahrwasser mißt das Wattenhoch 1,3 m; bei einem Tidenhub von ca. 2,7 m stehen dort also bei HW bestenfalls 1,4 m.

Ähnliches gilt für die Stüverslegde, obwohl dort laut Karte das Wattenhoch nur 0,8 m beträgt; nur ist es leider so, daß man sich auf nautische Angaben im Wattenmeer nicht hundertprozentig verlassen kann. Die Veränderungen treten zu schnell auf, als daß nautische Veröffentlichungen – und nebenbei bemerkt: auch dieses Buch – immer den aktuellsten Stand wiedergeben könnten. *Merke:* Die aktuellsten Informationen erhält man beim Schnack mit dem Stegnachbarn!

Ich verdanke allerdings solchen ungenauen Angaben eine meiner schönsten Stunden im Wattenmeer. Wir waren trotz sorgfältiger Törnplanung im Langeooger Wattfahrwasser aufgelaufen (das muß man auch mal erlebt haben) und hatten ziemliche Mühe, das Boot wieder in tieferes Wasser zurückzubringen. Weil nun die Zeit für „außen herum" nicht richtig paßte, ließen wir in der *Hullbalje* den Anker fallen, um auf die nächste Tide zu warten. Es war arg einsam. Hinter einem lichtgrauen Himmel hing eine fahle Sonne, so daß in der Ferne Wasser und Himmel ineinanderflossen. Dann tauchten langsam die Sände auf. Eine Seehundkolonie räkelte sich bald darauf, schwamm dann auf uns zu, umkreiste unser Boot, uns dabei aus schwarzen Kulleraugen kritisch beobachtend. Aber da wir ihnen offensichtlich nicht bedrohlich erschienen, legten sie sich wieder auf den Sand zum Sonnen. Doch dann kam der weiße Dampfer, nach dem beliebten und offensichtlich einträglichen Motto „Fahrt zu den Seehundbänken". Als die Passagiere der Seehunde ansichtig wurden, stürzte alles auf eine Seite, so daß der Dampfer gefährliche Schlagseite bekam. Dann klickten die Fotoapparate. Das Schiff fuhr noch ein Stück näher heran, bis die Seehunde voller Panik ins Wasser stürzten: eine anschauliche Lektion zum Thema Naturschutz, die hier nur deshalb so ausführlich geschildert wird, weil ein einsamer Segler, der auf einer Sandbank trockenfallen will, damit angeblich das ökologische Gleichgewicht stört. Ein Schiff der weißen Flotte aber . . . ?

Außen herum

Die *Otzumer Balje*, das Seegatt zwischen Spiekeroog und Langeoog, möchte ich nicht bei grober See fahren. *Westerriff* und *Osterriff* sind beide extrem flach. Die Fahrrinne führt im weiten Bogen

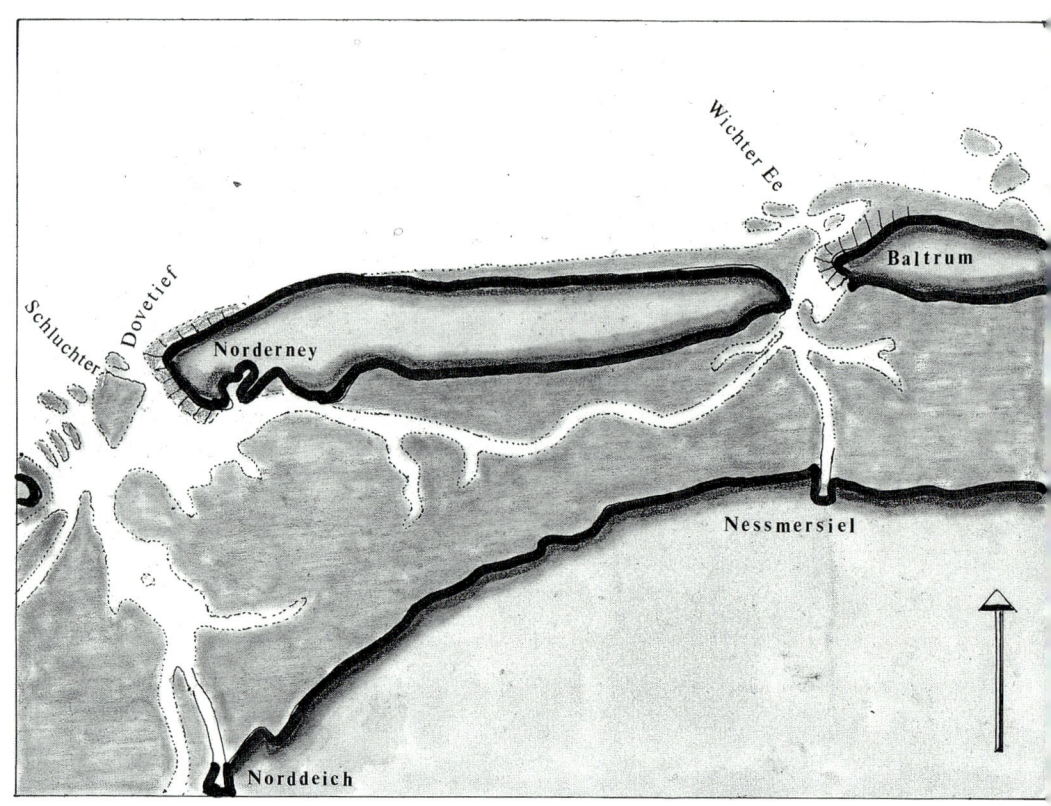

ostwärts und kommt nach meinem Geschmack den Sänden auch sehr nahe. Da wäre die *Westerbalje* besser, doch laut Seekarte ist sie nicht betonnt, was jedoch nicht der Wirklichkeit entspricht, denn es gibt eine ganze Reihe roter Spieren und sogar eine r.w. Ansteuerungstonne. Dieser Weg würde sehr viel Zeit sparen, wenn man westwärts wollte, ist aber gewiß bei kräftigen Winden aus West auch ziemlich kritisch: Man sehe sich nur einmal an, wie nahe Süderriff und Westerriff heranreichen!

Der einlaufende Strom an der Otzumer-Balje-Ansteuerung beginnt 5 h 20 min vor HW, der auslaufende 55 min nach HW.

Segelt man außen an Langeoog vorbei, von Ost nach West, so kann man sich zuerst an der weit im Osten und hoch in den Dünen stehenden Bake orientieren. Als nächstes taucht ein ganzes Ensemble auf, das ziemlich weit im Westen der Insel sichtbar wird: der Wasserturm, das Wahrzeichen der Insel, etwas

östlich davon die orangefarbene Seenotbeobachtungsstelle und unten am Strand die bunten Punkte der zahllosen Strandkörbe und Sonnenschirme. Wir fahren am Seebad Langeoog vorbei, dem „Wilden Westen" der Insel, jedenfalls, wenn man ihn mit dem stillen, unberührten Osten vergleicht.

Langeoog hat sehr weit nach Norden ausgreifende Sandriffs, auf denen zumeist Brandung steht. Auf dem *Norderriff* befindet sich ein recht auffallender Eisenpfahl, eine Meßbake. Bei auflaufendem Wasser wird man merken, daß der Strom einen immer näher zu diesem Pfahl und damit zur Insel hin zieht. Man sollte spätestens jetzt einen Schlag seewärts machen. Zwar braucht man nicht die r.w. Ansteuerungstonne „Accumer Ee" anzulaufen, das wäre der Vorsicht zu viel; doch vor dem Tonnenpaar grün A 1 und rot A 2 würde ich nicht in die *Accumer Ee* einlaufen, ein Fahrwasser, das an der Barre etwas unübersichtlich verläuft, danach dann allerdings rasch breiter und sehr tief wird.

Vor der Accumer Ee beginnt der einlaufende Strom etwa 5 h 15 min vor HW, der auslaufende etwa 1 h nach HW.

Die Accumer Ee ist ein vielbefahrenes Seegatt, durch das man drei recht große Yachthäfen erreicht: den *Hafen von Langeoog* und die beiden *Festlandshäfen Bensersiel* und *Dornumer-Accumersiel.* Die Segler, die hier ihre festen Liegeplätze haben, werden die Accumer Ee wie ihre Westentasche kennen; für einen, der zum ersten Mal hierherkommt, ist es ein Gewässer, das einem einiges abverlangt.

Ganz schlimm wird es in der Accumer Ee, wenn man Strom gegen Wind hat, eine Konstellation, die sich ja nicht immer vermeiden läßt. Ich habe jedenfalls nirgendwo im ostfriesischen Revier einen bösartigeren Seegang erlebt als hier. Dabei war es binnen der Barre noch friedlich, geradezu still; doch auf der Barre brach der schiere Horror aus, was uns im nachhinein völlig unverständlich war, als wir draußen in der freien See einen Wind von höchstens

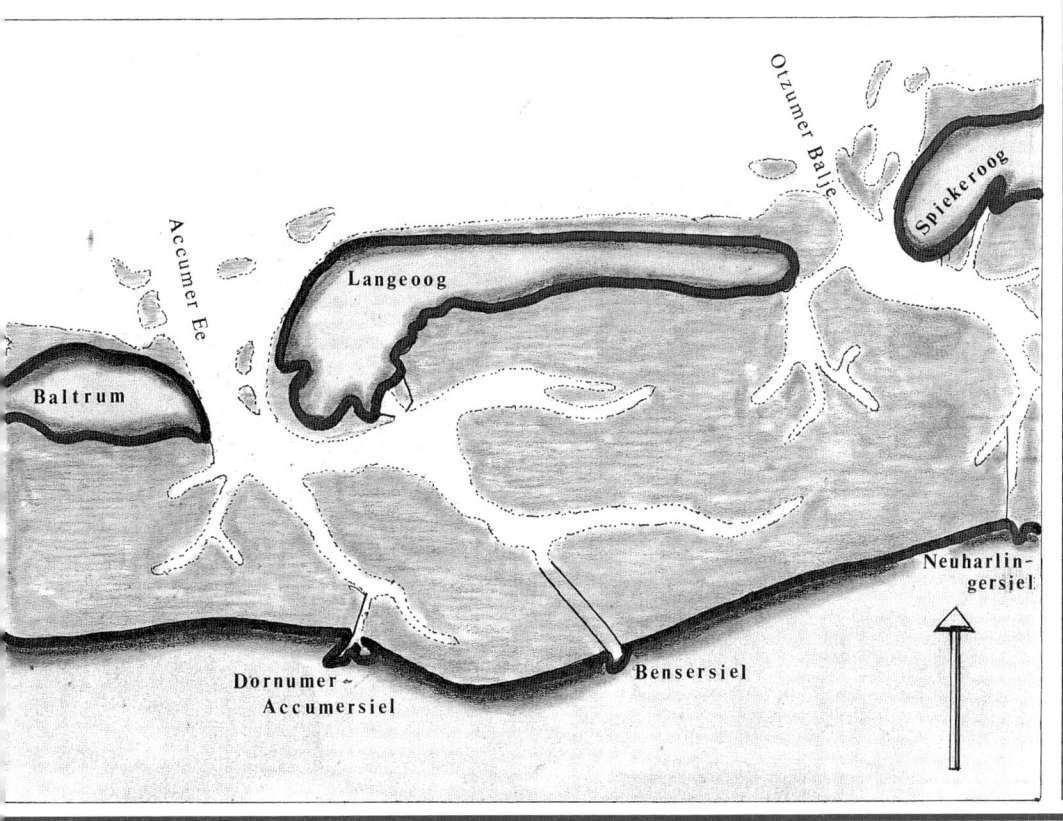

4 Bft hatten und auch eine Welle, die uns gutartig an Baltrum vorbei nach Norderney schaukelte.

Der Hafen von

Langeoog

kommt erst spät in Sicht, und dann erkennt man auch nicht mehr als extrem hohe, graue Steinmolen. Wenn man querab der breiten Hafeneinfahrt steht, kann man sich besser orientieren: ein sehr großer Hafen, jedenfalls im Vergleich zu den anderen Inselhäfen. Doch das Becken, das von den Molen zangenförmig umfaßt wird, fällt zumindest zur Hälfte, und zwar hauptsächlich im Ostteil, trocken. Bei NW ist es dann zum großen Teil eine graue, naßschimmernde Schlickbank.

Man muß im Hafen durch eine beprickte Rinne fahren (Besen abwärts an der Ostseite).

Im Sommer '86 konnte man den Hafen selbst bei NW noch mit einem Tiefgang von 1,5 m anlaufen; doch ob das so bleibt? Hat man allerdings erst einmal an den Schwimmstegen des Yachtclubs festgemacht, dann kann man sowieso alle Wassertiefenprobleme vergessen, denn im weichen Schlick wird auch ein großes Kielboot sanft und komfortabel liegen. Große Boote sollten am Mittelsteg festmachen, denn das ist der am besten verankerte; andere können sich eine freie Box suchen, vorzugsweise am ersten Steg.

HW 32 min nach HW Norderney, NW 29 min nach NW Norderney.
MTH 2,7 m

Ich finde, man liegt in diesem so groß wirkenden Hafen nicht nur gut, sondern auch ruhig! Er ist eine Welt für sich. Der Fähranleger scheint sehr weit weg, auch wenn es beim Ausladen der Touristen dort etwas turbulent zugeht.

Oben auf dem Deich steht das Clubhaus. Man kann dort etwas essen und draußen auf der Terrasse sitzen; alles einfach, aber nicht ungemütlich.

(Im hinteren Teil des Hauses Duschen und WC.) Auch Fahrräder kann man mieten, was angesichts des sehr weiten Weges zum Dorf zu empfehlen ist.

Wenn man Langeoog beschreiben will, kommt einem zuerst der Begriff Sand- und Düneninsel in den Sinn: feinkörniger, heller Sand, der über die Insel weht, und dann die sehr hohen grau-weißen Dünen. Daß auf dem „Haken" Bauernhöfe liegen, daß auf sattgrünen Wiesen Vieh weidet, daß vor dem Dorf ein großer, verwilderter Wald liegt, gehört zwar auch dazu, aber charakteristisch für Langeoog ist das alles nicht. Dies ist eine Sand- und Düneninsel, eine etwas derbe Schönheit, nicht aufgedonnert und nicht herausgeputzt, sondern solide und zuverlässig.

Der Hafen wurde in seiner jetzigen Form im Kriegsjahr 1941 gebaut. Auf der Insel lag ein wichtiger Marineflughafen, für dessen Versorgung man diesen großen Hafen brauchte. Wenn man über den Haken wandert, dann entdeckt man Spuren des alten Flugplatzes: Betonpisten, Grundmauern, Asphaltstraßen, alles schon halb überwuchert und von feinem Sand bedeckt.

Das Dorf hat 3000 Einwohner und wirkt fast wie eine kleine Stadt, deren aus braunen Backsteinen gebauten Häuser sich hinter den Dünen zusammendrängen. Es ist ein Familienbad, nicht mondän, zeitweise etwas lärmend, und hauptsächlich wird es wohl von Leuten besucht, die es sportlich-einfach lieben.

Vom Wasserturm aus, der dicht am Dorf auf den Kapdünen steht, hat man einen schönen Blick über den Westteil der Insel, auch auf das Seegatt und hinüber zur Insel Baltrum. Vor uns liegt das Seebad Langeoog, mit seinem Strand, den Strandhallen, den Tennisplätzen und dem großen Hallenschwimmbad. Man kann im Dorf gut einkaufen und ebenso gut in einem der vielen Restaurants essen.

Aus der Vergangenheit von Langeoog läßt sich nur wenig

erzählen. Die Sandinsel war einfach zu karg, als daß Menschen hier mehr als ein gerade noch erträgliches Auskommen gehabt hätten. Zeitweise war sie auch gar nicht mehr bewohnt, so daß ihr Herr, der Fürst Georg Albrecht von Aurich, derselbe, der Carolinensiel gegründet hat, im Jahre 1721 acht Familien aus Helgoland hier ansiedeln ließ, die es allerdings auch nicht lange aushielten und bald darauf wieder verschwanden.

1830 beginnt auf Langeoog ein bescheidenes Badeleben. Bald verkehrt auch regelmäßig ein Fährschiff zur Insel. Doch die seit Generationen unter so kärglichen Umständen lebenden Insulaner sind den Fremden wohl etwas seltsam und wenig entgegenkommend erschienen; auch müssen die Verhältnisse auf der Insel lange noch sehr bedrückend gewesen sein. Der Inselpastor Hoffmann beklagte sich 1862 in einer Eingabe beim Amt Esens mit bitteren Worten über die ihm anvertrauten Seelen:

„. . . *der Hauptcharakterzug der Langeooger ist grobe Sinnlichkeit, die sich kund thut in allgemeiner, starcker Trunksucht unter Männern und Weibern, Gemeinheit, Putzsucht und Hang zum Wohlleben . . .*", um dann ins Detail zu gehen:

„– *Der hiesige Bäcker backt sein Brodt so gut oder schlecht, so leicht oder schwer, wie es ihm einfällt.*
– *Der Kaufmann setzt für seine Waaren einen beliebigen Preis ein, der gewöhnlich den des Festlandes um die Hälfte übersteigt.*
– *Der Fährmann verlegt seinen Fährtag nach Gutdünken.*
– *Das Vieh wird schlecht gehütet, weil die 2 auswärtigen Viehknaben von den Weibern maltrit werden, so daß sie seit Mai schon 2mal geflüchtet sind.*"

und so fort, und so fort. Manches kommt einem nicht ganz unbekannt vor!

Am schönsten liest sich ein Gutachten, das 1880 über Langeoog angefertigt wurde:

„*Das Zurückbleiben der Insel liegt an der Indolenz der Bevölkerung. Diese Indolenz* führt zu Armut und Unreinlichkeit und verhindert, daß die Insulaner den Badegästen nicht den geringsten Komfort bieten können. Die Unreinlichkeit ist ferner so groß, daß nur die Hälfte der Häuser bewohnbar ist. Trifft eben ein Badegast noch ein unreines Haus, so ist es mit dem Vergnügen vorbei und er kommt nicht wieder.“

Dagegen aus einem Inselführer unserer Zeit: „1984 waren es 80000 Dauergäste bei über 900000 Übernachtungen. Hinzu kommen viele tausend Tagesgäste.“

Den Festlandshafen von Langeoog, das 4,5 Seemeilen entfernte

Bensersiel,

erreicht man über die tiefe *Accumer Ee* und zum Schluß durch das schnurgerade *Fahrwasser Rute*, das an beiden Seiten von Leitdämmen eingefaßt ist, die anfangs 300 m weit auseinander liegen, während das Fahrwasser selbst eine schmale, mit Pricken markierte Rinne ist: das *Außentief*, das bei NW immer noch 1,5 m Wasser haben soll, streckenweise in Wirklichkeit aber verschlickt ist.

Bensersiel, ein modernes, schickes Seebad, hat einen ziemlich großen Yachthafen, der zu Anfang der Saison, wenn frisch gebaggert ist, eine Wassertiefe von 2 m hat, die aber anschließend immer mehr abnimmt, bis im Herbst der Hafen so verschlickt ist, daß er nahezu trockenfällt.

Schuld daran soll die Langeoog-Fähre sein, die mit ihren Schrauben den Schlick hinüber zum Yachthafen wirbelt; vor dem letzten, dem innersten Schwimmsteg baut sich deshalb im Laufe des Sommers eine richtige Barre auf. Besondere Plätze für Gäste gibt es nicht. Man muß fragen, wo man liegen kann.

Eine gute Alternative zum Yachthafen sind die Schwimmstege ganz innen im Fischerhafen, auch wenn man bei NW sehr tief unter der hohen Kade liegt.

Die unmittelbare Umgebung des Hafens mit den be-

tonierten Parkplätzen ist etwas öde, doch als Badeort ist Bensersiel mit seinen Stränden und den eleganten Hotels recht attraktiv. Am Hafen steht ein Container mit Duschen und WC. Sonstige Versorgung im Ort.

HW 34 min nach HW Norderney, NW 30 min nach NW Norderney.
MTH 2,6 m

Anders als Bensersiel ist das nur drei Seemeilen westlich gelegene

Dornumer-Accumersiel

ein mehr ländlicher, einfacher Hafen. Ursprünglich war es nur ein Fischerhafen, bis dann direkt daneben ein ziemlich großer Yachthafen gebaut wurde. Ein rauher, zuzeiten auch einsamer Platz. Im alten Sielhafen liegen noch jede Menge großer Fischkutter, und es gibt sogar auch einen Darrplatz, eine Fischhalle und ein einfaches, doch recht ordentliches Fischrestaurant.

Obwohl der Yachthafen nun schon einige Jahre alt ist, wirkt er immer noch etwas unfertig, wenn auch nicht ungemütlich. Selbst große und tiefgehende Yachten kommen hier gut unter, sofern sie nur nahe HW einlaufen. Beide Häfen neigen zur Verschlickung.

Das Dorf selbst liegt etwas entfernt und hat keine besonderen Attraktionen. Eher würde es sich lohnen, zu dem eine Wegstunde entfernten Dornum zu wandern, einem friesischen Städtchen mit einem sehr schönen, weißen Wasserschloß.

Die Versorgung ist ausreichend und entspricht einem solchen etwas entlegenen Platz.

Die *Accumersieler Balje* führt mit tiefem Wasser bis nahe an den Hafen, dann kommt ein sehr schmaler, etwa eine halbe Seemeile langer Prickenweg. Vor der Fischhalle biegt linker Hand die Einfahrt zum Yachthafen ab.

HW 33 min nach HW Norderney, NW 30 min nach NW Norderney.
MTH 2,6 m

Theoretisch könnte man *Baltrum* von Langeoog aus über das *Baltrumer Wattfahrwasser* erreichen, das sich in weitem Bogen von der Accumer Ee aus fast bis hin zum Festland und von da zum Hafen von Baltrum hinzieht. Acht Seemeilen wäre dieser Törn lang, der eine schöne Fahrt sein könnte, wenn hier nicht ein sehr hohes Wattenhoch zu überqueren wäre. Meines Wissens mißt es 1,5 m, was bedeutet, daß man bei einem Tidenhub von 2,6 m exakt bei HW nur noch gut einen Meter Wasser haben dürfte. Ein flachgehendes Boot wie ein Jollenkreuzer mag darüber hinwegkommen, für die meisten Kielboote wird es wohl nicht reichen. Näheres erfragt man am besten bei revierkundigen Seglern.

Für viele bedeutet es jedenfalls, daß man außen herum muß, und nicht nur das: Da das Seegatt zwischen Baltrum und Norderney, die *Wichter Ee*, absolut unpassierbar ist, muß man erst nach Norderney, um von dort nach Baltrum zu fahren, was allerdings auch einer ziemlich tiefgehenden Yacht möglich wäre.

Baltrum

ist die kleinste der Ostfriesischen Inseln, etwa acht Kilometer lang und nirgendwo breiter als 800 Meter. Sie fällt auch sonst aus dem Rahmen, denn der Haken im Westen fehlt; eher ähnelt die Insel in ihrer Form einem dicken Seehund, der die Schnauze nach Westen streckt.

Mit dem Slogan „Dornröschen der Nordsee“ hat Baltrum um Touristen geworben. Dornröschen – in der Tat, es ist etwas daran; denn während Langeoog und vor allem Norderney längst blühende Seebäder waren, lag das kleine Baltrum vergessen und verschlafen zwischen diesen beiden.

Inzwischen gibt es wahre Baltrum-Enthusiasten, die

Jahr für Jahr wieder auf „ihre" Insel kommen. Hier ist noch unverfälschte Natur, und die Kleinheit der Insel, die alles überschaubar läßt, wo auch jeder jeden bald kennt, hat ihren besonderen Reiz. Es gibt keine Autos hier, nicht einmal Fahrräder dürfen die Touristen mitbringen. Hier erreicht man alles zu Fuß oder mit dem Pferdefuhrwerk. Die Häuser des Westdorfes, wo auch der Hafen liegt, schmiegen sich eng zwischen nicht sehr hohen Dünen.

Der Hafen besteht aus dem großen Fähranleger und dem erst kürzlich fertiggestellten Becken des Yachthafens. In diesem Becken kann man auf eine Wassertiefe von etwa 1,5 m hoffen, sollte aber nicht unbedingt damit rechnen. An den Rändern fällt der Hafen trocken. Der Grund besteht hier aus hartem Sand.

Der Hafen liegt sehr schön, ist aber auch im Hinblick aufs Unterkommen problematisch. Ich rate, vorher anzurufen (Hafenmeister 04939/448). Für Ansteuerung von Norderney her siehe Seite 121.

Im Bootshaus gibt es Duschen und WC. Wasser kann man bunkern, Treibstoff aber nicht. Alles übrige im nahen Dorf.

HW ist 12 min nach HW Norderney, NW 21 min nach NW Norderney.
MTH 2,5 m

Die *Wichter Ee* ist das einzige Seegatt zwischen den Ostfriesischen Inseln, das absolut nicht befahrbar ist. Dort draußen liegen dicht an dicht, wie Heringsgräten, schmale, harte Sandriffe. Immer steht Brandung darauf, und wenn Starkwind die See dagegenpeitscht, dann erfüllt ein gleichmäßiges, bedrohliches Donnern die Luft.

Damit die Insel der anstürmenden See überhaupt standhält, sind an ihrer Westseite zahlreiche Buhnen gebaut, die so dicht stehen, daß sie wie die Stacheln eines Igels in die Wichter Ee hineinragen. Der lange Palisadenzaun, westlich vom Hafen, ist ein über hundert Jahre alter Flut-

schutz, der allerdings nach der 62er Flut ganz beträchtlich verstärkt wurde.

Neßmersiel,

der Fähr- und Versorgungshafen von Baltrum, entspricht in vieler Hinsicht der Insel: Er ist von allen diesen Häfen der kleinste und bescheidenste und doch ein Platz nicht ohne Charakter. Vor allem nach Osten zu beeindruckt er mit seiner herben, schönen Wattlandschaft. Andererseits kann man auch nicht übersehen, daß der Hafen zum größten Teil aus einem öden, riesigen Parkplatz besteht.

Der Seglerhafen liegt etwas tiefer, an einer schmalen grünen Wiese; hier auch ein Container. Komfort soll und darf man nicht erwarten. Der lange Schwimmsteg fällt wie der ganze Hafen und ebenso die Zufahrt trocken. Die gerade verlaufende Einsteuerung ist an ihrer Westseite von einem Steindamm gesäumt, der bei HW überflutet ist.

HW ist 19 min nach HW Norderney, die Zeit des NW ist nicht bekannt, dürfte aber ähnlich wie das HW ganz nahe NW Norderney liegen.
MTH 2,7 m

Außen herum

Für Boote, die nicht durch das Baltrumer Wattfahrwasser kommen, ist der Weg von Langeoog aus nach Norderney außen herum der einzig mögliche und ein sehr weiter außerdem. 20 Seemeilen sind es von Langeoog nach Norderney, von Hafen zu Hafen, neun davon bedeuten Segeln vor den Inseln, also im freien Seeraum, wo man nicht so sehr auf den Gezeitenstrom achten muß. Kritisch sind wie immer die Seegatten: beim Auslaufen die *Accumer Ee*, und bei der Ansteuerung von Norderney das *Dovetief* oder das *Schluchtertief*. Nimmt man das Schluchtertief, muß man drei Seemeilen weiter nach Westen fahren. Welches

der beiden man fährt, hängt in erster Linie vom jeweiligen Wasserstand ab.

Was die Wassertiefe angeht, sollte man sich nicht auf die Seekarte verlassen; nach einem Sturm kann alles ganz anders aussehen. Mal ist das Schluchtertief besser, dann wieder das Dovetief. Als ich das letzte Mal nach Norderney segelte, überholte mich der große Tonnenleger „Norden"; ich segelte ohne Probleme durch das Dovetief, er aber nahm den umständlichen Weg durch das Schluchtertief, und er wird wohl gewußt haben, warum.

Doch die Wassertiefe allein ist nicht ausschlaggebend; auch vom Wind hängt die Wahl der Route ab. Bei einlaufendem Wasser und Wind aus West wird das Dovetief sehr unangenehm, während ich im Schluchtertief beide günstig im Rücken habe.

Beide Fahrwasser sind unter Umständen kritisch, manchmal auch gar nicht mehr passierbar. Bei viel Wind, besonders wenn der Strom noch gegenan steht, muß vorm Einsegeln dringend gewarnt werden; denn dann entstehen hier Grundseen, die das Boot steuerlos machen, ja sogar um 180° drehen können. In der Messe des Seglervereins Norderney kann man zu diesem Thema die tollsten Stories hören.

Klar ist auch, daß man in das Seegatt nur dann einlaufen darf, wenn man einwandfrei die Tonnen ausmachen kann, die bis zu einer halben Seemeile auseinanderliegen.

Im Seegat beginnt der einlaufende Strom 6 h 15 min nach HW Norderney; er erreicht seine größte Stärke drei Stunden vor HW, laut Seehandbuch läuft er dann bis zu 3 sm/h, ich würde aber eher von mehr, nämlich 4 sm/h ausgehen.
Der auslaufende Strom beginnt 15 min nach HW Norderney und erreicht 3 h nach HW seine größte Stärke mit ebenfalls 3 bis 4 sm/h.

Das ganz nahe Vorbeisegeln an der Seepromenade kann einen schon etwas für die schwierige Ansteuerung entschädigen. Es kommt aber auch vor, daß man vor der Insel Dunst mit ganz schlechter Sicht hat, während über der Wattensee ein strahlend blauer Himmel liegt; der Übergang ist dann oft so abrupt, als würde von einer Minute zur anderen ein Vorhang weggezogen.

Bei guter Sicht kann man mit Hilfe mehrerer Landmarken jederzeit sauber seinen Standort auf Norderney peilen, etwa an der Ostbake oder an dem hohen Leuchtturm; am auffallendsten wird aber immer die Skyline von Norderney-Bad sein, mit ihren vielen weißen Hotels, die vom Wasser her, wo ja alles immer größer aussieht, wie Wolkenkratzer wirken, ein Anblick, der immer wieder faszinierend ist.

Norderney

hat einen − einmal nur vom seemännischen Standpunkt her gesehen − sehr guten Hafen, wohl den besten aller Inselhäfen. Der Hafen kann jederzeit, also auch bei NW, angelaufen werden, immer natürlich vorausgesetzt, daß man durch das Seegatt überhaupt bis zur Hafeneinfahrt gekommen ist; ein etwa 700 m langer, etwas gekrümmter Hafenschlauch, der an der linken Seite hohe Kaden hat, während die andere Seite sich im Schlickwatt verliert. Der Yachthafen mit seinen Schwimmstegen liegt ganz am Ende.

Über diesen Hafen läuft die ganze Versorgung der bevölkerungsreichsten Insel Ostfrieslands (8500 Menschen, Touristen nicht mitgerechnet); hier liegen auch die weißen Ausflugsdampfer, der Tonnenleger „Norden", ein oder zwei Fischkutter, die alten Motorschiffe „Buse" und „Bant", der Rettungskreuzer „Otto Schülke" und dazu meist noch ein paar Versorgungsschiffe. Man findet an diesen hohen, rostigen Spundwänden selten einen freien Platz, läge auch sehr unkomfortabel, und warum sollte man? An den Schwimmstegen des Yachthafens hat man es sehr gut. Man fährt also am besten durch den ganzen Hafen und sucht sich zwischen Pfahl und Steg einen Platz; zumeist ruft einem der Hafenmeister schon von oben zu, in welche Box man fahren soll.

Die Versorgung ist insgesamt gesehen sehr gut: WC und Duschen, auch Waschmaschinen im Keller des Segelclubs, Wasser an den Stegen, Treibstoff am Hafen. Eine Bootswerft könnte wohl bei Reparaturen helfen. Was man sonst braucht, erhält man in der Stadt.

Ansonsten macht der Hafen einen etwas zwiespältigen Eindruck. Man liegt zwar gut an den Pontons, doch insgesamt ist der große Hafen ziemlich trostlos: mit seinen gepflasterten Ladeflächen, den Betonmauern und Wellblechhallen; so gesehen, gibt es idyllischere Häfen in Ostfriesland.

Bei der Stadt geht es einem wie mit dem Hafen. Der Eindruck ist zwiespältig. Norderney, bis vor kurzem noch das größte und auch heute noch das bei weitem eleganteste Nordseebad, überrascht einen im Zentrum mit einem unglaublichen Rummel, so daß es mir nach längstens drei Tagen reicht. Dann geht mir alles so auf die Nerven, daß ich froh bin, wenn ich endlich mein Schiff aus dem Hafen hinaussteuere; allerdings: jedes Mal freue ich mich auch schon aufs Wiederkommen. Doch das sind wohl alles sehr subjektive Eindrücke, jeder mag das anders empfinden.

Norderney ist das älteste deutsche Nordseebad überhaupt; schon gegen Ende des 18. Jahrhunderts wurde es von Badegästen aufgesucht. Um ganz genau zu sein: Im Jahre 1797 begann hier ein allerdings noch bescheidener Badebetrieb.

Die Insel erlebte erst einen steilen Aufschwung, als der König von Hannover, der blinde Georg V. (1851−1866) seine Sommerresidenz nach Norderney verlegte. Der Hofstaat kam mit, wohl auch Verwaltungspersonal, und so mußten entsprechende standesgemäße Unterkünfte geschaffen werden: das Große Logierhaus für den Hofstaat, das heutige Kurhotel, dann das Konservationshaus, heute das Kurhaus, ein sehr elegantes, im klassizistischen Stil errichtetes Gebäude, und natürlich auch viele Villen. Auch der Kurpark und die Kurpromenade wurden von diesem auf Norderney immer noch populären König angelegt. Allerdings war es mit der höfischen Herrlichkeit zunächst vorbei, als das Königreich Hannover 1866 an Preußen fiel, wovon jedoch die Attraktivität Norderneys als elegantes Seebad unberührt blieb. Was eine Zeitlang in unseren Tagen Sylt war, *die* Insel, das war damals Norderney. Hier traf sich in der Saison „tout Berlin". Fürst von Bülow, der Reichskanzler der Jahrhundertwende, war so etwas wie ein Trendsetter, der Jahr für Jahr den Sommer in seiner weißen „Villa Bülow" nahe der Marienhöhe verbrachte und von hier auch die Reichsgeschäfte führte, Staatsgäste empfing und just hier, fernab von Berlin den deutsch-russischen Handelsvertrag unter Dach und Fach brachte.

Erst wenn man diesen Hintergrund kennt, versteht man, warum es auf Norderney diese vielen prächtigen alten weißen Bauten gibt, warum das Bad so prunkt.

Andere berühmte Gäste auf Norderney waren Marschall Blücher, Heinrich Heine, der auf der Marienhöhe seine „Nordseegedichte" schrieb, Wilhelm von Humboldt und Bismarck, der in einem bescheidenen Haus neben dem Bahnhof logierte. Norderney war eben „in".

Die Norderneyer waren wohl nicht besonders gut beraten, als sie in den letzten Jahren einen wahren Bauboom veranstalteten, mit teilweise geschmacklosen Resultaten; viel vom Charme des alten Norderney ist damit für immer verloren gegangen.

Wattfahrt nach Baltrum

Diese Route ist auch geeignet für Yachten mit einem größeren Tiefgang. Es sind acht Seemeilen, ostwärts. Der erste Teil führt durch das *Riffgatt* mit seinem tiefen Wasser, wo man auch recht gut ankern könnte. Der zweite Teil, das *Norderneyer Wattfahrwasser*, hat bei HW bis zu 3 m Wassertiefe, da es nicht trockenfällt. Unangenehm wird es zumeist in der *Baltrumer Balje*, wo man ordentlich durchgeschüttelt werden kann. Dieser innere Teil des Seegatts ist nur eine halbe Seemeile breit, so daß das ein- und ausströmende Wasser beträchtliche Geschwindigkeiten erreicht und sich teilweise auch staut. Man muß sehr aufpassen auf die vielen Flachs, die besser betonnt sein könnten; am unangenehmsten ist ein schmaler, sich weit nach Nord erstreckender Ausläufer der *Neßmer Plate*.

Baltrum und sein Hafen wurden schon auf Seite 119 beschrieben.

Nautische Unterlagen: siehe voriges Kapitel, Seite 107.

Wer den Weg durch die Osterems und außen herum nach
Borkum wählt, muß sehr auf
das Wetter achten. Gewaltige
Sandriffe vor Borkum erfordern höchste Aufmerksam-
keit, wie hier das Hohe Riff,
eine hoch trockenfallende
Sandplatte. Der Priel zwischen den beiden Riffen ist
tief, aber nicht betonnt.

8 Von Norderney zur Ems

HINTER DEN SANDRIFFEN

1 *Juist. An der Pier bleiben 1,5 m Wasser stehen. Bei den Juister Seglern, im Becken rechts, kommen nur kleine Boote unter.*

2 *Die Insel Memmert.*

3 *Der große, gute Hafen von Norddeich. Von hier werden Juist und Norderney (im Hintergrund) versorgt.*

1

2

3

1 Norddeich. Im neuen, geräumigen Yachthafen ist jede Menge Platz. Gute Versorgung.

2 Westeel, einst ein tiefes Fahrwasser von der Leybucht nach Norden. Binnen der Schleuse ein idyllisches Gewässer.

3 Greetsiel, wohl das schönste Fischerdorf an unserer Küste. Nahe HW kommen auch größere Boote (bis 1,8 m Tiefgang) hierher. Man liegt an den Schwimmstegen des Segelclubs oder bei einem Kutter längsseits. Der Hafen fällt nahezu trocken.

Westlich von Norderney wird das Wattenmeer immer breiter, weiträumiger und deshalb auch ungeschützter. Jetzt muß man schon sehr auf das Wetter achten, bevor man die Leinen löst und ausläuft. Wenn wir nicht das stille Juist besuchen wollen, oder den schönsten aller Fischerhäfen, Greetsiel, dann können wir auch in einem einzigen großen Schlag zur Ems kommen. Eine Wattfahrt, die man als den Klassiker aller Wattfahrten bezeichnen kann. Doch wenn wir immer mit dem Strom fahren, wird es ein schneller und deshalb gar nicht langer Törn werden.

Westlich von Norderney

Hier verliert das Wattenmeer mehr und mehr seine spezielle Eigenart, den Charakter einer in sich geschlossenen Welt: Die Festlandsküste weicht zurück, bis sie sich später zum breiten Mündungstrichter der Ems öffnet. Die Seeräume werden weiter, die Schläge länger, die Distanzen zu den Häfen immer größer.

Von Norderney aus führen zwei Wattfahrwasser nach Westen: das nördliche, nahe an Juist vorbeiziehende *Memmert-Wattfahrwasser,* und das sich am Festlandsufer entlangschlängelnde *Norddeicher Wattfahrwasser.*

Eine Wahl zwischen den beiden gibt es für eine tiefgehende Yacht nur theoretisch, weil das *Norddeicher Wattfahrwasser* mit 1,3 m ein extremes Wattenhoch hat. Bei einem mittleren Tidenhub von 2,4 m kann also bestenfalls ein Boot mit einem Tiefgang von etwa 1 m darüber fahren, und dies auch nur exakt bei Hochwasser, was im Hinblick auf den weiteren Verlauf des Törns nicht unproblematisch wäre.

Andererseits: Alles ändert sich ja ständig im Wattenmeer, und was heute unmöglich erscheint, kann morgen ein Kinderspiel sein. Ich selbst bin schon einmal das Norddeicher Wattfahrwasser gefahren (Tiefgang des Bootes gut 1,5 m), und es war eine ebenso schöne wie einfache Fahrt.

Das *Memmert Wattfahrwasser* hat mit 0,5 m ein sehr bescheidenes Wattenhoch und ist deshalb die klassische Route westwärts. Man muß allerdings wieder anfangen zu rechnen, denn es gilt nicht nur ein Wattenhoch zu passieren, sondern auch ein zweites, oder alternativ dazu ein großes Flach.

Da eine solche Fahrtplanung von veränderlichen Faktoren abhängt, wie Wind, Schnelligkeit des Bootes und anderem, gebe ich jetzt einfach die Distanzen an:
5 sm von Norderney Hafen bis zum Wattenhoch Memmert-Wattfahrwasser;
2 sm auf dem Wattenhoch;
5 sm im tiefen Wasser der Memmertbalje.

Nach diesen insgesamt zwölf Seemeilen stehe ich in der *Osterems,* querab der *Insel Memmert,* und habe nun drei Alternativen:
1. Durch die tiefe Osterems außen herum nach Borkum: mit 33 sm ein weiter Schlag und unter Umständen gefährlich wegen Borkum Riff.
2. Durch die innere Osterems und im Borkumer Wattfahrwasser nach Borkum: mit knapp 7 sm der kürzeste Weg, aber ich muß wieder über ein Wattenhoch.
3. Durch die Osterems südwärts und in der Westerbalje weiter zur Ems: mit 10 sm mittellang, doch dann bin ich erst in der Ems und habe noch 11 sm bis Borkum Hafen.

Die Alternative 1 scheidet zumeist aus, und immer dann, wenn ein kräftiger West weht.

Die Alternative 2 wäre nicht schlecht, gäbe es nicht das veränderliche Wattenhoch im Borkumer Wattfahrwasser; mal mißt es 1,3 m, dann wieder nur 0,5 m. Wenn man nicht zuverlässig in Erfahrung bringen kann, wie es dort aussieht, sollte eine Kielyacht diesen Weg meiden, denn im schlechtesten Fall hat man dort nicht mehr als einen Meter Wasser, und dies auch nur genau bei HW.

Ergo: Es bleibt dem vorsichtigen Skipper einer tiefgehenden Yacht nur die Alternative 3, also der Weg

Durch die Osterems und die Westerbalje zur Ems

Dieser Törn soll jetzt ausführlicher beschrieben werden. Ich halte ihn auch für den „Klassiker" aller Wattfahrwasser.

Man läuft von Norderney, wie die Fähren auch, auf das *Busetief* zu. Bei stärkerem Seegang wird es im Seegatt eine schlimme Schaukelei; man darf aber auch nicht vergessen, welche Kräfte hier am Werk sind. Ein Blick seewärts genügt, wo über den Sandriffen ein donnerndes, tobendes Chaos herrscht.

Zwischen den grünen Tonnen B 1 (B = Busetief) und B 7 wird das Fahrwasser sehr schmal, rückt auch ganz nahe an die Sände mit ihrer Brandung heran. Hier kann es eng werden, wenn einem die Fähre begegnet; und segelt man, so muß man auch bedenken, daß man hier gehörig versetzt werden kann.

Bei der grünen B 7 hat man die Einsteuerung in das Memmert Wattfahrwasser erreicht. Eine kitzlige Stelle, denn hier hat sich eine Untiefe aufgebaut, die *Branderplatte.* Man läuft zwischen der grünen Spiere M 3/J 5 und der g.s. Kardinaltonne, die südlich eines Wracks liegt, hindurch, die beide zusammen quasi ein Tonnentor bilden. Damit ist aber zunächst auch schon das Schlimmste überstanden, denn jetzt geht es mit einem scharfen Knick südwärts und entlang roter Spieren hinein ins Wattfahrwasser. Sieht man weiter nördlich etwa ein Kümo laufen, dann darf man sich dadurch nicht irritieren lassen; im Zweifel ist das der Versorger von Juist.

Der weitere Weg durchs Fahrwasser mit seinen eng stehenden Pricken ist nicht schwer; man muß nur sehen, daß man die Bögen sauber ausfährt und nicht „schnippelt".

Erst recht keine Probleme hat man, sobald man in der tiefen *Memmertbalje* angelangt ist; läuft man ab hier unter Motor, kann man jetzt getrost Tempo machen.

Querab *Memmert* muß man etwas aufpassen, denn nach Süden führen zwei Fahrwasser, die *Ley,* die uns im Augenblick nicht interessiert, und die *Osterems;* die grüne Tonne O 21 ist unsere, die rote Spiere O 20 ebenfalls. Allerdings trägt sie auch die Bezeichnung „Ley", dient also beiden Fahrwassern.

Unser Kurs südwärts durch die *Westerbalje,* führt nicht nur lange durch tiefes Fahrwasser, wir fahren auch dank der gewaltigen *Watts-Randzel* sehr geschützt. Selbst wenn es aus West ganz gehörig weht, hat man hier zumeist ein relativ ruhiges, angenehmes Fahren. Das geht fünf Seemeilen so. Bis zur grünen Tonne O 31. Denn jetzt kommt das – relativ – flache Wasser, das sich zwischen Randzel und der ostfriesischen Küste erstreckt. Die geringste Wassertiefe (bei NW) mißt knapp 1 m. Hier müßte also eine tiefgehende Kielyacht auch bei weniger als nahe HW gut darüber hinweg kommen. Die Probleme liegen anderswo: Erstens hat man jetzt keinen Schutz mehr, so daß das Wasser sehr grob werden kann, und zweitens liegen die Tonnen recht weit auseinander, sind auch ziemlich mickrig, so daß man bei schlechter Sicht Mühe haben wird, sie zu finden; und hat man erst einmal „seine" Tonne verloren, dann wird man wie Ahasver auf dem riesigen Flach umherirren, während einem das Wasser zwar nicht bis zum Halse steht, aber buchstäblich unter dem Kiel wegläuft, was auch keine Freude ist.

Etwas südlich von dem hohen *Sandwatt Emshörn* wird man in die tiefe *Ems* einlaufen, wo einen nun der extrem schnelle Ebbstrom ganz rasch die elf Seemeilen nach *Borkum* tragen wird (Ansteuerung Borkum Hafen siehe Seite 144).

Natürlich könnte man auch emsaufwärts fahren, etwa nach *Emden* oder zum niederländischen *Delfzijl;* doch dies wird bei dem starken Strom gegenan ein sehr mühseliges Unternehmen werden, ist bei

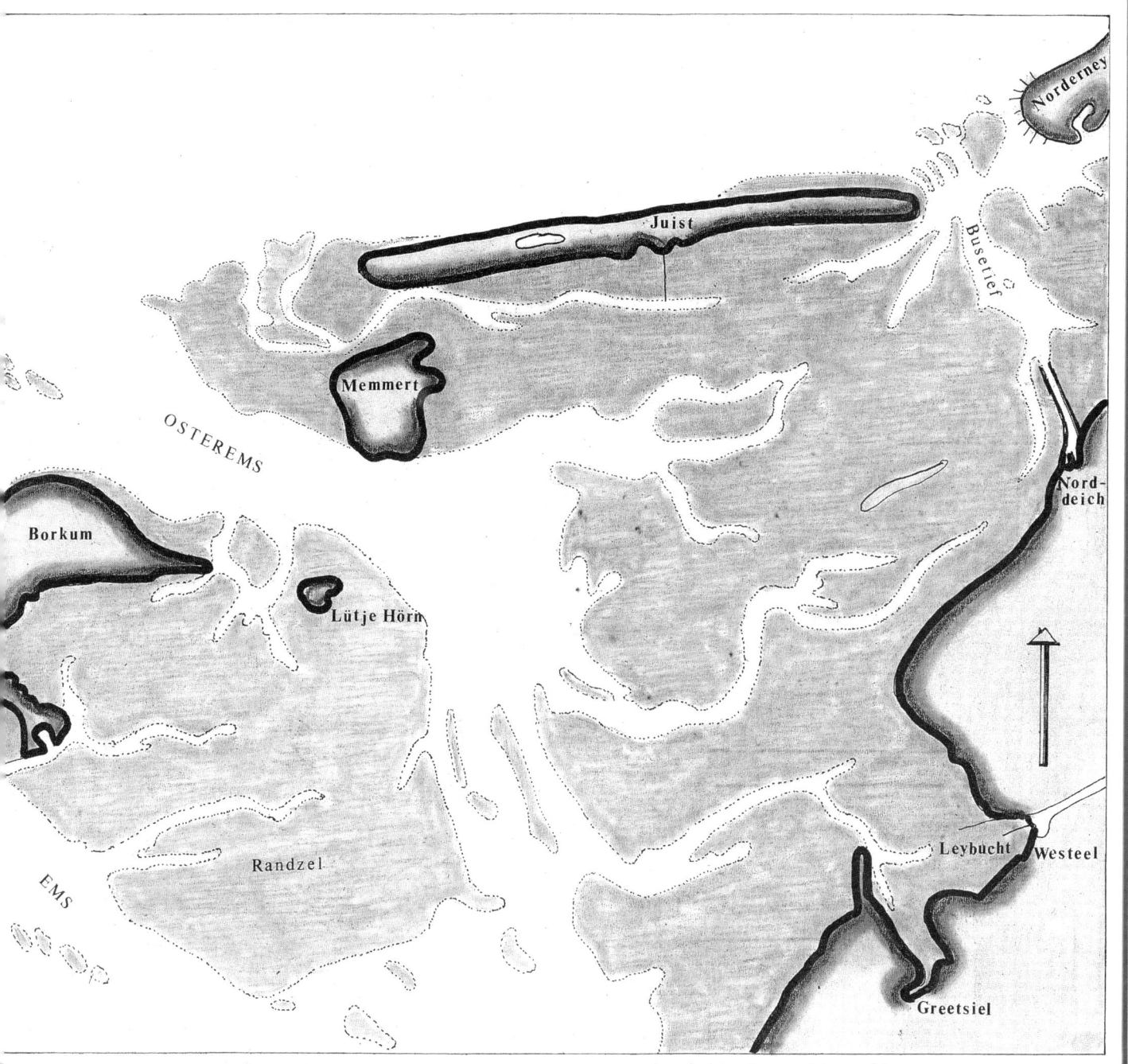

129

einem starken Nordwester allerdings immer noch die bessere Alternative als nach Borkum.

Gesamtlänge des Törns: ab Norderney bis zur Ems 22 sm, weiter nach Borkum 11 sm, zusammen also 33 sm, scheinbar sehr viel, in Wahrheit aber, wenn man den Strom richtig nutzt, eine ebenso schöne wie schnelle Fahrt.

Man läuft zunächst an *Juist* mit seinem hübschen, aus rotem Backstein gemauerten Dorf vorbei, das ganz anders wirkt als die hohen weißen Hotels von Norderney, passiert dann die grüne *Sandinsel Memmert* („Betreten verboten") und hat einen weiten Blick über die *Osterems*, einmal hin nach *Borkum*, dann aber auch zur fernen Küste von Ostfriesland, die von hier nur wie ein ferner, feiner Strich erscheint. Später hat man dann das *Watt Randzel* querab mit seiner Gitterleuchtturmbake und jenseits der Ems, schon am niederländischen Ufer, die gigantische *Eemscentrale*, ein Kraftwerk, und die auffälligste Landmarke in diesem Revier überhaupt.

So hat man eine wirklich schöne und auch nicht schwierige oder gar gefährliche Fahrt durch das Wattenmeer – eben einen Klassiker, bei dem allerdings gute Seemannschaft gefragt ist.

Näher als beim Segeln im Memmert-Wattfahrwasser kommen die meisten

Juist

nicht, und dies hat seine Gründe. Das Problem der schönen Insel ist ihr Hafen, der weitgehend trockenfällt und deshalb zumeist nur von flachgehenden Booten angelaufen wird.

Man erreicht Juist durch das gleichnamige *Wattfahrwasser*, das vom *Busetief* aus zunächst die gleiche Einsteuerung hat wie das Memmert-Wattfahrwasser, danach aber gleich nach Norden abbiegt, zum *Kalfamergatt*, und dann ziemlich dicht unter der Insel westwärts verläuft. Das Wattenhoch ist veränderlich und mißt zwischen 0,5 m und

0,7 m: Boote mit einem Tiefgang bis zu 1,6 m können es also nahe HW passieren.

Zum Hafen führt aus der *Juister Balje* eine dreiviertel Seemeile lange *Ansteuerung*, die eine Mindesttiefe von 1,3 m hat und nach Westen zu von einem langen Steindamm geschützt ist. Allerdings baut sich vor der Einsteuerung eine Barre auf, so daß man im Endeffekt auch nur nahe HW zum Hafen kommt. Am Kopf des Leitdamms steht eine g.s. Stange mit zwei schwarzen Kegeln abwärts im Topp.

Wie gesagt: Das Problem ist der Hafen. In dem viereckigen Becken des Juister Seglervereins findet man selten einen Platz, und dann wird auch darauf geachtet, daß der Gastlieger (gemeint ist natürlich das Boot) bei NW aufrecht bleibt. Besser wäre es im Handelshafen, an der Pier, beim Versorger, wo doch noch eineinhalb Meter Wasser stehen bleiben.

Am Clubhaus Wasser, Duschen und WC.

Gut vor Anker kann man in der *Juister Balje* liegen, und zwar westlich der Hafenansteuerung; bei stärkerem West allerdings müßte man sich einen geschützteren Platz suchen. Doch wo?

HW 4 min nach HW Norderney, NW 27 min nach NW Norderney.
MTH 2,4 m

Im Gegensatz zu dem nahen, turbulenten Norderney ist Juist eine ruhige, stille Insel geblieben; es gibt hier auch keine Autos, allenfalls das Geklapper der Pferdefuhrwerke durchbricht die Stille.

Juist ist mit 17 km die längste der Ostfriesischen Inseln, mit einer Breite von nur 500 m allerdings auch die schmalste, so daß es nicht verwundert, wenn die Insel wiederholt von Sturmfluten durchbrochen wurde; der Hammersee im Westteil der Insel erinnert an solch einen Durchbruch (1877). Viel Grün, viel Rotbraun, die Farbe der Ziegel, mit denen auf Juist gebaut wird, das sind die optischen Eindrücke von der Insel, und: keine Hochhäuser, die zu

bauen hat man sich hier versagt.

Für die Fahrt nach

Norddeich,

dem Versorgungshafen von Juist, vor allem aber Norderney, gäbe es drei Gründe: einmal den großen Yachthafen, zweitens die relativ unproblematische Ansteuerung und drittens die gute Versorgung. Ansonsten ist der Hafen nicht sonderlich attraktiv, eben der größte Versorgungshafen in diesem Revier. Deshalb herrscht am Fährhafen auch immer ziemlich viel Betrieb, von dem man allerdings im sehr großen Yachthafen wenig spürt.

Die Anfahrt nach Norddeich erfolgt durch das *Busetief* und führt zum Schluß durch eine 1,3 sm lange Rinne, einen an beiden Seiten von Dämmen flankierten Kanal. Bei HW sind diese Dämme überflutet, ihr Verlauf aber dank Pfählen und Stangen einwandfrei erkennbar. Norddeich könnte auch nachts angelaufen werden, da die Ansteuerung befeuert ist. Davon sollten aber Ortsfremde Abstand nehmen; besser ist Norderney, das vom Busetief aus nachts sehr viel leichter anzulaufen ist. Man hat dort – wie eben schon beschrieben – ebenfalls alle Versorgungsmöglichkeiten.

HW 13 min nach HW Norderney, NW 18 min nach NW Norderney.
MTH 2,6 m

Lohnenswert ist ein Ausflug zu dem nahen

Norden,

das einst eine wichtige Hafenstadt war (jetzt ist Norddeich sein Hafen). Mit dem Norder Fahrwasser, das zur Leybucht und damit zum Wattenmeer führt, hat es immer noch eine Verbindung zum Meer, die allerdings nur von kleinen Booten befahren werden kann. Norden ist die älteste Stadt Ostfrieslands mit einer sehenswerten Altstadt.

Noch ein Stückchen weiter landeinwärts liegt

Marienhafe,

jetzt zwar weit im Binnenland, einst aber ein wichtiger Hafen und zeitweise ein Schlupfwinkel der Seeräuber, die sich dort vor ihren hanseatischen Verfolgern sicher fühlen durften. Das Dorf hat eine unglaublich große Kirche, die sich immer noch gewaltig über das flache Land erhebt, obwohl sie im vorigen Jahrhundert verkleinert werden mußte, weil Teile von ihr baufällig geworden waren. Auch der Turm, der ursprünglich 80 m hoch war, ist dabei bis auf eine Höhe von 35 m abgetragen worden. Angeblich hat auch Klaus Störtebeker in diesem mächtigen Turm Zuflucht gefunden. Durch das Marienhafer Tief war der Hafen mit der Leybucht verbunden.

Wenn man mit seinem Boot das Norddeicher Wattfahrwasser passieren kann, dann ist

Greetsiel

relativ leicht zu erreichen; ansonsten kommt man zu diesem malerischen Hafen, dem wohl schönsten an der ostfriesischen Küste, nur auf ziemlich umständlichen Wegen.

Man muß zunächst zum Fahrwasser Ley, das man entweder von der Ems oder vom Memmert-Wattfahrwasser erreichen kann; beide Routen sind an anderer Stelle (Seite 128) ausführlich beschrieben.

In Greetsiel, dessen zwei hohe Windmühlen man von weit draußen sehen kann, liegt noch eine stattliche Zahl großer Kutter, die nicht nur das Wattenmeer befischen, sondern auch weit in die Nordsee hinausfahren, bis Sylt und Dänemark. Wenn diese großen Kutter nach Greetsiel kommen können, dann muß das auch einer Yacht möglich sein. Es gilt etwa folgende Faustregel: Boote mit einem Tiefgang bis zu 1,8 m können den Hafen durch das vier Seemeilen lange Greetsieler Außentief von eineinhalb Stunden vor

bis eineinhalb Stunden nach HW erreichen.

Ist man zu spät – oder zu früh – dran, so kann man in der Ley, und zwar etwas östlich der Tonne L 25, recht gut ankern.

Im vorderen Teil des Hafens liegen Schwimmstege des Segelvereins aus, der hier auch sein schönes Clubschiff, den „Vrijbuiter", liegen hat. Wenn möglich, macht man an diesen Stegen fest; andernfalls muß man sehen, daß man bei einem großen Kutter längsseits gehen kann. Der Hafen fällt trocken, obwohl der Ausdruck nicht ganz stimmt, denn eine graubraune Schlicksuppe bleibt immer noch übrig.

HW 24 min nach HW Norderney, NW nicht bekannt.
MTH 2,6 m

Das Dorf – oder soll man sagen: Städtchen? – ist einmalig, der Hafen nicht weniger. Er soll an die 600 Jahre alt sein. Und früher fuhren von hier sogar Frachtschiffe ab; jetzt liegen nur noch Kutter dort, aber immerhin sind es stattliche 27 an der Zahl.

Greetsiel war lange Sitz der Cirksena, des bedeutendsten ostfriesischen Adelsgeschlechts. Die Cirksena hatten hier eine Burg, die 1744, nachdem Ostfriesland an Preußen gefallen war, auf Befehl Friedrich des Großen abgebrochen wurde, der dann aber das schöne alte Sieltor hat bauen lassen. Die alte Burg lag etwa da, wo sich heute der Marktplatz befindet.

Das Städtchen ist voller wunderbarer alter Häuser, denen man die Nähe zu Holland ansieht. Eines der ältesten ist das Hohe Haus, am alten Siel, einst Sitz des Rentmeisters (Finanzamt), jetzt Hotel und Restaurant. Sehr malerisch auch die kleine Siedlung Katrepel, mitten im Ort, die erst vor wenigen Jahren auf das schönste renoviert worden ist. (Wer mehr über das idyllische Greetsiel erfahren möchte, dem sei das Büchlein „Greetsiel in der Krummhörn" von Friedrich Weber empfohlen.)

In Greetsiel wird sich, jedenfalls was den Hafen betrifft, demnächst eine Menge ändern. Nachdem man Gott sei Dank den Plan, die ganze Leybucht einzudeichen, fallengelassen hat, soll jetzt entlang dem Greetsieler Außendeich ein Damm mit einer Seeschleuse gebaut werden, so daß Greetsiel dann zum tidenfreien Hafen wird. Das wird sicher keine schlechte Sache, zumal auch Liegeplätze für etwa 100 Boote geschaffen werden sollen. Das Projekt soll 1992 fertig sein.

In der zum Teil hoch trockenfallenden

Leybucht,

der letzten offenen Salzwassermeerbucht Norddeutschlands, gibt es eine zweite beprickte Fahrrinne, das Norder Wattfahrwasser, das zu der Schleuse Westeel führt, hinter der wiederum ein wirklich zauberhaftes Gewässer liegt, das alte Fahrwasser nach Norden. Viel Wasser hat man dort nicht, vielleicht 1,5 m, aber immerhin ist es ein tidenfreies Gewässer, und vielleicht kommt jemand einmal auf die Idee, daraus einen feinen, kleinen Yachthafen zu machen.

Nautische Unterlagen: Karten für die Sportschiffahrt, Nr. 3014, „Brunsbüttel bis Borkum", die auch die Ansteuerung von Elbe, Weser und Jade beinhalten, oder Nr. 3012, „Ostfriesische Inseln mit Helgoland und der Ems bis Papenburg", die im mittleren Teil dem obigen Satz voll entsprechen, dafür aber noch die Ems bringen. Tidenkalender!

9

Auf der Ems von Borkum bis Papenburg

TÖRN TIEF INS LAND

Ditzum an der Ems. Der kleine Fischerhafen fällt zum großen Teil trocken. Er liegt sehr einsam, fast am „Endje van de Welt".

Der Hafen von Borkum liegt in wenig schöner Umgebung und weit weg von der Stadt. Doch ist er sehr tief und bietet guten Schutz. Seine Ansteuerung, die Fischerbalje, wird von dem langen Steindamm abgedeckt.

1 Bei West etwas unruhig, doch sonst liegt man gut an den Schwimmstegen im Emdener Außenhafen. Wer zum Ratsdelft ins Herz der Stadt will, der muß durch die Nesserlandschleuse (neben dem weißen Kubus rechts).
2 Emden: Stege im Jarssumer Hafen. Nur durch die Schleusen zu erreichen.
3 Ditzum, alter Fischerhafen an der Ems. Der merkwürdig geformte Kirchturm trug früher ein Leuchtfeuer. Ein gemütlicher Hafen, mit ordentlicher Versorgung.

1 *Petkum, ländlicher Hafen, gegenüber von Ditzum.*

2 *Oldersum: ruhige Liegeplätze im Vorhafen des Ems-Seiten-Kanals.*

3 *Einer der kleinen Sielhäfen, wie man sie immer wieder an der Ems findet. Dieser, ein ehemaliger Ziegeleihafen, liegt nahe Midlum.*

4 *Jemgum, eine kleine Idylle, mit wenig, wenig Wasser bei Ebbe.*

5 *Sautelersiel. Hafen vor dem Schöpfwerk mit verhältnismäßig viel Wasser (2,5 m).*

6 *Marina Bingum, ein sehr guter Versorgungshafen, nahe Leer. In der Einfahrt eine Barre. Nur nahe HW anlaufen!*

1

1 *Die Ems mit der Jann-Berghaus-Brücke. Nach Osten zweigt die Leda ab, die nach Leer führt.*

2 *An der Leda.*

3 *Leer. Vorne die Seeschleuse. Von den Fabriken auf der Halbinsel Nesse darf man sich nicht täuschen lassen: Dahinter liegt ein wunderschönes, altes Hafenstädtchen.*

1 *Der kleine Hafen des Seglervereins Leer.*

2 *Weener. Yacht- und Stadthafen fallen beide nahezu trocken. Doch gibt es Pläne, eine Schleuse zu bauen.*

3 *Besseres wird man lange suchen: die Kaje vor dem Rathaus von Leer.*

Von draußen kommend, erlebt man die Ems als eine wenig geschützte, große Meeresbucht. Hier liegt Borkum, die westlichste der Ostfriesischen Inseln, mit einem tiefen, sicheren Hafen. Erst auf der Höhe von Emden bekommt die Ems den Charakter eines Flußreviers. Viele kleine, stille Häfen liegen hier vor den hohen grünen Deichen. Mit Leer erreichen wir eine der schönsten deutschen Hafenstädte. Wir legen unser Boot in den alten Stadthafen: Wo an Deutschlands Küste fände man noch so einen Platz? Wer will, kann auf der Rückreise einen Abstecher zu unseren holländischen Nachbarn machen: Delfzijl, gegenüber von Emden, ist das Tor zu den Kanälen und Seen der Niederlande.

Die Ems

Der breite und tiefe Mündungstrichter der Ems ist nicht schwer zu befahren. Ich bin hier schon oft, auch unter schwierigsten Bedingungen, gesegelt und hatte nie das Gefühl, in eine Situation geraten zu sein, die mich und mein Boot überfordert hätte.

Worauf man meiner Erfahrung nach am meisten zu achten hat, das ist der Strom; ansonsten kann man die Gezeiten vergessen, denn überall ist es tief genug. Flußaufwärts von Emden gibt es dann allerdings viele kleinere Häfen, in die man nur bei HW hineinkommt.

Typisch für die untere Ems sind neben den tiefen Fahrrinnen die enormen, sehr langgezogenen Sände. Das beginnt mit dem sechs Seemeilen langen *Möwen-Steert*, eben südlich von Borkum, der das Hauptfahrwasser, das *Randzelgat*, von der *Alten Ems* trennt. Es setzt sich fort mit der vier Seemeilen langen *Dukegat-Plate*, die allerdings nur in ihrem nördlichen Teil so flach ist, daß es einer Yacht gefährlich werden könnte, und endet schließlich mit den gewaltigen, trockenfallenden Sänden *Hund* und *Paapsand*.

Bis hierher etwa ist die Ems ein weites, offenes Seerevier; daß es „nur" das Wattenmeer ist, das sich nach West und Ost erstreckt, ändert daran gar nichts; der Wind fegt hier völlig ungehemmt darüber hinweg.

Erst etwas südlich vom holländischen *Eemshaven* rücken das holländische und das deutsche Ufer so zusammen, daß die Ems zum Fluß wird und man auch langsam in ruhigeres Fahrwasser gerät.

Der *Strom* ist beachtlich, und ich mißtraue etwas den Angaben im Seehandbuch; meiner Erfahrung nach ist er stärker.

Wir sind einmal die Ems hochgesegelt, hatten einen kräftigen raumen Wind, der meinen dicken Motorsegler gut sechs Knoten laufen ließ, und hatten dabei dennoch das Gefühl, auf der Stelle zu stehen, so sehr drückte der aus-

laufende Strom dagegen. Wir haben dann im *Ostfriesischen Gatje* die Zeit zwischen den Tonnen gestoppt, zwischen den grünen Nr. 45 und 47: es waren 33 Minuten, und dies für nur 1,25 Seemeilen. Folglich machten wir über Grund 2,5 kn, obwohl das Boot doch durchs Wasser mehr als 6 kn lief. Die Differenz von 4 sm/h hat uns also der auslaufende Strom genommen.

Niemals Strom gegen Wind! Das alte Thema, ohne Zweifel richtig, aber nicht immer zu realisieren. Ich habe in der Ems eine breit daherrollende Welle erlebt, bei der ich aber nie das Gefühl hatte, es könnte gefährlich werden, wie etwa in der Außenelbe, oder wenn es einen in einem Seegatt zwischen den Inseln erwischt. Doch diese Erfahrung gebe ich mit der gebotenen Vorsicht weiter; schließlich hängt auch vieles von der Größe und Schwere des Bootes ab.

Die

Ansteuerung von See

her ist nicht schwierig, solange man nur den großen vorgelagerten Sänden respektvoll fern bleibt. Eine Barre gibt es jedenfalls nicht, und auf Hochwasser braucht man nicht zu warten, wenn man in die Ems einlaufen will. Beide Fahrwasser, ob *Hubertgatt* oder *Westerems*, sind tief und auch recht breit.

Wie schon gesagt, es gibt keine Barre, dafür aber gewaltige Riffs: das größte ist *Borkumriff*, das sich von der Insel aus sieben Seemeilen nordwestwärts erstreckt. Kommt man von Osten, dann sollte man es mit einem gehörigen Abstand runden, am besten bis zur *r.w. Tonne Riffgat* (53°39' N, 6°27' E) laufen und von da aus dann mit Kurs Süd auf das Fahrwasser Westerems zuhalten.

Das *Hubertgat* ist der logische Kurs, wenn man von Westen, aus dem holländischen Revier kommt. Es zwängt sich zwischen der 6 sm langen *Ballonplate* und den Sänden von *Rottumerplaat* und *Rottumeroog* hindurch.

Doch dies ist alles nicht kritisch, erst dicht vor Borkum muß man aufpassen, denn da schiebt sich die *Horsbornplate* tückisch nahe an den Tonnenstrich heran.

Was psychologisch wichtig ist: Man sieht sein Ziel, *Borkum*, schon von weitem vor sich liegen, die Insel mit ihren weißen Hotels und Appartmenthäusern, eine Skyline die stark an die von Norderney erinnert. Doch so greifbar nahe das auch erscheint, man hat von der Ansteuerung Westerems bis Borkum Hafen noch 16 Seemeilen vor sich. Wenn man den Strom gegenan haben sollte — wird dies eine lange, lange Fahrt werden, auch durch das Hubertgat.

Die *Fischerbalje*, die von der Ansteuerung nach Borkum Hafen steht, ist eine ebenso auffallende wie unverwechselbare Landmarke: ein Dreibein mit einem rot-orangefarbenen Leuchtbehälter das am Kopf des 2 km langen Leitdamms steht, der zum Schutzhafen von Borkum führt.

An dieser Stelle kann es noch einmal etwas kritisch werden, denn hier setzt der Strom quer zur Einfahrt, und man sieht an der Art, wie die grüne Tonne F 1 durchs Wasser „fährt", was hier in Bewegung geraten ist.

Doch schon kurz danach wird man im ruhigen, vom Leitdamm geschützten Fahrwasser sein. Beim Einsteuern in den Hafen muß man wegen der hohen Molen, die einem die Sicht verstellen, etwas vorsichtig manövrieren, sollte auch ein Warn-Schallsignal geben.

Borkum

hat einen — einmal ganz objektiv gesehen — wirklich guten Hafen: sehr geschützt, sehr tief, und da man an Schwimmpontons festmacht, auch sehr bequem. Ansonsten kann man ihn vergessen. Ein Bundesschutzhafen, der nicht für Yachten gebaut wurde: nüchtern und zweckmäßig. Der nördliche Teil ist für die Bundesmarine reserviert.

Oben am Deich hat der Hafenmeister sein Kontor, mit Wetter- und Schiffahrtsnachrichten, auch einen Tidenschreiber; es gibt Duschen und WC. Wasser ist zu bekommen, auch Treibstoff, wenn man den Mann anruft, der in Borkum-Stadt wohnt.

Größter Vorzug dieses Hafens: Er ist der *einzige* zwischen der holländischen Insel Texel und der Jademündung, also zwischen allen Wattenmeerinseln, der unter kritischen Bedingungen − von See her − überhaupt noch anzulaufen wäre.

HW und NW siehe Tidenkalender. Der einlaufende Strom beginnt 5 h 15 min vor HW (bis 2,8 kn), und der auslaufende 30 min nach HW (bis 3,2 km/h).
MTH 2,4 m (alles bezogen auf Fischerbalje)

Vom Hafen hat man etwa eine Stunde zur Stadt zu Fuß, obendrein ein relativ langweiliger Weg; besser fährt man mit dem Bus oder auch mit der Inselbahn vom Fährhafen aus. Borkum ist die größte und auch die am weitesten westlich gelegene deutsche Nordseeinsel. Wegen dieser Lage rühmt sich das Nordseebad eines Hochseeklimas. Es ist ein typisches Seebad, ganz auf den Fremdenverkehr eingestellt, und in den letzten Jahren vielleicht ein bißchen zu schnell gewachsen. Dennoch, die elegante Seepromenade mit ihrem jugendstilähnlichen Musikpavillon läßt sich dadurch nicht kaputtkriegen; und wenn man oben an der Balustrade steht und seewärts schaut, hinaus auf Borkum-riff, dessen Sände golden und silbrig in der Sonne schimmern, dann kann einem so manche Scheußlichkeit im Rücken ziemlich egal sein.

Streift man durch Borkum, so kann man noch manchen schönen Winkel aus vergangener Zeit entdecken, etwa das Viertel bei dem Alten Leuchtturm, den der Rat von Emden 1576 errichten ließ, damit die Kauffahrteischiffe sicher in die Ems kamen. Hier kann man noch Kapitänshäuser finden, die vor ihren Gärten Zäune aus Walknochen ha-

ben, eine Erinnerung an jene Zeit, als von Borkum aus Schiffe zum Walfang ins Nordmeer aufbrachen.

Eine der Straßen im alten Borkum trägt mit Roeloff-Gerrietsz-Meyer den Namen eines dieser Walfänger, der zwischen 1736 und 1781 mit seinem Schiff 41mal ins Nordmeer gefahren sein und dabei 301 Wale erlegt haben soll. Vom lauten und lebendi-

gen Seebad an der Westseite darf man sich nicht täuschen lasen. Borkum ist noch weitgehend eine stille und landschaftlich ungemein schöne Insel, besonders im entlegenen Osten. Man sollte sich ein Fahrrad mieten und dorthin radeln; an der Ostkante hat man einen wunderbaren Blick über die Osterems und auf die Inseln Lütjehörn, Memmert und Juist.

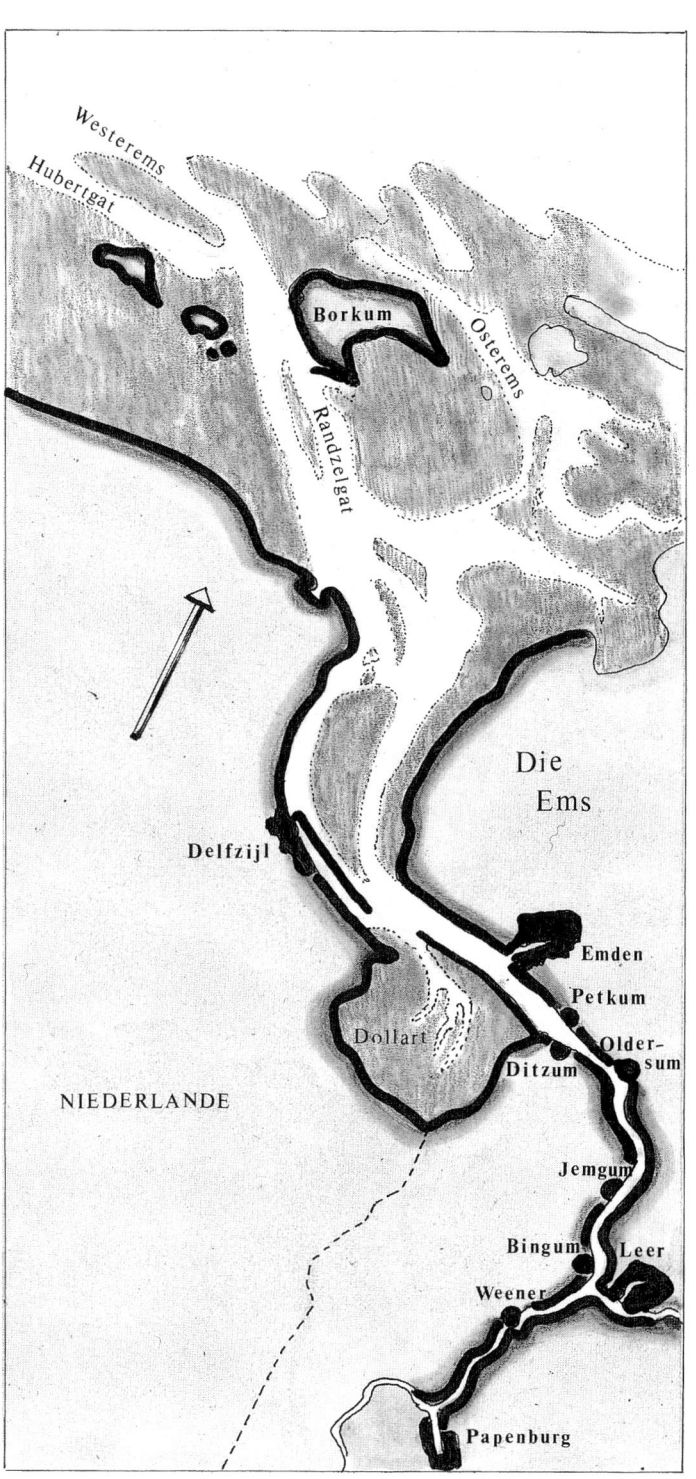

Ems aufwärts

Fährt man mit dem Flutstrom emsaufwärts, durch das Hauptfahrwasser, das *Randzelgat*, so wird man fast immer eine sehr schnelle Fahrt machen können; und noch etwas: Man sieht jetzt bei Niedrigwasser, wie hoch die Watten des Randzel liegen, einer Sandfläche gewaltigen Ausmaßes, die sich bis zur Osterems hin erstreckt. Im größten Priel, dem *Blinden Randzelgat*, findet man einen guten Ankerplatz.

Die ostfriesische Küste erscheint sehr fern, nur als ein feiner, dunkler Strich am Horizont, und auch von der niederländischen Küste ist nicht viel mehr zu erkennen als die monströse *Eeemscentrale*, ein Kraftwerk mit einem 128 m hohen Schornstein.

Etwa auf der Höhe dieses Kraftwerks zweigt westwärts vom Hauptfahrwasser die *Bocht van Wantum* ab, eine dicht unter Land südwärts führende Rinne. Früher hat man, wenn man nach *Delfzijl* wollte, fast immer diese Strecke gewählt. Doch seit die nördliche Einfahrt des Delfzijler Hafens zugeschüttet ist, spart man nichts mehr und muß genauso weit nach Süden fahren wie im Hauptfahrwasser. Dennoch ist die Bocht von Wantum, die sich zwischen den niederländischen Deichen und den gewaltigen Flachs Hund und Paapsand hinzieht, nicht uninteressant, vor allem bei viel Wind, denn sie ist bei West entschieden geschützter als das Hauptfahrwasser, allerdings auch weniger gut betonnt. Manche Yacht ist hier schon aufgelaufen und saß auf dem „Hund" bis zur nächsten Tide fest, weil man eine der manchmal weit auseinanderliegenden Tonnen übersehen hatte.

Delfzijl sieht von weitem wie ein kleines Ruhrgebiet aus mit seiner blaugestrichenen Aluminiumfabrik und der nicht minder gewaltigen Sodafabrik, die abends von Tausenden orangefunkelnder Lichter beleuchtet sind.

Was man von deutscher Seite sieht, etwa die Gasaufbereitungsanlage bei *Knock*, den bizarren Radarturm, wirkt daneben eher bescheiden.

Hier, auf der Höhe von Knock bei den Tonnen grün 47 und rot 46, erreicht das Hauptfahrwasser eine kritische Stelle: Es wird immer enger, der Strom entsprechend schneller; wenn hier auch noch — wie meistens — ein Saugbagger liegt und sich außerdem zwei große Schiffe begegnen, dann kann eine Yacht schon Probleme bekommen: über das Fahrwasser hinauslaufen geht hier so gut wie gar nicht mehr.

Am *Gatjebogen*, dort, wo auch der *Zeehavenkanaal* nach Delfzijl abzweigt, macht das Fahrwasser einen scharfen Knick, und ausgerechnet hier setzt der wohl stärkste Strom in der Ems überhaupt, teilweise auch noch quer zum Fahrwasser.

Um nach Emden und damit weiter stromaufwärts zu gelangen, hält man sich mehr zum Nordufer hin und fährt so in das kanalartige *Emder Fahrwasser* hinein, das an einer Seite vom *Geise-Leitdamm* eingefaßt ist, der es zum

Dollart

hin abgrenzt. Der Dollart ist ein dem Jadebusen ähnliches Gewässer, eine riesige Meeresbucht, sechs Seemeilen breit und acht Seemeilen tief. Ähnlich wie der Jadebusen speichert er das auflaufende Wasser und läßt es dann bei Ebbe so vollkommen abfließen, daß die große Bucht fast ganz trockenfällt. Dieses mit großer Wucht ein- und ausströmende Wasser sorgt dafür, daß die untere Ems ein so gleichmäßig tiefes Wasser bleibt.

Der Dollart ist — wieder eine Parallele zum Jadebusen — aus einer Sturmflut entstanden: bei der Marcellusflut vom 16. Januar 1362, einer der schlimmsten überhaupt, die je gegen die deutsche Küste tobten, und die besonders in Nordfriesland (s. Seite 178) so großes Unheil anrichtete, daß sie als „Manndrenke" in die Geschichte einging. Von dem, was damals die See an Land hinweggerissen hatte hat sich der Mensch im Laufe der Jahrhunderte beharrlich Stück um Stück zurückgeholt dennoch blieb der Dollart eine gewaltig anzusehende Meeresbucht.

Ebenso wie der Jadebusen ist der Dollart kaum von einem Segelboot befahrbar. Bei Niedrigwasser fällt er zum allergrößten Teil trocken, teilweise ragt sein Grund 3 m über Kartennull hoch, und auch bei Hochwasser ist er nur für flachgehende Boote etwas. Von der Art gibt es an der Ems allerdings noch eine ganze Menge. Nur ein tiefes Fahrwasser führt auch bei NW ein ziemliches Stück in den Dollart hinein, das *Groote Gat*, von dem aus ein trockenfallender Prickenweg zum kleinen holländischen Hafen *Nieuwe Staatenzijl* läuft.

Die Ölraffinerie, die Hafenkräne, die Fabriken, dies alles schon von weitem zu sehen, vermittelt einem von

Emden

die Vorstellung von einer großen, lebendigen Hafen- und Industriestadt. Doch das ist sie nur bedingt. Die riesigen Hafenanlagen wirken eher leer und ausgestorben; über Deutschlands drittgrößten Hafen liegt ein Hauch von Abstieg und Verfall. Emden ist immer noch der größte Erzumschlaghafen, doch was sagt das schon angesichts der Stahlkrise? Eine weniger traditionelle Industrie bringt mehr: Emden ist ein großer Autoverladehafen, angeblich der größte der Welt, jedoch in hartem Kopf-an-Kopf-Rennen mit Bremen.

Früher lief das alles besser da fuhren von hier die hoch mit Erz beladenen Binnenschiffe die Ems hoch und über den Dortmund-Ems-Kanal mitten hinein ins Ruhrgebiet Von den Werften, einst ebenfalls ein wichtiger Wirtschaftsfaktor der Stadt, braucht man gar nicht erst zu reden. Jeder weiß: Nicht nur Ostfriesland auch die größte Stadt im äußersten Nordwesten sind wirtschaftsschwache Regionen mit einer extrem hohen Ar beitslosigkeit. Große Hoffnung setzt man auf den Dollarthafen, ein Projekt, über das schon seit Jahrzehnten geredet wird. Ob er kommt? Und wenn, wie ist es dem mit ähnlichen Ideen gebauten holländischen Eemshaven ergangen?

Emden zählte einst zu den schönsten deutschen Städten. Ältere Leute, die es noch aus der Zeit vor dem Zweiten Weltkrieg kennen, schwärmen von ihr als der schönsten deutschen Hafenstadt. Doch davon haben die verheerenden Luftangriffe kaum etwas übrig gelassen. Emden gehört heute zu jenen Städten, die in den fünfziger, sechziger Jahren hopplahopp wiederaufgebaut wurden und vor denen man jetzt etwas ratlos steht. Einen, allerdings schwachen Eindruck davon, wie es früher einmal war, vermittelt das wieder aufgebaute Rathaus, einst ein prachtvolles niederländisches Renaissance-Bauwerk. Es gibt wenig Städte, die durch ein derart extremes Auf und Ab in ihrer Geschichte geprägt wurden, wie Emden. Mal war sie extrem reich und mächtig, dann wieder versank sie in absolute Bedeutungslosigkeit.

Zum großen und vielleicht sogar bedeutendsten Hafen Europas wurde Emden gegen Ende des 16. Jahrhunderts, als sich hier viele Holländer niederließen, die von den Spaniern wegen ihres Glaubens verfolgt wurden. Sie brachten ihre wertvollen Kenntnisse von Schiffbau und Handel mit, wohl auch ihre Verbindungen zu den hinterindischen Kolonien; und bald fuhren 600 Handelsschiffe unter der Emdener Flagge: keine andere europäische Stadt konnte zu der Zeit eine größere Flotte ihr eigen nennen. Doch als sich der Aufstand der Niederlande seinem Ende näherte, kehrten die Holländer wieder zurück in ihre alte Heimat.

Ein neuer Aufschwung kam mit dem Großen Kurfürsten, der hierher nach Emden seine brandenburgische Admiralität legte, hier auch eine afrikanische Handelskompanie, die Kolonien in Westafrika unterhielt, errichtete.

Doch auch diese Blüte dauerte nicht lange. Nach den Napoleonischen Kriegen wurde Emden von dem stromaufwärts liegenden Leer, der ewigen Rivalin, überflügelt.

Erst in unserem Jahrhundert wuchs die Stadt zum drittgrößten deutschen Hafen. 1913 war die große Seeschleuse fertig, bis heute eine der größten der Welt.

Was kann man heute in Emden sehen? Das Landesmuseum im Rathaus mit seiner Schiffahrtsabteilung, dann die neue Emdener Kunsthalle mit ihrer Gemäldesammlung, eine Stiftung von Henri Nannen an seine Heimatstadt, das sind Sehenswürdigkeiten, die man bei einem Landgang nicht außer acht lassen sollte.

Liegeplätze: Wer nicht viel Zeit hat, bleibt am besten an den Schwimmstegen im Außenhafen, der allerdings bei westlichen Winden sehr unruhig ist. In die Stadt kommt man leicht mit dem Bus.

Wer will und Zeit hat, kann durch die Nesserlandschleuse weit in die Stadt hineinfahren, bis zum Ratsdelft, dem alten Hafen vor dem Rathaus; er ist inzwischen etwas „eingewachsen", von gepflegten Anlagen umgeben; dennoch liegt man nahe der vielbefahrenen Straße nicht sonderlich ruhig.

Die Versorgung in Emden ist, wie zu erwarten, sehr gut. Fährt man in die Stadt hinein, so passiert man eine ganze Reihe sehr guter Servicebetriebe; wer derentwegen extra durch die Schleuse fährt, braucht keine Gebühr zu bezahlen.

HW und NW siehe Tidenkalender. Der einlaufende Strom beginnt 3 h 30 min vor HW Borkum/Fischerbalje, der auslaufende 1 h 45 min nach HW Borkum/Fischerbalje. Stromgeschwindigkeit: einlaufend bis 2,4 sm/h und auslaufend bis 2,2 sm/h. Der Strom setzt quer zur Einfahrt!
MTH 3,1 m

Dank des Geise-Leitdamms fährt man weiterhin in gut geschütztem Gewässer, und da, wo der Damm ans Festland stößt, hat die Ems nun endgültig ihren Charakter als Mündungstrichter, als

lange Meeresbucht, verloren. Ab hier ist sie „nur noch Fluß", schmal und gewunden, zwischen hohen, grünen Deichen dahinströmend.

Alle Häfen – bis auf Leer und Papenburg – sind tidenabhängig; man kann sie nur bei einem hohen Wasserstand anlaufen, muß seine Fahrt also immer an Hand des Tidenkalenders planen. Von

Ditzum

sieht man zuallererst die große, graue Werfthalle, die über dem Hafen auf dem Deich steht. Die Ansteuerung dieses urgemütlichen, stimmungsvollen Hafens ist etwas schwierig. Auf der Seekarte sieht man an der punktierten Linie den Kurs, den die Fähre nimmt, eine S-förmige Schleife zwischen Ditzum und Petkum. Mit diesem Kurs bliebe man gut frei von den Stellnetzen südlich vom Hafen und in der Mitte der Ems auf einem Flach. Der Kurs führt allerdings auch über eine 1,3-m-Stelle. Wahrscheinlich reicht das gut, denn wir steuern Ditzum ja nahe HW an, die Tiefenangabe bezieht sich aber auf den niedrigsten Wasserstand. Wer jedoch sicher gehen will, kann bei dem Tonnenpaar rot 78/grün 83 schon auf das Südufer hinsteuern und danach im tiefen Wasser auf die Hafeneinfahrt zulaufen, die inzwischen etwas schmaler geworden ist, denn an der Nordseite wurde eine kleine Mole gebaut.

Der Hafen hat teils eine Wassertiefe von einem Meter, zum Teil fällt er auch trocken. Kommt man an den Schwimmstegen unter, ist es gut, sonst müßte man sich weiter hinten im Hafen bei einem Krabbenkutter längsseits legen.

Der kleine Hafen ist renoviert und sturmflutsicherer gemacht worden, leider mit viel Beton, doch das hat ihm wenig von seiner schönen Atmosphäre nehmen können. Die Kutterflotte und die Kutterwerft bestimmen noch immer das Gesicht des Hafens, über den, wenn der Beifang geröstet wird, Schwaden eines feinen, streng riechenden Rauchs ziehen.

Der kleine Fischerort hinter Deich und Sieltor ist vom Tourismus noch nicht so richtig entdeckt worden; selbst für Autofahrer liegt er in einer sehr fernen, entlegenen Ecke.

Ditzum — die Endung auf „um" verrät es schon — ist ein typisches Friesendorf, mit alten, aus roten Backsteinen gebauten Häusern, und einem Kirchlein aus dem 13. Jahrhundert, neben dem ein merkwürdig geformter, sehr hoher Kirchturm steht, der früher ein Leuchtfeuer trug.

Ein kleiner Spaziergang über den Deich führt uns nach *Pogum*, einem Dorf, wie es heißt, am „Endje van de Welt": von hier hat man einen weiten Blick über den *Dollart*, sein größtes Watt, die *Geise*, und bis hinüber nach *Emden* und *Delfzijl*.

Die Versorgung in Ditzum ist rundum gut. Man profitiert von den Fischkuttern. Die bekannte Kutterwerft Bültjer wird wohl auch Reparaturen ausführen.

NH 21 min nach HW Emden, NW 29 min nach NW Emden. Vorsicht: vor dem Hafen stark quersetzender Strom! MTH 3 m

Gegenüber befindet sich

Petkum,

wo auch die Fähre anlegt. In dem langen schmalen Siel befindet sich ein kleiner, gemütlicher Hafen, den der Wassersportclub Petkum mit viel Liebe angelegt hat. An dem langen Schwimmsteg werden ganz hinten Plätze für Gäste freigehalten. Ein gemütlicher Platz im grünen Vorland. Aufpassen muß man in dem engen Schlauch auf die Fähre.

HW, NW, Wasserstand siehe Ditzum.

Petkum ziemlich ähnlich, wenn auch etwas größer, ist der Hafen von

Oldersum,

der nichts weiter als der Vorhafen der Schleuse ist, die zum Ems-Seiten-Kanal führt; ein Schwimmsteg an der West-seite, hohe Pappeln auf dem Deich. Ein schöner, einsamer Platz.

Es ist aber nicht der einzige Hafen des Dorfes. Etwas stromaufwärts liegt ein natürlicher, ziemlich großer Hafen mit einer Werft, die hier große Flußschiffe baut und repariert.

HW 25 min nach HW Emden, NW 49 min nach NW Emden. MTH 3 m

Rund zehn Seemeilen sind es von hier bis *Leer*, dem zweifellos attraktivsten Hafen an der Ems, und man wird sich überlegen, ob man diese Strecke nicht einfach durchzieht.

Wer es aber liebt, gemütlich dahinzubummeln, der könnte unterwegs noch zwei Häfen anlaufen; zuerst

Jemgum

am Westufer der Ems, einen kleinen Hafen, den man erst sieht, wenn man das Wäldchen passiert hat, hinter dem er liegt. Die Einfahrt ist schmal und sowieso nur bei HW zu befahren, denn der Hafen fällt praktisch trocken. Er hat eine Kade, an der früher Ziegel verladen wurden, und an der anderen Seite, im Schilf, einen Steg des Jemgumer Segelvereins. Wenig Platz, aber die Friesen sind freundliche Leute und werden einen schon irgendwo unterbringen. Man sinkt tief im Schlick ein, dies gilt auch für Yachten mit einem großen Tiefgang.

Ein idyllisch-ruhiger Hafen. Hinter dem hohen Deich liegt das Dorf, dessen Windmühle sich noch immer dreht. Die Kirche ist innen schönster Jugendstil. Der ganze Ort ist rotbraun (was nicht politisch gemeint ist); die Häuser sind aus rotbraunen Ziegeln, die Straßen wurden damit gepflastert und auch die Gehsteige.

Der spanische Statthalter in den Niederlanden, der Herzog Alba, schlug im 16. Jahrhundert hier bei Jemgum ein Heer der Geusen, wie sich die aufständischen Niederländer nannten; von den 8000 Mann konnten sich gerade noch 1000 Mann über die Ems retten.

Die Versorgung — wie könnte es in einem so kleinen Hafen anders sein — ist nicht besonders. Das Clubhaus mit den entsprechenden Einrichtungen liegt beim Hafen in dem schon erwähnten Wäldchen. Lebensmittel und Treibstoff müßte man sich im Dorf holen.

HW ca. 45 min nach HW Emden, NW ca. 1 h 30 min nach Emden. MTH 3 m

Gute Liegeplätze, vor allem aber eine sehr gute Versorgung findet man in der

Marina Bingum,

die zwar schon im Weichbild von Leer liegt, von dem man hier aber nicht mehr als das hohe Silo am Hafen sehen kann.

Auch Bingum fällt weitgehend trocken, was jedoch nicht weiter stört, wenn man erst einmal im Hafen ist. Die Ansteuerung erfolgt von Süden her, vorbei an der langgezogenen Gras- und Schilfinsel *Bingumer Sand*. Man kann entweder in das Becken der Marina fahren oder an dem langen Steg hinter dem Bingumer Sand festmachen. Problematisch ist nur die Barre in der Einfahrt, so daß man je nach Tiefgang des Bootes möglichst nahe Hochwasser hier sein sollte.

Eine schöne, weitläufige Anlage unter hohen Pappeln und Weiden. Der kleine Campingplatz ist so eingewachsen, daß er gar nicht stört. Im Park liegt ein stilvolles Restaurant.

Guter, umfassender Service, von dem eine Motorenwerkstatt hervorgehoben zu werden verdient.

Der Hafen ist stark von Festliegern belegt; es wäre nicht falsch, vorher anzurufen (Tel. 04917/4421) und zu fragen, ob etwas frei ist.

HW 50 min nach HW Emden, NW 1 h 50 min nach NW Emden. MTH 2,7 m

Die *Jann-Berghaus-Brücke* können Boote mit einer Höhe bis zu 4,5 m jederzeit passieren, ohne daß sie geöffnet werden müßte. Kommt ein Segelboot mit einem hohen Mast, dann muß es mit dem Schallsignal „lang — lang" das

Öffnen der Brücke verlangen, was allerdings etwas dauern kann, denn über die Brücke führt eine vielbefahrene Autostraße, die einzige Verbindung von hier hinüber zu den Niederlanden. Es dürfte sich empfehlen, die Segel rechtzeitig herunterzuholen und den Motor anzuwerfen; viel Platz hat man hier nicht, und spätestens vor der Seeschleuse von Leer, zu der es nicht mehr weit ist, muß man es sowieso tun.

Der Brückenwärter antwortet mit folgenden Signalen:

– Zweimal Rot: Ich kann jetzt nicht öffnen.

– Einmal Rot: Werde bald öffnen.

– Grün: Sie können passieren.

Beim Einlaufen in die *Leda* halte man sich näher ans Südufer; dies gilt auch für die weitere Strecke bis hin zur Schleuse: immer näher zum Südufer hin!

Vor der Halbinsel *Leerort* liegt ein ziemlich weit vorspringendes Flach, das allerdings mit Pricken gut markiert ist. Hier stand einst ein schwer zu überwindendes Bollwerk. Angelegt wurde es schon im Mittelalter von Hamburg, das ein Auge auf die Ems haben wollte, die mit ihren Nebenflüssen lange ein Schlupfwinkel der Seeräuber war.

Leer

hat dank der Seeschleuse einen tidenfreien Hafen. Vor der Schleuse, die auch eine bewegliche Brücke hat, sollte man nur liegen, wenn man auf das Öffnen wartet. Wochentags wird zwischen 06.00 und 19.00 geschleust, freitags bis 18.30; sonn- und feiertags um 08.00, 14.00 und 17.30 gibt es Sammelschleusungen nach außen, und um 18.00 Uhr nach innen.

Hat man die Schleuse passiert, so ist der erste Eindruck von dem so vielgepriesenen Leer etwas enttäuschend: eigentlich nur Lagerhallen, Silos und Industrie, alles auf der *Halbinsel Nesse.* Doch das ändert sich. Man hält sich linker Hand, wo man bald den kleinen Hafen des Segelvereins Leer passiert, eine hübsche, unter Weidenbäumen gelegene Anlage, mit Clubhaus und Terrasse sowie recht guten Versorgungsmöglichkeiten, darunter einen Slip.

Doch da Leer nun einmal einen so schönen Stadthafen hat, sollte man auch dorthin fahren.

Also weiter bis zur inzwischen renovierten Kade unterhalb des Rathauses. Ein sehr guter, stimmungsvoller Platz, wenn nicht ein Parkplatz die Harmonie etwas stören würde. Man macht vor der Alten Waage fest, einem niederländisch anmutenden Bau aus dem Jahre 1714, in dem jetzt ein Restaurant eingerichtet ist. Dort gibt es am Nachmittag die traditionelle friesische Teerunde, die man nicht versäumen sollte.

„Liebe, kleine Stadt", so wird das 50000 Einwohner zählende Leer genannt, ein Urteil, dem man sich bald anschließen wird. Was Emden einmal war, ist Leer immer noch: eine wunderschöne, alte norddeutsche Hafenstadt mit einem starken niederländischem Einschlag.

Die Stadt mit ihren engen Gassen, in denen noch viele alte Giebelhäuser stehen, ist in den letzten Jahren aufs beste renoviert worden. Schönstes dieser Häuser ist wohl das Haus Samson, eine Weinhandlung, in deren oberen Stockwerken ein privates Museum eingerichtet ist, das die bürgerlich-behäbige Wohnkultur des 18. und 19. Jahrhunderts zeigt.

Leer hat eine sehr lange Geschichte. Bereits unter den Karolingern soll hier eine Holzkirche gestanden haben; und bei dem 9 m hohen und 80 m breiten künstlich aufgeschütteten Plytenberg handelt es sich wahrscheinlich um das Grab eines Wikinger-häuptlings. Doch der Gesamteindruck von Leer ist der einer zwar kleinen, doch wohlhabenden niederdeutschen Hafen- und Handelsstadt. Renaissance und Barock sind die vorherrschenden Baustile. Auch das große Rathaus mit seinem Turm ist im niederländischen Renaissancestil erbaut, wenn auch nicht original, sondern nur nachempfunden; es wurde erst gegen Ende des vorigen Jahrhunderts errichtet, das Geschenk eines betuchten Bürgers an seine Stadt.

Alles aufzuzählen, was es in Leer zu sehen gibt, würde den Rahmen hier sprengen. Vielleicht sieht man sich einmal die um 1570 erbaute Harderwykenburg an, den Sitz eines friesischen Fürsten, oder die Weberhäuschen, oder die im Stadtteil Loga gelegene Evensburg, oder auch etwas aus unserer Zeit: das moderne Ledasperrwerk.

Leer ist auch ein idealer Ausgangspunkt für eine Fahrt in das Fluß- und Kanalrevier östlich der Stadt. Wer das richtige Boot dafür hat – also nicht zu tiefgehend, und auch nicht zu hoch gebaut –, dem sei ein solcher Törn sehr empfohlen. Bei der Landkreisverwaltung Leer (2950 Leer, Postfach 1640, bzw. Telefon 0491/63787) kann man sich eine dafür nützliche „Wasserwanderkarte südliches Ostfriesland" besorgen.

Mit einer seegehenden Yacht wird man es im allgemeinen in Leer gut sein lassen und auf eine Fortsetzung des Törns die Ems aufwärts verzichten; besseres als diese Stadt wird man auch nicht mehr finden.

Andererseits ist der nächste Stromabschnitt von Leer bis Weener und Papenburg landschaftlich besonders schön, und deshalb sollen diese beiden Städte hier kurz beschrieben werden.

Weener

gilt als die „Hauptstadt" des Reiderlandes, eines besonders fruchtbaren Landstriches zwischen der Ems und den Niederlanden. Ein beschauliches Provinzstädtchen, von dessen erstaunlich großem Hafen früher die landwirtschaftlichen Produkte des Hinterlandes verschifft wurden. Daß damit gut Geld verdient wurde, sieht man unter anderem an einer prächtigen, im neugotischen Stil erbauten schloßähnlichen Villa, die früher einem Viehhändler gehört hat.

Wer sich für Geschichte und Heimatkunde interessiert, sollte sich das Heimatmuseum anschauen, eine wahre Schatzkammer.

Weener hat einen Yachthafen und dazu noch seinen alten Stadthafen. Beide haben die gleiche Zufahrt, beide fallen praktisch trocken. Nun gibt es aber Pläne, eine Schleuse zu bauen, so daß man endlich einen tidenfreien Hafen und nicht mehr den ewigen Ärger mit dem Schlick hätte.

Der Yachthafen wirkt wie ein kleiner See (bei HW). Er liegt inmitten eines Parks, allerdings gegenüber einer qualmenden Papierfabrik. In der Einfahrt, gleich hinter dem Sperrwerk, steht das Clubhaus „Goedewind", um die Ecke ist eine Tankstelle. Jenseits der Bäume ein großes Erholungsgebiet mit Tennisplätzen und Campingplatz. Zur Stadt hat man es allerdings ziemlich weit. Da wäre es schon besser, man würde durch den Kanal zum alten Stadthafen fahren, der jetzt öde und leer daliegt (und sehr wenig Wasser hat).

HW 1 h 13 min nach HW Emden, NW 2 h 27 min nach NW Emden.
MTH 2,7 m

Papenburg

wird für Segler, die nicht den Mast legen können, auf alle Fälle Endstation sein, denn knapp dahinter versperrt eine nur zehn Meter hohe Hochspannungsleitung den weiteren Weg emsaufwärts.

Papenburg hat ähnlich Leer einen tidenfreien Hafen; hinter der Schleuse findet man gleich rechter Hand den Yachthafen der Stadt, der vieles für sich hat, aber doch auch ziemlich weit von der Stadt weg liegt. Papenburg hat eine offensichtlich mit

Aufträgen gut versorgte Werft, die dafür, daß sie so weit binnen liegt, erstaunlich große Schiffe baut – manchmal so große, daß sie nur noch handbreit durch die Jann-Berghaus-Brücke passen.

Papenburg gilt als die größte Fehnkolonie Deutschlands. Fehnkolonien sind quasi Reihendörfer, die jedoch statt einer langen Straße einen Kanal haben, an dem sie sich entlangziehen. Fehnland ist Moorland, nasses Land, und nur zu bebauen, wenn man es entwässert. Von einer alten Fehnkolonie ist in Papenburg, das eher eine kleine Industriestadt ist, jetzt jedoch wenig mehr zu sehen.

Wer gut zu Fuß ist oder sich ein Fahrrad leiht, der kann von hier aus einen schönen Ausflug in das Fehngebiet machen, etwa zum Aschendorfer oder dem Untermoor.

HW 1 h 26 min nach HW Emden, NW 2 h 54 min nach NW Emden.
MTH vor der Schleuse 2,5 m

Die Rückreise wird man auf alle Fälle so planen, daß man mitlaufendes Wasser hat, also den Ebbstrom nutzt. Das bedeutet allerdings, daß man mit einer Tide nicht die ganze Ems hinunterfahren kann. Von Papenburg bis Emden sind es 23 Seemeilen, von Leer nach Emden knapp acht, und von Emden bis zur Fischerbalje, der Ansteuerung von Borkum Hafen, nochmals 24 Seemeilen. Man wird also wahrscheinlich einen Zwischenstopp einlegen, und da eignet sich der Vorhafen von Emden wohl am besten.

Es sei denn, man tut etwas ganz anderes und fährt nach Delfzijl, von wo aus man – selbst eine Segelyacht mit stehendem Mast(!) – einen Abstecher zur holländischen Universitätsstadt Groningen machen könnte; wenn man nicht gar Lust bekäme, mit dem Segel(!)boot quer durch ganz Holland zu fahren.

Nautische Unterlagen: Karten für die Sportschiffahrt, Nr. 3012 „Ostfriesische Inseln mit Helgoland und der Ems bis Papenburg". Tidenkalender!

Die Vitalienbrüder an der Ems

Beide stammten gar nicht von der Nordsee, aber hier hatten sie es am schlimmsten getrieben: die Seeräuber Klaus Störtebeker und Gödeke Michael. Ihre Heimat war die Stadt Wismar, die Ostsee ihr ursprüngliches Revier gewesen, und dort hatten sie auch mit der Seeräuberei begonnen, anfangs fast legal: denn zunächst waren sie mit Kaperbriefen der Städte Rostock und Wismar auf Jagd gegangen. Ihre Aufgabe: Wie auch immer, notfalls geraubt, Proviant in das belagerte Stockholm zu bringen. Dort saß der Herzog Albrecht von Mecklenburg auf dem schwedischen Thron, zu Unrecht, wie die dänische Königin Margarethe behauptete, die deshalb die schwedische Hauptstadt mit ihrer Flotte belagerte.

Der Streit wurde schließlich beigelegt; doch als wieder Friede herrschte, hatten sich die Vitalienbrüder schon so an die Seeräuberei gewöhnt, daß sie damit nicht mehr aufhören mochten. Ihr Name, der von dem französischen Wort „vitaille" gleich Proviant stammte, blieb ihnen; er verbreitete Furcht und Schrecken, wo immer sie auftauchten.

Jetzt, Seeräuber auf eigene Faust, operierten sie hauptsächlich von Gotland aus, wo sie ihre Schlupfwinkel hatten, bis 1395 ein Heer der Deutschordensritter dem Treiben ein Ende machte. Störtebeker und Michael flohen in die Nordsee, womit sie sich ein Revier ausgeguckt hatten, wo schon die Friesen der Seeräuberei huldigten, die ähnlich wie die Vitalienbrüder eher zufällig in dieses damals durchaus übliche Gewerbe geraten waren. Ursprünglich waren die Friesen seefahrende Händler gewesen; nicht ohne Grund hieß die Nordsee damals „Friese Zee". Sogar bis ins Mittelmeer fuhren sie; so wird aus dem Jahr 1217 von 100 friesischen Schiffen berichtet, die bis ins Nildelta gelangt waren. Aus dieser beherrschenden Position hatte sie die immer stärker aufkommende Hanse verdrängt. Sie revanchierten sich, indem sie einen Kaperkrieg anzettelten.

Zu diesen ostfriesischen Seeräubern stießen nun die Vitalienbrüder, die — nachdem sie aus Gotland vertrieben waren — einen sicheren Hafen suchten, wo sie ihre Schiffe wieder instand setzen konnten, wo sie sich ausruhen konnten, vor allem aber: wo sie sich vor Verfolgern sicher fühlen durften. Das Wattenmeer mit seinen gefährlichen Sandbänken, den unübersichtlichen und seichten Prielen, wo ihnen die schweren Hansekoggen nicht folgen konnten, war geradezu ideal. Störtebeker und Michael ließen sich mit ihren Kumpanen in Marienhafe nieder, das nicht nur schwer zu erreichen war, also Sicherheit bot, es hatte noch einen Vorzug: hier stand das größte Bauwerk zwischen Weser und Ems, die Marienkirche, von deren gewaltigem Turm man die ganze Emsmündung überschauen konnte, also sowohl Beute erspähen, als auch herannahende Feinde rechtzeitig erkennen konnte.

Von hier aus machten die Vitalienbrüder nun die Gewässer der Nordsee unsicher. 1398 gelang ihnen ein besonderer Coup: Mit einem Danziger Schiff, das sie vor Norwegen gekapert hatten, gelang es ihnen, im Englischen Kanal 14 Handelsschiffe zu überwältigen. Als sie, beladen mit reicher Beute, schon auf dem Heimweg waren, lief ihnen noch ein besonders fetter Brocken vor den Bug: ein englisches Schiff, das Gold geladen hatte.

Mit diesem Raubzug war das Faß nun aber auch zum Überlaufen gekommen. Die Hanse machte mobil; obwohl die Vitalienbrüder immer wieder behauptet hatten, gegen Hamburger und Bremer

Schiffe nichts unternehmen zu wollen, sonst aber frei nach ihrem Wahlspruch handeln würden: „Gottes Freunde, aber aller Welt Feinde".

Hamburg und Bremen rüsteten elf Koggen aus, die mit 950 Mann Kriegsvolks bemannt wurden, darunter 300 der gefürchteten Armbrustschützen. Am 14. April 1400 brach das Geschwader auf. In der Emsmündung sichtete man die Schiffe der Vitalienbrüder, die überraschenderweise nicht Reißaus nahmen, sondern sich zum Kampfe stellten. Ein schwerer Fehler: denn in einem fürchterlichen Gemetzel unterlagen sie den besser gerüsteten Hansekoggen. Wer nicht mehr fliehen

DIE EMS UND OSTFRIESLAND UM 1400

1 Jansumer Gatt   5 Störtebekertief
2 Jemgumer Geise
3 Weener Geise
4 Wittmunder Tief

konnte, ergab sich in der Hoffnung auf Gnade den Siegern, die jedoch in ihrer rasenden Wut alle Gefangenen — es sollen 80 gewesen sein — über Bord warfen. Doch die beiden Rädelsführer waren entkommen. Klaus Störtebeker nach Holland, und Gödeke Michael war es gelungen, mit seinem Schiff Richtung Marienhafe zu fliehen, das er allerdings nicht mehr erreichte, so daß er in seiner Not sein Schiff im Störtebekertief in Brand setzte und seine Flucht zu Lande fortsetzte.

Doch beide entkamen ihrem Schicksal nicht. Störtebeker wurde noch im gleichen Jahr vor Helgoland gefangen, nach Hamburg gebracht und dort hingerichtet. Gödeke Michael floh zunächst nach Norwegen, kam dann später zurück, wo ihn sein Schicksal in

der Wesermündung ereilte. Als er einen Kauffahrer aus Hoorn jagte, tauchten plötzlich zwei Hamburger Schiffe auf, zu denen sich bald noch ein drittes gesellte. Gödeke Michael wurde überwältigt, ebenfalls nach Hamburg gebracht und dort wie Klaus Störtebeker mit seinen Leuten enthauptet.

Damit war's vorbei mit der Freibeuterei an der Ems. In der Erinnerung aber lebten die beiden Seeräuber als Helden fort:

„Störtebeker und Gödeke Michael
De roveden beide to Lieken Deel
To Water unde to Lande"
Zu gleichen Teilen (niederdeutsch: to Lieken Deel), so wurde der Raub geteilt, und das war es, was die beiden Räuber so populär gemacht hatte.

Kampf zwischen mittelalterlichen Koggen. Nach einer englischen Illustration (aus dem British Museum, London).

KLEINE STADT AM GROSSEN FLUSS

Tönning, altes Hafenstädtchen an der Eider. Zur Zeit Napoleons befestigt, und ein Handelshafen von europäischer Bedeutung. Die Eider ist trotz des Sperrwerks an der Mündung ein immer noch von den Gezeiten bestimmter Fluß, mit einem Tidenhub von 3 m. Die Straßenbrücke wird auf Verlangen geöffnet.

1 Büsum: teils Fischerhafen, teils Nordseebad. Am Steg des Sportboothafens liegt man ruhig, hat aber ziemlich weit zur Stadt. Besser in dieser Beziehung: das übernächste Becken, wo man sich allerdings mit den Fischern arrangieren muß.

2 Das neue Sperrwerk am Büsumer Hafen steht im Sommer fast immer offen. Ein- und Ausfahrt werden mit Lichtsignalen geregelt.

3 Meldorf, ein neuer, tidenfreier Bootshafen von großen Ausmaßen und mit großen Wassertiefen. Liegt in einer einsamen Landschaft, weit weg von Meldorf.

4 Das Eider-Sperrwerk: eines der größten Küstenbauwerke an der Nordsee. Man fährt durch die Schleuse und dann gleich weiter; kein Platz zum längeren Verweilen.

1 Tief zieht sich der Hafen von Tönning in das alte Städtchen hinein. Doch nur im äußeren Teil kann man liegen. Auch wenn das Wasser mit der Ebbe abfließt: ein urgemütlicher Hafen.

2 Wie in einem Park: der Alte Hafen von Friedrichstadt, und dazu noch tidenfrei.

3 Kommt man zum Schleusen zu spät, so kann man an dem Schlengel rechts davor gut zur Nacht liegen.

1 *Friedrichstadt, ein Holländerstädtchen, so schön, als wär's gemalt. Vorne die Treene, auf der einst die Wikingerboote von Haithabu zur Nordsee fuhren.*

2 *Schülpersiel, ein ebenso winziger wie einsamer Hafen, im Deichvorland der Eider. Bei NW ist fast* *das ganze Wasser weg. Gut festgemacht, kann man an der Ladekade dennoch sicher liegen.*

3 *Die Eidermündung. Das Eidersperrwerk läßt die Gezeitenströme weiter hindurchlaufen. Nur bei Gefahr einer Sturmflut werden die Entwässerungsschleusen geschlossen.*

Sehr viel einsamer als das Ostfriesische ist das Nordfriesische Wattenmeer. Große Ströme führen vorbei an langen Sänden, hin zu den Häfen der Küste. Wir legen in Helgoland ab und steuern die Süderpiep an, ein Fahrwasser, das zum großen Fischerhafen und Seebad Büsum führt. Später geht die Fahrt weiter zur Eider, einem ebenso mächtigen wie stillen Fluß, der jetzt geschützt hinter einem riesigen Sperrwerk liegt. Zwei besonders idyllische Städtchen finden wir hier: Tönning und Friedrichstadt. Wer will, kann auf der Eider bleiben und über den Gieselau-Kanal zum Nord-Ostsee-Kanal fahren, der ihn, ganz nach Belieben, zur Nord- oder zur Ostsee bringt.

Wirft man einen Blick auf die betreffenden Seekarten, dann fallen die gravierendsten Unterschiede zwischen dem ostfriesischen und dem nordfriesischen Revier sofort ins Auge. Beide sind zwar Wattenreviere, aber:

An den Ostfriesischen Inseln verläuft die 10-m-Linie ziemlich parallel und gleichmäßig in einem Abstand von zirka zwei Seemeilen. Das heißt: Man kann dicht an die Inseln heranfahren und hat selbst bei mittlerer Sicht die Möglichkeit, sich an den Landmarken, vor allem den hohen Leuchttürmen, zu orientieren. Solange man diese 10-m-Linie nicht wesentlich überschreitet, kann man auch sicher sein, daß man von den gefährlichen Sänden, vor allem von den Seegatten freibleibt. Probleme der Orientierung gibt es vor den Ostfriesischen Inseln kaum. Die liegen anderswo, nämlich an den Seegatten, den Einfahrten zwischen den Inseln, und da wiederum sind es die Barren, die flachsten Stellen also, die einen in Verlegenheit bringen können, zuweilen ein Einlaufen sogar unmöglich machen. In den Kapiteln 6, 7, 8 lesen Sie ausführlich darüber.

Im nordfriesischen Revier liegen die Dinge ganz anders. Hier strecken sich Sände und Watten bis zu 20 Seemeilen westwärts; auch die 10-m-Linie ist nicht gleichmäßig, sondern verläuft in schmalen, weit vorspringenden Schleifen. Landmarken helfen einem bei der Ansteuerung in diesem Revier wenig oder überhaupt nicht, weil sie von den Ansteuerungstonnen viel zu weit entfernt liegen. Dafür hat man hier das Problem mit den Barren praktisch nicht, wie die nachstehende Tabelle zeigt:

Süderpiep	keine Barre
Eider	Wassertiefe an der Barre 4 m
Süderhever	keine Barre
Mittelhever	keine Barre
Alte Hever	keine Barre
Schmaltief	keine Barre
Rütegat	Wassertiefe auf der Barre gut 4 m
Vortrapptief	Wassertiefe zwischen 3 und 4 m auf der Barre
Listertief	keine Barre

Die Schwierigkeit im nordfriesischen Revier liegt, wie schon angedeutet, woanders: nämlich darin, exakt die Ansteuerung zu finden. Hat man das geschafft, wird alles viel einfacher.

Zur Süderpiep

Unser Ausgangshafen soll *Helgoland (S. 14ff.)* sein. Wer allerdings aus der Elbe kommt, wird es wohl links liegen lassen und den kürzeren Weg durch die Norderelbe nehmen (s. S. 60). Aber das lassen wir jetzt einmal außer acht.

Also ab *Helgoland* mit Ziel *Büsum* über die *Süderpiep:* Vor Helgoland wird man an der *Tonne Düne S* seinen Kurs auf die r.w. Ansteuerungstonne Süderpiep – Pos. 54° 8′ N, 8° 19′ E – absetzen. Die Distanz: knapp 14 Seemeilen.

Diese vergleichsweise winzige Tonne überhaupt zu finden, dürfte das schwierigste sein. Danach wird es einfacher. Die nächsten Tonnen liegen etwa 5 sm entfernt, und zwar gleich vier an der Zahl in einem Umkreis von nur einer Seemeile: Die wichtigste ist die rote *Leuchttonne Nr. 2* (Blz.r.-4s) mit einer roten Glockentonne daneben, dann SW-lich davon die grüne Tonne 1 und südlich die grüne 3 plus einer schwarzgelben Kardinaltonne. Diese Tonnen-„Anhäufung" dürfte man eigentlich nicht verfehlen; auch der weitere Weg nach Büsum, der immer am Tonnenstrich der *Süderpiep* entlang führt, dürfte einem kein Kopfzerbrechen mehr bereiten, es sei denn, bei sehr schlechter Sicht, denn die Tonnen liegen doch bis zu einer Seemeile voneinander entfernt. Auch darf man nie vergessen, daß das Fahrwasser zwischen Untiefen hindurchführt und vorbei an hoch trockenfallenden Sänden. Der *Strom* in der Süderpiep entwickelt ein beträcht-

liches Tempo: Einlaufend erreicht er bis zu 2,3 sm/h und auslaufend sogar bis zu 2,8 sm/h. Man wird ihn auf alle Fälle zu nutzen suchen, denn auf das Hochwasser braucht man ja keine Rücksicht zu nehmen, da es keine Barre zu überwinden gilt auch Büsum bei NW angelaufen werden kann.

Bei unserem *Tonnenpaar Nr. 1 und 2* in der Süderpiep beginnt der einlaufende Strom etwa 4 ½ h vor HW Helgoland; er läuft dann etwa sechs Stunden in die Richtung, in die wir auch wollen also ostwärts. Erst 1 h und 40 min nach HW Helgoland wird in Büsum der Ebbstrom einsetzen.

Diese sechs Stunden werden gut reichen, um die 16 Seemeilen durch die Süderpiep bis Büsum zu segeln.

Die Frage ist jetzt nur: Wann muß ich in Helgoland ablegen, um zwischen drei und vier Stunden vor HW Helgoland an der Süderpiep zu sein? Die Distanz von der Tonne Düne S beträgt knapp 20 sm. Wieviel man an Zeit für diese Strecke ansetzt, kann man nicht theoretisch festlegen, es hängt vom Boot ab, was dieses überhaupt laufen kann, und natürlich vom Wind.

Außerdem muß man sorgfältig beobachten, ob einen auf dieser langen Strecke der Strom versetzt und wenn ja wie sehr. Für diese Kursberechnung sind folgende Stromrichtungen und -stärken zu berücksichtigen:

Stromrichtung, Stärke:

2 h nach HW Helgoland: NW, 0,4 sm/h;

1 h nach HW Helgoland: NE, 0,3 sm/h;

HW Helgoland, ENE, 0,8 sm/h;

1 h vor HW Helgoland: E, 1,0 sm/h;

2 h vor HW Helgoland: E, 1,2 sm/h.

Sieht man sich diese Daten an, so erkennt man, daß wir auf unserem Kurs von Helgoland zur Süderpiep die Stromversetzung praktisch vernachlässigen können; die Versetzungen heben sich gegenseitig auf, die beiden letzten Stunden schiebt der Strom sogar mit.

Leider ist es nicht immer so günstig. Es wäre falsch, ja gefährlich, aus dieser Konstellation verallgemeinernde Schlüsse zu ziehen. Will ich etwa von Helgoland zum Vorrapptief (siehe Seite 196), so werde ich auf dieser 32 Seemeilen langen Distanz per Saldo mehr nach Osten versetzt, und das heißt auf die Sände zu!

Ich möchte deshalb zumindest dem, der häufig hier segelt, raten, sich den Stromatlas des Hydrographischen In-stituts zuzulegen, aus dem man genau die Stromstärken und -richtungen ablesen kann.

Wie schon gesagt, das größte Problem wird sein, die Ansteuerungstonne zu finden. Landmarken gibt es zwar, doch es muß schon sehr gute Sicht herrschen, um die immerhin 16 m hohe *Tertius-bake* auf dem *Tertiussand*, oder selbst die 24 m hohe *Buschsandbake* auf *Trischen* rechtzeitig auszumachen: Erstere liegt 12 sm (in E) von der Ansteuerungstonne Süderpiep, und letztere gar 13,5 sm (in ESE)!

Das erste, was man von

Büsum

sieht, sind zwei gewaltige Silos; das nördliche der beiden entpuppt sich dann allerdings als ein 25stöckiges Wohnhochhaus.

Das neue Sperrwerk vor dem Hafen steht fast immer offen; nur bei einem HW-Stand von 0,5 m über Normal wird es geschlossen. Etwas Vorsicht ist dennoch geboten, denn die Einfahrt ist so eng, daß zwei größere Schiffe sie nicht gleichzeitig passieren

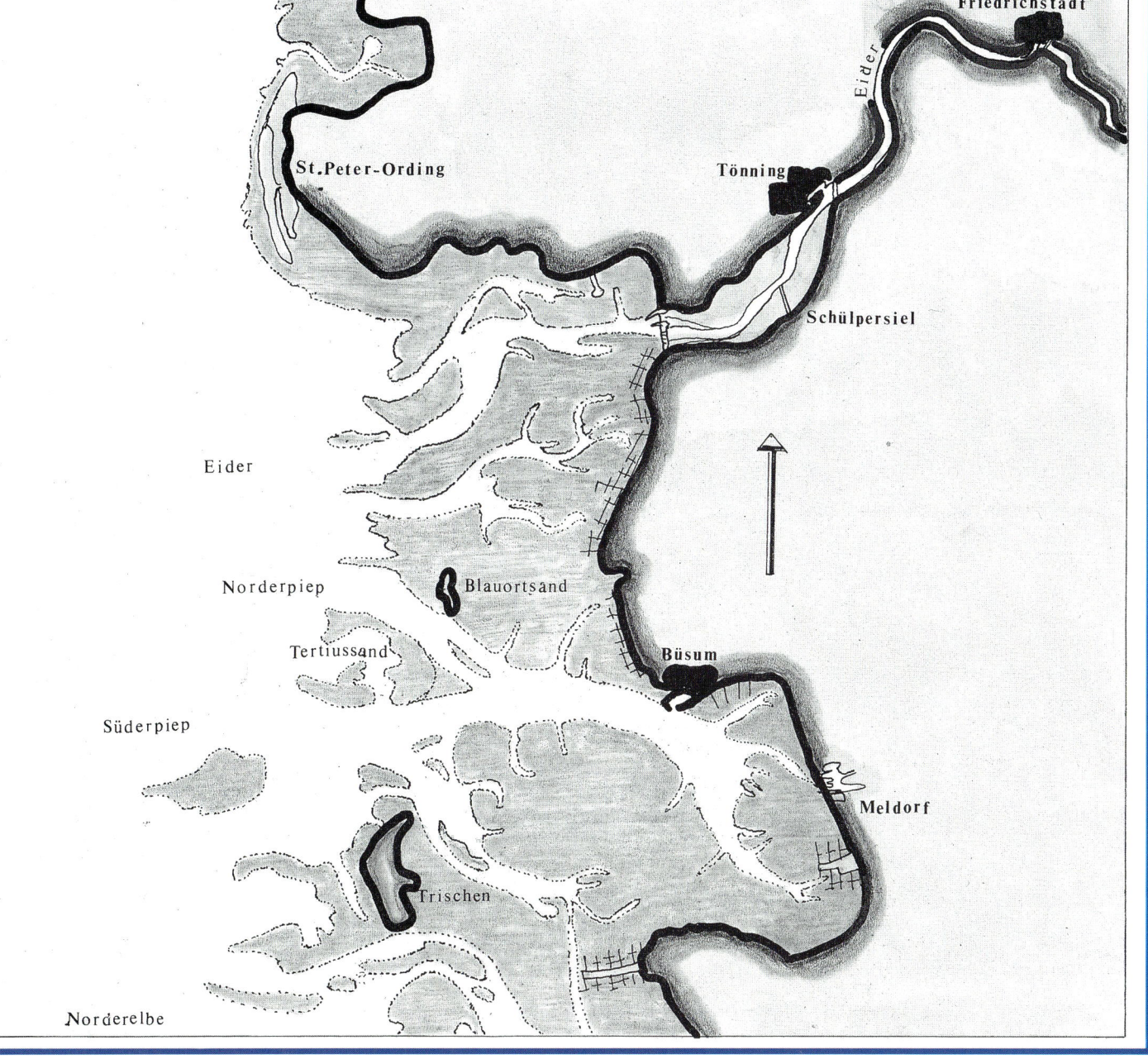

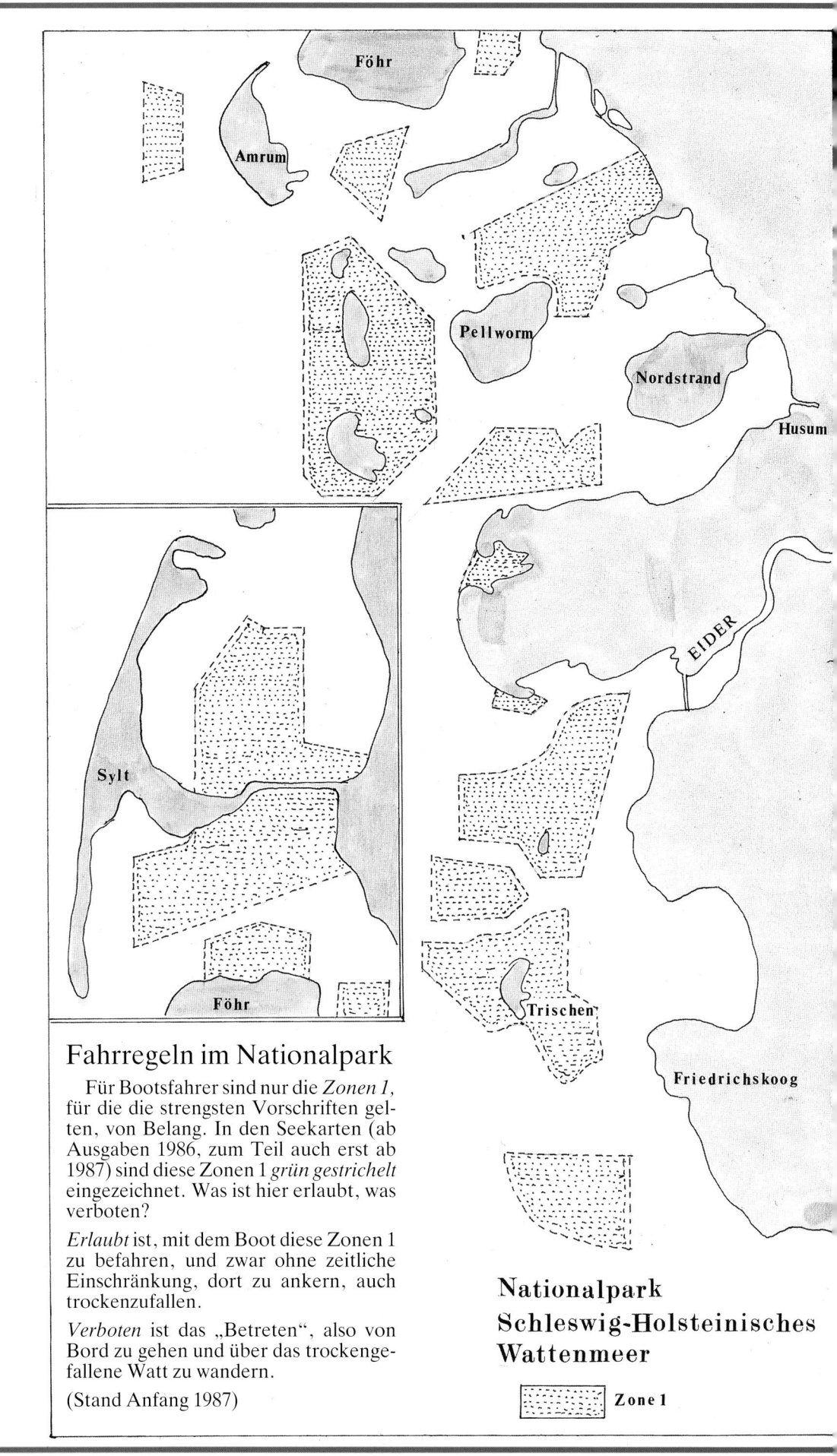

Fahrregeln im Nationalpark

Für Bootsfahrer sind nur die *Zonen 1*, für die die strengsten Vorschriften gelten, von Belang. In den Seekarten (ab Ausgaben 1986, zum Teil auch erst ab 1987) sind diese Zonen 1 *grün gestrichelt* eingezeichnet. Was ist hier erlaubt, was verboten?

Erlaubt ist, mit dem Boot diese Zonen 1 zu befahren, und zwar ohne zeitliche Einschränkung, dort zu ankern, auch trockenzufallen.

Verboten ist das „Betreten", also von Bord zu gehen und über das trockenge-fallene Watt zu wandern.

(Stand Anfang 1987)

Nationalpark Schleswig-Holsteinisches Wattenmeer

Zone 1

162

können. Der ein- und auslaufende Verkehr wird deshalb mit Lichtsignalen geregelt:

ein festes rotes Licht: Einfahrt nicht gestattet;

ein festes grünes Licht: Einfahrt frei.

Bei Rot gibt man, um sich bemerkbar zu machen, das Schallsignal „lang – lang".

Auch auf den Strom muß man achten, der hier bei halber Tide besonders stark läuft.

Liegeplätze findet man entweder an den Stegen des Yachtclubs im Hafenbecken IV oder im Hafenbecken II, wo die Krabbenkutter ihre Plätze haben. Am Yachthafen gibt es Duschen und WC: eine ordentliche Anlage insgesamt, doch muß man um den ganzen Hafen herumlaufen, wenn man in die Stadt will, und außerdem schaut man nur auf das massige, graue Silo und die Werfthallen. Was die Entfernung zur Stadt angeht, wäre das Becken II um einiges günstiger; ansonsten bliebe es sich gleich, wo man sein Boot festmacht. Die Wassertiefe ist mit gut 2,5 m überall ausreichend. Nur wenn man zu den Yachtstegen fährt, sollte man sich gut mittig halten. Das Becken IV, in dem die Stege liegen, wird außerdem nach hinten zu rasch untief. Die Versorgung ist rundum gut.

Leider fällt der schöne Alte Hafen vollständig trocken; unterhalb des Bilderbuch-Leuchtturms gelegen, gehört er zu den schönsten Ecken von Büsum.

Das Städtchen, einerseits Seebad (wirtschaftlich wichtiger), andererseits Fischerhafen (für unsereins interessanter), lohnt nicht nur wegen des guten, tiefen Hafens einen Besuch, auch wenn im Sommer ein ziemlicher Trubel herrscht. Selbst das kann seine Reize haben, besonders wenn man aus der Einsamkeit des Wattenmeers kommt.

Die Fischfangflotte von Büsum ist immer noch beträchtlich. Die Werft hat wie so viele an der Küste große Probleme, und das ist in diesem strukturschwachen Ge-

biet besonders schlimm. So werden jede Kammer und jedes Bett an die Fremden vermietet, damit ein bißchen zusätzliches Geld in die Familienkasse kommt.

Büsum hat die üblichen Seebad-Einrichtungen wie Hallenschwimmbad und Unterhaltungsangebot. Kulinarisches bieten die Fischgeschäfte und zum Beispiel, als eins von vielen erwähnenswerten, das Restaurant „Alte Post", wo man sich den Büsumer (oder Helgoländer?) Eiergrog zu Gemüte führen kann.

HW 30 min nach HW Helgoland; NW 5 h 15 min vor HW Helgoland. Der auslaufende Strom beginnt 1 h 40 min vor HW Helgoland.
MTH 3,3 m

Die vier Seemeilen durchs *Kronenloch* von Büsum zum *Sperrwerk Meldorf* können eine schöne ruhige Fahrt werden, wenn in der *Meldorfer Bucht* nicht gerade geschossen wird. Ob das der Fall ist, kann man an den entsprechenden Signalen am Sperrwerk in Büsum sehen. Ein roter Ball und zwei schwarze Kegel mit Spitze nach oben – wenn dieses Signal gezeigt wird, darf man nicht weiter in die Meldorfer Bucht hineinfahren, denn dann pfeifen bald die Granaten übers Watt.

Mit der Eindeichung der Meldorfer Bucht ist gleichzeitig hinter dem Deich ein recht guter, tiefer, wenn auch noch ziemlich kahl und nüchtern erscheinender Bootshafen entstanden:

Meldorf

Im Hafen selbst hat man ziemlich viel Wasser, jedenfalls genügend, daß man sich um die Gezeiten nicht zu scheren braucht; das ist anders in der Ansteuerung vor dem Sperrwerk, denn dann bleibt bei NW nicht mehr als gut 1 m Wasser stehen.

Der vordere Teil des Hafens besteht aus einem Bauhof, dahinter liegen die beiden Stege zweier Yachtclubs und nochmals dahinter ein

dritter, der zur *Meldorf Marina* gehört. Wasser, WC, Duschen und ein 20-t-Kran, das ist die ganze Versorgung.

Ein sehr eigenartiger Platz, in einer weiten, etwas schwermütigen Landschaft: große Speicherbecken, kein Baum, kein Strauch und von Sand überwehte, flache Wiesen. Im Osten sieht man die kupfernen Dächer des Doms von Meldorf in den Himmel ragen, eines verschlafenen, für Dithmarschen aber wichtigen Landstädtchens:

Meldorf liegt auf einem weit ins Marschland vorspringenden Geestrücken, der so hoch ist, daß das Städtchen gut vor den Sturmfluten geschützt war, die über Jahrhunderte immer wieder die Westküste heimsuchten. Dieser günstige Platz war wohl prädestiniert für eine frühe Ansiedlung. Karl der Große hat hier eine Taufkirche gebaut, auf deren Platz dann im 13. Jahrhundert die St. Johannis-Kirche entstand, der Dom der Dithmarscher, eine wuchtige Backsteinkirche, die bedeutendste an der Westküste überhaupt. Der hohe, spitze Kirchturm ist allerdings erst im vorigen Jahrhundert gebaut worden, nachdem der alte Turm abgebrannt war.

Ein Dom im strengen Sinn war die Kirche jedoch nie, denn ein Bischof hat in Meldorf nicht residiert; es war eben die größte und wichtigste Kirche in der Bauernrepublik Dithmarschen.

Die Dithmarscher, dieser schwerblütige, dem Boden verhaftete Menschenschlag, haben sich lange gegen die Herrschaft der Dänenkönige aufgelehnt: Noch 1550 brachten sie dem Ritterheer König Johanns eine fürchterliche Niederlage bei, als sie das im schweren Regen auf der Düsenddüwelswarf dahinziehende Heer überfielen und einen nach dem anderen der schwergepanzerten Ritter vom Pferd zogen und niederstachen. Doch auf die Dauer kamen die Bauern gegen die Übermacht der besser organisierten Dänen nicht an, und schon bald nach dieser Schlacht von Hemmingstedt, das etwas nördlich von Meldorf liegt, wurde die stolze

Bauernrepublik ein Teil des Königreichs Dänemark, und das blieb sie auch bis 1864. Das Städtchen hat noch recht sehenswerte Winkel, besonders um die Kirche; auch den alten Hafen gibt es noch, der durch einen Kanal mit unserem Bootshafen an der Meldorfer Bucht verbunden ist. Lohnenswert ist ein Besuch des Dithmarscher Landesmuseums, eines Bauernmuseums, wo man unter anderem einen Pesel zu sehen bekommt, eine jener kostbar ausgestatteten und mit Kacheln verkleideten Wohnstuben der alten Friesen.

Freilich: vom Yachthafen nach Meldorf sind es lange acht Kilometer.

Zur Eider

Die 30 Seemeilen von *Meldorf* (oder Büsum – dann wären es „nur" 26) zur *Eidermündung* kann man, wenn man etwas rechnet, immer im mitlaufenden Strom fahren, optimieren aber kann man die Fahrt nicht, wie wir gleich sehen werden.

Der ablaufende Strom in *Büsum* beginnt 1 h 40 min nach HW Helgoland – das ist das eine Datum, das andere ist der Zeitpunkt des beginnenden einlaufenden Stroms in der *Eidermündung*, nämlich 2 h 30 min nach HW Helgoland.

In der *Norderpiep*, der Verbindung zwischen dem *Südfahrwasser* und der *Eidermündung*, läuft der stärkste Strom 3 h 30 min nach HW Helgoland. Das alles paßt nicht recht zusammen. Deshalb: Optimieren kann man die Fahrt nicht, man muß, wie so oft beim Segeln in Wattengewässern, Kompromisse schließen. Ganz abgesehen davon, daß es bei nordwestlichen Winden in der *Norderpiep* so unangenehm werden kann, daß man den auslaufenden Strom vielleicht gar nicht nutzen will, um die ungesunde Konstellation Strom gegen Wind zu vermeiden; und auch auf der allerdings nicht sehr flachen Barre vor der *Eidermündung* kann sich unter – widrigen – Umständen eine recht böse See aufbauen.

Es sind also eine ganze Menge von Faktoren zu bedenken, bevor man die Leinen löst und zu diesem Törn zur Eider aufbricht.

Von der r.w. *Ansteuerungstonne Eider* (54° 14′ N, 8° 28′ E) bis zum *Eidersperrwerk* sind es noch 15 Seemeilen, gewiß eine ganze Menge, doch wenn man erst einmal die Barre hinter sich hat, werden die letzten elf Meilen relativ leicht zu fahren sein. Hier hat man nun endlich auch einmal brauchbare Landmarken: den Leuchtturm von St. Peter-Ording, einen 18 m hohen roten Turm mit schwarzer Laterne, und die auffallend vielen weißen Hotels dieses großen Seebades.

Das

Eidersperrwerk

ist ein fast fünf Kilometer langer Damm, an den sich nördlich eine Schleuse anschließt. Der Damm, 3,5 m höher als hier je eine Sturmflut gemessen wurde, läßt zwar durch seine Sieltore die Gezeitenströme hindurchlaufen, diese Tore aber können bei Gefahr einer Sturmflut geschlossen werden. Durch die Sielschleusen läuft ein unglaublicher, wirbeliger Strom, jedenfalls zu Zeiten, wenn das Wasser in der Eider aufgestaut wird, damit danach mit diesen Wassermassen die Fahrrinne in der *Außeneider* durchgespült werden kann. Ein nüchternes, zweckmäßiges Bauwerk, mit viel nacktem Beton und kahlen, asphaltierten Flächen, jedenfalls kein Ort, an dem man sich länger als notwendig aufhalten mag. Doch interessant: Das Eidersperrwerk ist eines der größten Küstenbauwerke an der Nordsee.

Im Vorhafen vor der Schleuse darf man nur festmachen, wenn man auf das Öffnen der Schleuse warten muß, und dies auch nur an der Südkade.

HW 23 min nach HW Büsum, NW 1 h 16 min nach NW Büsum. MTH 3,1 m

Eider

und Gieselau-Kanal schaffen zusammen eine 90 km lange Schiffahrtsverbindung zum Nord-Ostsee-Kanal: ein landschaftlich sehr schöner, auch gemütlicher Törn. Bis zur Schleuse Nordfeld (km 78) bestimmen noch die Gezeiten den Wasserstand der Eider: der Tidenhub beträgt rund 3 m.

Elf Kilometer eideraufwärts – man rechnet auf einem Fluß etwas unseemännisch nach Kilometern – liegt am Nordufer sehr malerisch in der Biegung der Eider

Tönning,

das für kurze Zeit, nämlich zu Beginn des vorigen Jahrhunderts, ein Hafen von europäischer Bedeutung war. Das verdankte es zum einen dem 1784 fertiggestellten Eider-Kanal, dem kleinen Vorgänger des Nord-Ostsee-Kanals, vor allem aber der Kontinentalsperre, die die Waren statt zu dem blockierten Hamburg nun zu diesem kleinen Hafen an der Eider leitete. Es war eine ebenso üppige wie kurze Blütezeit. Denn als die Kontinentalsperre aufgehoben wurde, war es auch mit der Herrlichkeit in Tönning vorbei. Die Kaufleute und Reeder, die hierher ausgewichen waren, zogen wieder ab. Dabei spielte ein in Hamburg berühmter Name eine Rolle: einem Robert S. Sloman, Konsul seiner Britischen Majestät in Tönning, gefiel es auf dem Kontinent so gut, daß er hier blieb, die Tochter des Hafenkommandanten von Tönning heiratete, dann allerdings nach Hamburg zog, wo er Begründer der bekannten Kaufmanns- und Reederdynastie wurde.

Tönning war dänisch wie das ganze Land hinunter bis nach Altona. Die Stadt, im Dreißigjährigen Krieg zur Festung ausgebaut, hatte lange eine gewisse Bedeutung als Ausfuhrhafen landwirtschaftlicher Produkte von der Halbinsel Eiderstedt.

Ungemein malerisch ist noch immer der *Alte Hafen*

mit dem schönen großen Packhaus, der Häuserreihe und den gestutzten Bäumen davor; er zieht sich hakenförmig in die Stadt hinein, ist leider ziemlich schmal und zudem noch immer stark von Fischkuttern belegt. Bei HW hat er eine Wassertiefe von etwa 3 m, fällt also bei NW trocken, bis auf ein schmales Rinnsal in der Mitte. Die Nordkaje ist Fischkuttern vorbehalten. Yachten legen sich an die Südkaje, und zwar am besten hinter den alten Kran. Extrem hoch sind die eisernen Spundwände. Am Hafen gibt es eine Tankstelle und eine Kutterwerft mit Slip.

Der große, nüchterne Tonnenhof paßt nicht so recht zum malerischen Bild des schönen Hafens, muß aber wohl sein. Ihm gegenüber steht ein langgezogenes, schlicht-schönes altes Haus: Es beherbergt das Wasser- und Schiffahrtsamt Tönning, das unter anderem für „unsere" Tonnen an der schleswig-holsteinischen Nordseeküste zuständig ist.

Bei ruhigem Wetter könnte man auch außen vor dem Hafen an der *Eiderkaje* festmachen, läge allerdings sehr exponiert, dafür aber im tiefen Wasser, und hätte einen schönen Blick über den breiten Fluß.

HW 1 h 55 min nach HW Büsum, NW 2 h 24 min nach NW Büsum.
MTH ca. 3 m

Auf dem Weg nach dem rund 15 km entfernten Friedrichstadt wird aus dem breiten Mündungstrichter der Eider allmählich ein ziemlich schmales Gewässer, gesäumt von Schilf und hohen grünen Deichen.

Von

Friedrichstadt

kommt zuallererst ein hohes, dunkelbraunes, siloähnliches Gebäude in Sicht: die alte Mühle, die direkt am Hafen steht. Friedrichstadt, das heute rund 3000 Einwohner zählt, ist – so alt es auch wirkt

– eine verhältnismäßig junge Stadt, die erst zu Beginn des 17. Jahrhunderts entstanden ist; als Neugründung des Herzogs Friedrich III. von Gottorf-Schleswig. Man wollte – so hoch gegriffen war der Plan – daraus einen Welthandelshafen machen. Und der Ort dafür war auch gut und mit Bedacht gewählt, an der Mündung der Treene in die Eider, also just an jenem uralten Handelsweg, der früher von der Ostsee zur Nordsee geführt hatte, über Haithabu an der Schlei, einen der wichtigsten Handelsplätze der Wikinger. Größtes Problem beim Bau der Stadt war das sumpfige Stück Land zwischen Treene und Eider, auf dem sie entstehen sollte. Da traf es sich gut, daß niederländische Glaubensflüchtlinge auf der Suche nach einer neuen Heimat waren. So wurde Friedrichstadt auch nach Plänen der Holländer, die damals schon ganz hervorragende Deichbauer waren, angelegt: mit einem sehr großen Marktplatz in der Mitte, mit einem Netz rechtwinklig aufeinanderstoßender Straßen, und mit den typisch holländischen Grachten, die nicht nur als Entwässerungskanäle dienten, sondern auch mit Lastkähnen befahren werden konnten – und so ist Friedrichstadt heute noch: eine kleine Holländerstadt in Deutschlands hohem Norden. Die Glaubensfreiheit, die der Herzog gewährte, zog auch andere Flüchtlinge an, Katholiken, Lutheraner und selbst Juden aus Portugal. Doch aus all den hochfliegenden Plänen wollte nichts Rechtes werden, zumal die Holländer auch bald wieder in ihre Heimat zurückkehren konnten. Geblieben ist bis auf den heutigen Tag ein wundervolles Städtchen voll alter Giebelhäuser, mit schönen Kirchen, mit Rosen und Bäumen und natürlich auch stillen, dunklen Grachten.

Wer sich mit der Stadt und ihren baulichen Kostbarkeiten, auch ihrer Geschichte näher vertraut machen will, dem sei das Büchlein „Friedrichstadt" von Heinrich Erler empfohlen; zu kaufen in der Buchhandlung am Markt.

Den tidefreien *Alten Hafen* von Friedrichstadt erreicht man durch eine *Schleuse* (Öffnungszeiten: wochentags 06.00–19.00, sonn- und feiertags 09.00–18.00). In der Schleusenzufahrt bleiben selbst bei NW noch etwa zwei Meter Wasser stehen; am Schlengel rechter Hand vor der Schleuse könnte man deshalb recht gut liegen.

Im kleinen Hafen, der mit seinen mächtigen Bäumen und den Schilfufern recht idyllisch wirkt, kann man zwischen Pfahl und Steg festmachen. Auf der Wiese ein kleines Clubhaus. Nur die – leider vielbefahrene – Autostraße trennt einen von der Idylle Friedrichstadt.

HW 2 h 50 min nach HW Büsum, NW 3 h 51 min nach NW Büsum.

Auf halbem Weg zwischen Tönning und dem Eidersperrwerk liegt am Südufer der winzige Sielhafen

Schülpersiel,

den man über einen ziemlich langen Kanal erreicht, der bei der grünen Tonne Nr. 77 von der Eider abzweigt. Der Kanal zieht sich durch flaches, grünes Vorland und fällt ebenso wie der Hafen trocken. Recht gute Plätze zum Längsseitsliegen findet man an der alten Ladekade, die manchmal sogar noch als solche benutzt wird. Einheimische Segler haben ihre Plätze am Schwimmsteg. Motoren soll man im Siel nicht, es sei denn, man hätte ein Segelboot im Schlepp. Der ländliche Yachtclub hat sich in einer Holzbaracke eine Seglermesse eingerichtet. Wasser gibt es, und für Abgehärtete eine Dusche im Freien; hinter dem Deich liegen ein paar Bauernhöfe. Sonst nur Natur und eine schöne Aussicht: Im Westen sieht man das Eidersperrwerk liegen und im Norden das nachts lichterfunkelnde Tönning.

HW ca. 45 min nach HW Eidersperrwerk, NW ca. 1 h 20 min nach NW Eidersperrwerk. MTH ca. 3 m

Nautische Unterlagen: Karten für die Sportschiffahrt Nr. 3013, „Nordfriesische Inseln mit Helgoland". Gezeitenatlas Nr. 2347 „Die Strömungen in der Deutschen Bucht". Leuchtfeuerverzeichnis Nr. 2102 Teil III A, „Nordsee, Südlicher Teil, einschließlich Orkney- und Shetland-Inseln." Tidenkalender!

11 Von der Eider nach Husum
ZU DEN UTHLANDEN

Im flachen, bei Sturm überfluteten Vorland steht der 40 m hohe Leuchtturm Westeheversand. Unentbehrlich mit seinem Sektorenfeuer für die Einsteuerung in die Süderhever (im Hintergrund). Uthlande, so nennen die Nordfriesen ihre Küstenregion vor den Deichen. Ursprünglich eine ziemlich zusammenhängende Landmasse, ist sie im Lauf der Jahrhunderte durch Sturmfluten in viele Inseln, Halligen und Sände zerrissen worden.

168

1 *Tümlauer Bucht, ein Hafen im Watt, wie verloren in einer großartigen Landschaft. Die Boote am Steg fallen alle hoch trocken.*
Etwas besser wäre es bei einem Kutter längsseits — wenn man überhaupt hinkommt.

2 *Tetenbüllspieker, noch kleiner, noch einsamer als Tümlauer Bucht. Hinter dem Schöpfwerk ein großes Speicherbecken.*

3 *Das Wattenmeer. Kann man hier überhaupt noch fahren? Bei Hochwasser schon, und wie!*

1 *Husum. Ein riesiger Hafen, doch bei Ebbe ist (fast) das ganze Wasser weg. Die enormen Silos sind weithin sichtbare Landmarken.*

2 *Rechts die Stege des Husumer Segelvereins im Rödemisser Priel: sehr eng, sehr wenig Wasser bei NW. Zum alten Stadthafen müßte man umständlich durch die Eisenbahnbrücke, und dann liegen dort auch nur kleinere Boote einigermaßen gut.*

3 *Der Süderhafen von Nordstrand. Extrem wenig Wasser, hoch trockenfallend die Bootsplätze. Ländlich und einfach.*

1 *Pellworm. Ein Hafen, wo man sich nach der Tide zu richten hat. Am Bootssteg nur wenig Platz. Die Boote fallen alle hoch trocken. Besser, man geht bei einem Kutter längsseits.*

2 *Strucklahnungshörn, der andere Hafen von Nordstrand. Fährhafen für Pellworm. Wenig Platz, und überhaupt kein Komfort. Immerhin: Selbst bei NW bleibt hier eine Wassertiefe von 1,5 m.*

3 *Nochmals Pellworm: Bei mehr Wasser sieht es schon ganz anders aus, doch mit über 2,5 m Wassertiefe darf man auch bei HW nicht rechnen.*

1

2

3

Husum, Theodor Storms „graue Stadt am Meer", ist der größte Hafen auf diesem Törn. Auf dem Weg dorthin passieren wir zwei winzige, völlig einsam gelegene Watthäfen: Tümlauer Bucht und Tetenbüllspieker. Freilich: beide sind nur etwas für kleinere Boote, für solche aber einmalig! An der großen, grünen Insel Nordstrand sehen wir, wie über Jahrhunderte die großen Sturmfluten diese Küste verwandelt haben. Hier lag einst das sagenhafte Rungholt, das in einer besonders schlimmen Sturmflut, der „Grooten Manndränke", untergegangen ist. Zum Schluß machen wir im Hafen von Pellworm fest, einer flachen, grünen Bauerninsel, die einstmals ein Teil von Nordstrand war, bis eine Sturmflut die beiden auseinanderriß.

Der Törn von der *Eider nach Husum* wird ein gewaltiger Schlag von fast 50 Seemeilen werden, von denen man aber ein paar sparen kann, wenn man nicht zu den weit seewärts gelegenen r.w. *Ansteuerungstonnen Eider* (54° 15′ N, 3° 28′ E) und *Süderhever* (54° 18′ N, 8° 23′ E), sondern schon vorher mit Kurs N über den *Rochelsteert* läuft, eine gleichmäßige Sandplatte vor St. Peter-Ording, die sich sechs Seemeilen weit westwärts erstreckt. Dies allerdings kann man sich nur erlauben, wenn man gutes Wetter hat.

Die *Gezeitenströme* in der *Eidermündung* und später dann in der *Hever* laufen so günstig, daß einem die 50 sm gar nicht so lang werden dürften, immer gutes Wetter vorausgesetzt. Man fährt praktisch im Bogen um die *Halbinsel Eiderstedt* herum und hat dabei immer das Seebad *St. Peter-Ording* mit seinen auffallenden Hotelbauten an Steuerbord. In der *Hever*, etwa auf der Höhe von *Süderoog Sand*, beginnt der einlaufende Strom etwa 6 h 10 min nach HW Husum und erreicht eine Geschwindigkeit zwischen 1,8 sm/h (Nippzeit) und 2,2 sm/h (Springzeit). Der auslaufende Strom beginnt 20 min vor HW Husum und erreicht bis zu 2,8 sm/h.

Von Süden kommend nimmt man von den drei Strömen der *Hever* am besten die *Süderhever*, danach das *Kolumbusloch*, das später wieder in die *Hever* mündet, die uns zum Schluß in einer sehr schmalen, engen Rinne zum Hafen von Husum bringt. Auf diesem Törn kann man den Strom immer mitlaufend haben, der in der Hever immerhin 2 sm/h im Schnitt erreicht. Die teilweise recht eng plazierten Tonnen sind für die Navigation ausreichend, so daß man Landmarken zur Orientierung eigentlich nicht braucht, obwohl es sie hier gibt: die *Leuchttürme von St. Peter-Ording,* *Westerheversand* und den im Norden auf der Insel *Süderoog Sand* stehenden gleichen Namens.

Auf dem Weg nach Husum passiert man zwei Häfen, die man in dieser Einsamkeit und Weltverlorenheit nur noch im nordfriesischen Wattenmeer finden kann.

Tümlauer Bucht

liegt in der Bucht gleichen Namens. Ab der *Tonne SH 9* führt zunächst ein Tonnenstrich (rote Spieren O 2 bis O 10) und danach ein Prickenweg, der auch von vielen Kardinaltonnen markiert ist, durch hohe Sände und Schlickbänke. Der Leuchtturm Westerheversand liegt hoch und beeindruckend vor einem, und im Norden, nicht weit weg, lugt die Backsteinkirche von Westerhever über den Deich, deren Turm sich mit dicken Stützmauern gegen den ewigen Westwind stemmt — eine urtümliche, sehr einsame Landschaft ist das, diese äußerste Ecke von Eiderstedt, Utholm, wie die Friesen sagen: die Insel ganz außen.

Der ganze Hafen fällt trocken, und zwar extrem. Mit dem richtigen Boot schadet das nichts, Kielyachten mit großem Tiefgang sollten nicht hinfahren.

Der Prickenweg entpuppt sich bei NW als ein schmales, sich mäanderartig dahinwindendes Rinnsal, das von hohen gelbbraunen Sänden flankiert wind.

Es gibt einen Schwimmsteg, dann eine graue Holzbaracke, die als Seglerheim dient. Wasser kann man bunkern; sonst keine Versorgung.

An der Kade haben ein paar Krabbenkutter ihre Plätze.

HW ca. 33 min nach HW Büsum; Zeit NW nicht bekannt.
MTH 3,3 m

Wenn eine Steigerung an Einsamkeit gegenüber der Tümlauer Bucht möglich ist, dann wäre das noch am ehesten beim Hafen

Tetenbüllspieker

der Fall. Der „Hafen" liegt vor einem Schöpfwerk, hinter dem sich ein ziemlich großes Speicherbecken ausbreitet.

Der Priel, der zum Hafen führt, das *Tetenbüllspieker Loch*, zweigt bei der grünen Tonne Nr. 47 vom Heverstrom ab. Die Einfahrt ist breiter und auch einfacher als die der Tümlauer Bucht, vor allem aber kürzer. Man muß sich trotzdem sehr sauber an die Pricken halten.

Im Hafen gibt es einen Schlengel, der bei NW hoch trocken liegt. An der Kade bleibt etwas Wasser stehen, vielleicht ein knapper Meter. Hier liegen auch immer ein paar Krabbenkutter.

Keine Versorgung, keine Seele weit und breit. Man ist fern jeder Zivilisation. Eben Natur, und sonst gar nichts.

HW ca. 10 min vor HW Husum, NW ca. 30 min vor NW Husum.
MTH 3,3 m

Schon von weitem sind die gewaltig hohen, grauen Silos von

Husum

zu sehen. Ein beinahe zwei Seemeilen langer, sehr schmaler Priel, die *Husumer Au*, führt zu dem meist offenstehenden Sperrwerk am Hafen. Man muß achtgeben, ob einem ein größeres Schiff entgegenkommt, und notfalls im *Heverstrom* warten, bis es passiert hat.

Der Husumer *Hafen* hat bei NW ganz wenig Wasser, fällt an vielen Stellen auch trocken; man kann ihn also nur nahe HW anlaufen.

In dem sehr nüchternen Außenhafen sollte ein Yacht nicht festmachen, allenfalls zur Versorgung, etwa um an der Nordkaje Treibstoff zu bunkern.

Im schmalen, sehr engen *Rödemisser Priel* hat der Husumer Segelverein seine Plätze; bleibt man weiter vorne und macht zwischen Pfahl und Steg fest, so ist dies so übel nicht, obwohl man auch hier bei NW nur noch im grauen Schlick liegen wird. Weiter nach hinten sollte man nicht fahren, dort wird es doch sehr, sehr eng. Direkt am Hafen führt die Eisenbahnstrecke vorbei, auf der die Schnellzüge von und nach Sylt donnern; insofern ist es nicht der richtige Urlaubsplatz, zumal man auch etwas weit zur Stadt hat. Dafür gibt es hier ein Seglerheim mit den üblichen Einrichtungen.

Der beste Platz könnte der *Binnenhafen* sein, denn dort liegt man sehr stimmungsvoll vor den alten Häusern an der Schifferbrücke und ziemlich zentral in der Stadt, wenn auch wegen des Parkplatzes nicht ruhig. Indes: man muß eine niedrige Brücke passieren, die zwar geöffnet wird, sich aber nach dem Fahrplan der Bundesbahn richtet, man hat deshalb unter Umständen lange Wartezeiten. An der Nordseite des Binnenhafens könnte man auch gut festmachen. Problem: der Hafen fällt nicht nur trocken, er hat auch unter der weichen Schlickschicht einen harten Untergrund, so daß nur Boote mit flachem Unterwasserschiff hier gut liegen, es sei denn, man findet eine Möglichkeit, weiter vorne an einem größeren Schiff längsseits zu gehen.

HW und NW siehe Tidenkalender. Ablegen sollte man kurz nach HW, wenn man eine Fahrt ins Wattenmeer machen will. MTH 3,5 m

Husum, Storms „graue Stadt am Meer", ist die Kreishauptstadt Nordfrieslands mit heute etwa 24000 Einwohnern. Theodor Storm (1817 bis 1888), von Beruf Amtsrichter, beschreibt seine Heimat so: „Es ist nur ein schmuckloses Städtchen, meine Vaterstadt, sie liegt in einer baumlosen Küstenebene, und ihre Häuser sind alt und finster. Dennoch habe ich sie immer für einen angenehmen Ort gehalten."

Die Stadt, heute Sitz mehrerer Behörden und vieler Schulen (auch eine große Bundeswehrkaserne liegt an ihrem Rande), ist ein sehr lebendiges Provinzstädtchen, dem es nur an Industrie fehlt, und das so die gleichen wirtschaftlichen Probleme hat wie sein Umland auch.

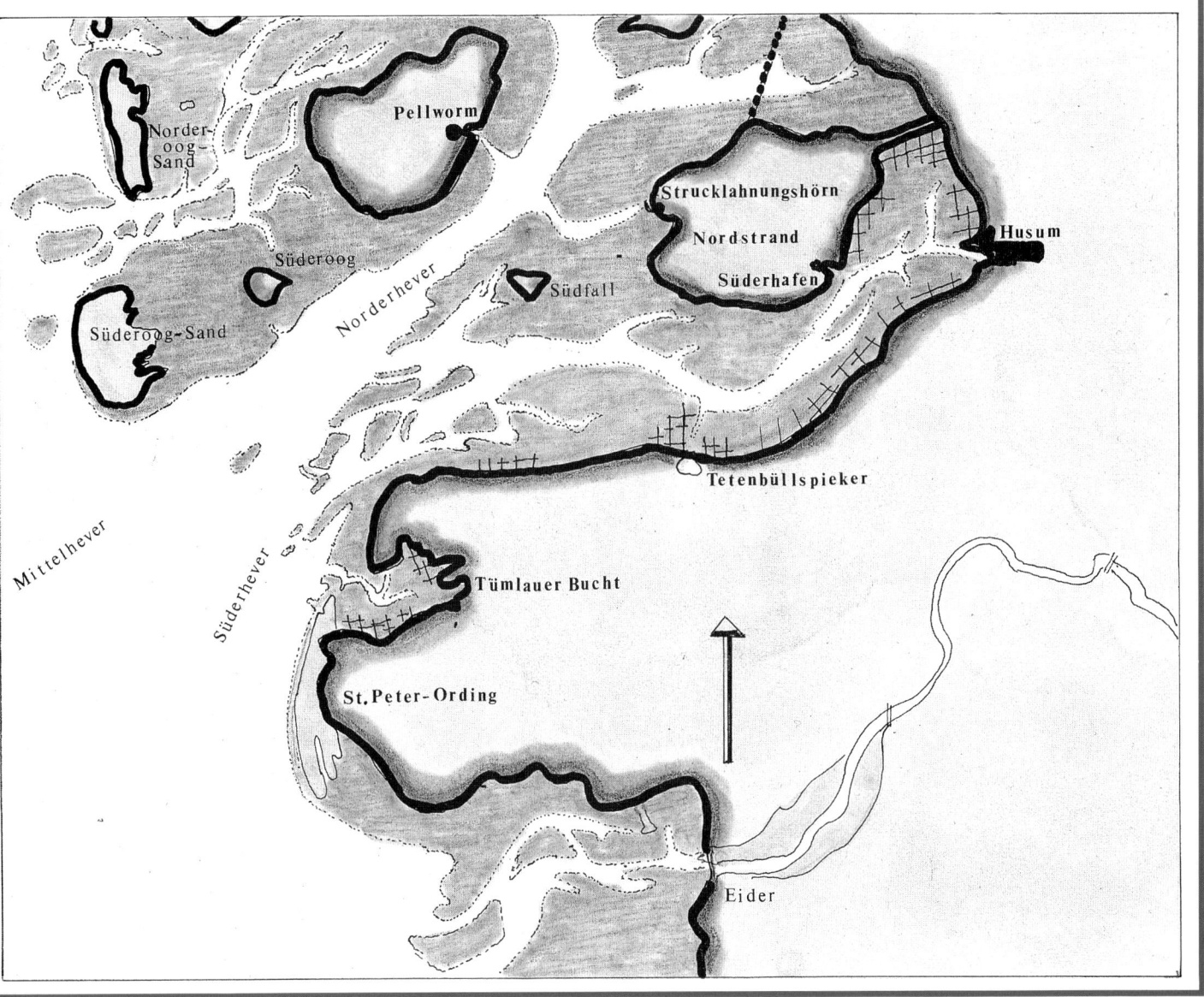

Grau ist Storms „graue Stadt am Meer" nur, wenn es regnet, was allerdings nicht selten der Fall ist.

Das Stadtbild ist trotz einiger Neubauten recht ansehnlich geblieben, besonders am Markt mit der klassizistischen Marienkirche und den behäbigen Patrizierhäusern. Nur einen Steinwurf von hier entfernt liegt in einem Park das Schloß vor Husum, einst Alterssitz der Schleswiger Herzoginnen, jetzt Landratsamt des Kreises Nordfriesland. Im Frühling verwandelt sich der Park in eine violett-leuchtende Krokuswiese, eine Attraktion, allein um deretwegen viele Touristen nach Husum kommen.

Man sollte sich etwas Zeit nehmen für das Theodor-Storm-Haus in der Wasserreihe Nr. 31, das Sitz der Theodor-Storm-Gesellschaft und gleichzeitig Museum ist. Und dann für das Nissenhaus, einen nahe dem Bahnhof gelegenen, düster-beeindruckenden Backsteinbau, den ein in Amerika zu Reichtum gekommener Husumer seiner Vaterstadt schenkte. Das Nissenhaus ist Heimatmuseum mit Einrichtungen, Trachten und ähnlichem, zeigt aber auch hervorragende Gemälde aus Nordfriesland, von Malern wie C. L. Jessen oder H. P. Feddersen, die ganz zu Unrecht über den Kreis hinaus kaum bekannt sind. Was indes uns am meisten interessieren dürfte, sind die Ausstellungen über Deichbau, Küstenschutz und Entwässerung – man wird danach auf seinem Törn durch das nordfriesische Wattenmeer manches mit anderen Augen sehen.

Schon auf der Fahrt nach Husum sind wir lange an der großen, flachen Insel

Nordstrand

entlanggesegelt, haben auch einen der beiden Häfen, den *Süderhafen* an der *Hever* passiert. Doch genaugenommen ist Nordstrand keine Insel mehr, denn seit 1935 verbindet sie ein Straßendamm mit dem Festland; und bald soll auch die *Nordstrander Bucht*

eingedeicht sein. Dann wird Nordstrand, ähnlich wie Eiderstedt, sich vollends zur Halbinsel gewandelt haben.

Doch jetzt hat man noch immer das Gefühl, auf einer Insel zu sein, einer flachen, von hohen Deichen eingefaßten grünen, fruchtbaren Bauerninsel. Viel zu sehen gibt es eigentlich nicht, auch keinen zentralen Ort, nur einige lang auseinandergezogene Dörfer und einzeln daliegende Höfe.

Mit dem Boot nach Nordstrand zu kommen, ist so eine Sache; die Insel hat außer dem bereits erwähnten *Süderhafen* an der Hever noch einen zweiten Hafen, *Strucklahnungshörn*, der an der Nordwestspitze liegt.

Der *Süderhafen* hat zwei markante Landmarken: ein schlankes, sehr hohes, beinahe turmartiges Silo, das oben ein grünes Band trägt, und hinter dem Deich eine alte Windmühle.

Ab der roten *Tonne Nr. 64* führt ein langer, schnurgerader Prickenweg zum Hafen, der nichts weiter als ein schmaler, trockenfallender Schlauch ist. An der NW-Seite liegen Boote zwischen Pfahl und Steg und bei NW auf einer Kante hoch über dem Hafenpriel. Beim Silo Lagerhallen und ein Ladekai. Einen sehr schönen Blick hat man vom Seglerheim über das Vorland hinaus auf das Wattenmeer.

Die Versorgung ist eher mäßig: Wasser am Hafen, Treibstoff im Kanister, WC beim Clubhaus, Lebensmittel im Dorf und Duschen im Freien.

HW und NW nahe HW und NW Husum.
MTH 3,3 m (Wassertiefe dann bestenfalls 1,5 m)

Daß *Strucklahnungshörn* der bessere Hafen ist, liegt vor allem daran, daß auch bei NW noch etwa 1,5 m Wasser übrigbleiben; dies ist allerdings das einzig Rühmenswerte: Es ist im Grunde kein Hafen für Sportboote. Von hier verkehrt die Fähre nach Pellworm, und außerdem liegen hier meistens ein paar Kutter, vielleicht auch ein Arbeitsschiff, und der weiße Ausflugsdampfer. Man wird

also wenig Platz finden, erfahrungsgemäß aber doch irgendwie unterkommen. Man liegt nicht gerade komfortabel an hohen, rostigen Spundwänden und sollte zusehen, daß man wenigstens nahe einer Eisenleiter festmachen kann.

Die Versorgung ist mäßig. Wasser an der Kade, oben auf dem Deich ein Café; doch man hat auch nicht weit zum Dorf *Norden*, wo einst der wichtigste Hafen der Insel, der Norderhafen, gelegen war, der aber, wie so vieles, einer Eindeichung zum Opfer fiel. Immerhin hat das Dorf ein sogenanntes Kurzentrum, Marke Nullachtfuffzehn, und außerdem noch mehrere schöne Reetdachhäuser oben auf dem Deich; eines von ihnen lohnt sicher einen Besuch: das urgemütliche „Strandcafé Halligblick", wo man sehr gut Fisch essen kann und den Pharisäer, das Nationalgetränk der Nordfriesen, serviert bekommt.

Zu erreichen ist Strucklahnungshörn über die breite, tiefe *Norderhever*, von der bei der grünen *Tonne NH 13* der *Fuhle Schlot* abzweigt, ein zwar schmaler, doch tiefer Priel, der gut betonnt ist und über den man Strucklahnungshörn auch bei NW anfahren kann.

HW 12 min vor HW Husum, NW 26 min vor NW Husum. MTH 3,3 m

Etwas südlich von hier sieht man die kleine

Hallig Südfall

nahe der einst das sagenumwobene Rungholt gelegen hat; daß es diese Hafenstadt wirklich gab, daß ihr Untergang Wirklichkeit und nicht nur Legende ist, weiß man heute zuverlässig, denn an eben dieser Stelle hat man unzweideutige Reste einer Hafenstadt gefunden.

Will man direkt von *Husum nach Pellworm* segeln, und dafür spricht ja einiges, muß man wieder rechnen: Die Distanz zwischen den beiden Häfen beträgt 25 Seemeilen, beide kann man nur bei einem hohen Wasserstand erreichen, am besten nahe HW. Zwischen zwei Hochwassern hat man bekanntlich zwölf Stunden Zeit, was natürlich viel zu viel für die Distanz von 25 Seemeilen ist, zumal der Strom noch mitschiebt.

Nun könnte man in Husum eine Stunde nach HW ablegen und möchte in Pellworm eine Stunde vor HW sein. Also zehn Stunden, doch auch das wäre für 25 Seemeilen noch zuviel.

Man hat also hier wieder eine der für das Wattenmeer typischen Konstellationen vor sich, die zum Abwarten und zur Ruhe zwingt.

Also machen wir es so: Man wird mit dem ablaufenden Strom von Husum absegeln und sich − Vorschlag − südwestlich von der *Hallig Südfall* einen Ankerplatz suchen; dort gibt es zwischen hohen Sänden ungemein schöne. Man wird dann das Fallen und Steigen des Wassers erleben, wird sehen, wie die Sände langsam auftauchen und später wieder vom Wasser überspült werden. Hier werden wir ein paar Stunden vor Anker liegen und dieses einmalige Schauspiel in uns aufnehmen.

Der auflaufende Strom in der *Norderhever* beginnt 6 h und 10 min nach HW Husum zu laufen, und dann auch gleich mit 2 sm/h. Etwas später können wir den Anker lichten und den Bug nordwärts nach Pellworm richten.

So geht das im Wattenmeer.

Auf der Höhe der roten *Leuchttonne NH 12* zweigt von der *Norderhever* der Hafenpriel nach

Pellworm

ab. Er zieht sich halbkreisförmig zum Hafen hin, entlang einem aus Stein gebauten Leitdamm, auf dem eine ganze Reihe gelb-schwarzer Stangen steht. An der Stb-Seite wird der Priel von Pricken begrenzt. An die sollte man sich näher halten als an den Leitdamm, wie es die Fähre auch macht.

Bei HW hat man im Hafen bestenfalls 2,5 m Wassertiefe;

ein Boot bis zu einem Tiefgang von 2 m kann Pellworm anlaufen, aber eben nur ganz nahe HW.

An der Hafeneinfahrt gleich linker Hand liegt ein großer, langer Steg mit Segelbooten; die vordersten Plätze werden für Gäste freigehalten: man hat dort bei NW allerdings kein Wasser mehr. Wer hier einen festen Platz hat, der spült sich mit Hilfe der Schraube eine kleine Kuhle frei, in der er dann ganz komfortabel liegt. Größere Boote sollten sich lieber einen Platz an der Nordkaje suchen, am besten bei einem Fischkutter längsseits gehen. Hier legen auch die Fähre und der Versorger an.

Der Hafen ist für Kielyachten etwas problematisch, hat aber Charakter.

Das Liegegeld bezahlt man an der Fischbude auf der Südkaje. WC und Waschgelegenheiten findet man im Hotel „Börse", einem düsteren Kasten aus der Zeit der Jahrhundertwende, direkt am Hafen. Mit der Quittung des Liegegelds darf man im Schwimmbad des Kurzentrums kostenlos die Duschen benutzen. Wasser gibt es am Steg, Treibstoff am Hafen.

HW 18 min vor HW Husum, NW 24 min vor NW Husum. MTH 3,3 m

Die Insel Pellworm (1500 Einwohner) ist in vielem ihrer größeren Schwester Nordstrand ähnlich, die beiden waren ja bis zur Buchardi-Flut von 1634 auch eine einzige. Pellworm ist eine flache, von hohen Deichen umfaßte, fruchtbare Bauerninsel, nur noch etwas mehr dem Meer ausgesetzt als Nordstrand, noch etwas exponierter und viel rauher.

Die größte Sehenswürdigkeit liegt an ihrer äußersten Kante im Westen, die Alte Kirche mit ihrer Turmruine. Angeblich soll dieser Turm, das Wahrzeichen von Pellworm, einmal 60 m hoch gewesen sein. Das kann man zwar kaum glauben, ausschließen aber auch nicht, denn die Friesen kamen ja einst von der Rheinmündung, wo sie ähnliche Turmgiganten

hochgezogen hatten. Jedenfalls: im Jahre 1611 stürzte der Ostteil des Turmes ohne ersichtlichen Grund in sich zusammen. Seither steht der braunrote Stummel neben dem kleinen weißen Gotteshaus, in dessen Schatten der Friedhof der Namenlosen liegt, auf dem die vielen unbekannten Schiffbrüchigen, die die See hier an den Strand gespült hat, zur letzten Ruhe gebettet sind.

Auf halbem Weg zwischen der in der Mitte der Insel gelegenen Neuen Kirche und dem Waldhusertief, einem kleinen See, stößt man auf einen prächtigen, reetgedeckten Hof − das Haus, in dem gegen Ende des vorigen Jahrhunderts der Dichter Detlev von Liliencron gelebt hat, der nach seiner aktiven Zeit als preußischer Offizier hier seines Amtes als Inselvogt waltete. Noch heute erzählt man sich auf Pellworm allerlei Schnurren vom „Tanzbaron", der bald diesen Namen weg hatte, weil er ein rechter Lebemann gewesen sein soll.

Früher, als die Kinder noch Gedichte in der Schule lernten, kannten sie alle Detlev von Liliencrons „Trutz, Blanke Hans", das in seinen ersten Versen schon den gleichmäßig-gewaltigen Rhythmus der See spüren läßt.

„Gestern bin ich über Rungholt gefahren,
die Stadt ging unter vor fünfhundert Jahren ..."

Das heutige Pellworm lebt inzwischen mehr vom Fremdenverkehr als von der Landwirtschaft. Nahe dem Hafen gibt es sogar ein ziemlich großes Kurzentrum mit Schwimmhalle.

Steht man oben auf dem Deich, über dem Hafen, so sieht man im grünen Marschland große Glasflächen glitzern − keine Treibhäuser, − sondern eine Versuchsanlage für Sonnenkollektoren. Die Anlage leistet immerhin schon so viel, daß sie mit ihrem Strom die große Schwimmhalle heizen kann.

Nautische Unterlagen: siehe Seite 165.

Sturmfluten

„Nur Berge von Wasser sah er vor sich, die dräuend gegen den nächtlichen Himmel stiegen, die in der furchtbaren Dämmerung sich übereinander zu türmen suchten, und übereinander gegen das feste Land schlugen. Mit weißen Kronen kamen sie daher, heulend, als sei in ihnen der Schrei alles furchtbaren Raubgetiers der Wildnis" – so sieht Hauke Haien in Storms „Schim-melreiter" die Sturmflut auf sich zukommen. Und so ist es immer noch: Aus Nordwest kommt der Sturm, treibt das Wasser über die ganze Breite der Deutschen Bucht, peitscht es gegen die nordfriesischen Deiche, und packt auf die Flut noch ein paar Meter Wasser darauf. Dann poltert der Blanke Hans gegen die Tür, auf den Halligen, an den Häusern hinter den Deichen.

Zuletzt war die Küste von der Sturmflut vom Februar 1962 besonders bedroht. Die schleswig-holsteinische Westküste kam dabei noch glimpflicher davon als die Elbe, aber nur, weil der Sturm rechtzeitig abgeflaut war, sonst hätte es hier eine zweite „Hollandflut" gegeben.

Nach dieser 62er Flut hat man überall den Küstenschutz verstärkt, vor allem aber die Sturmvorhersage wesentlich verbessert. Ein Satellit in 36000 Meter Höhe meldet jetzt, wann die Flut kommen und wie hoch sie steigen wird; dann gehen vom Deutschen

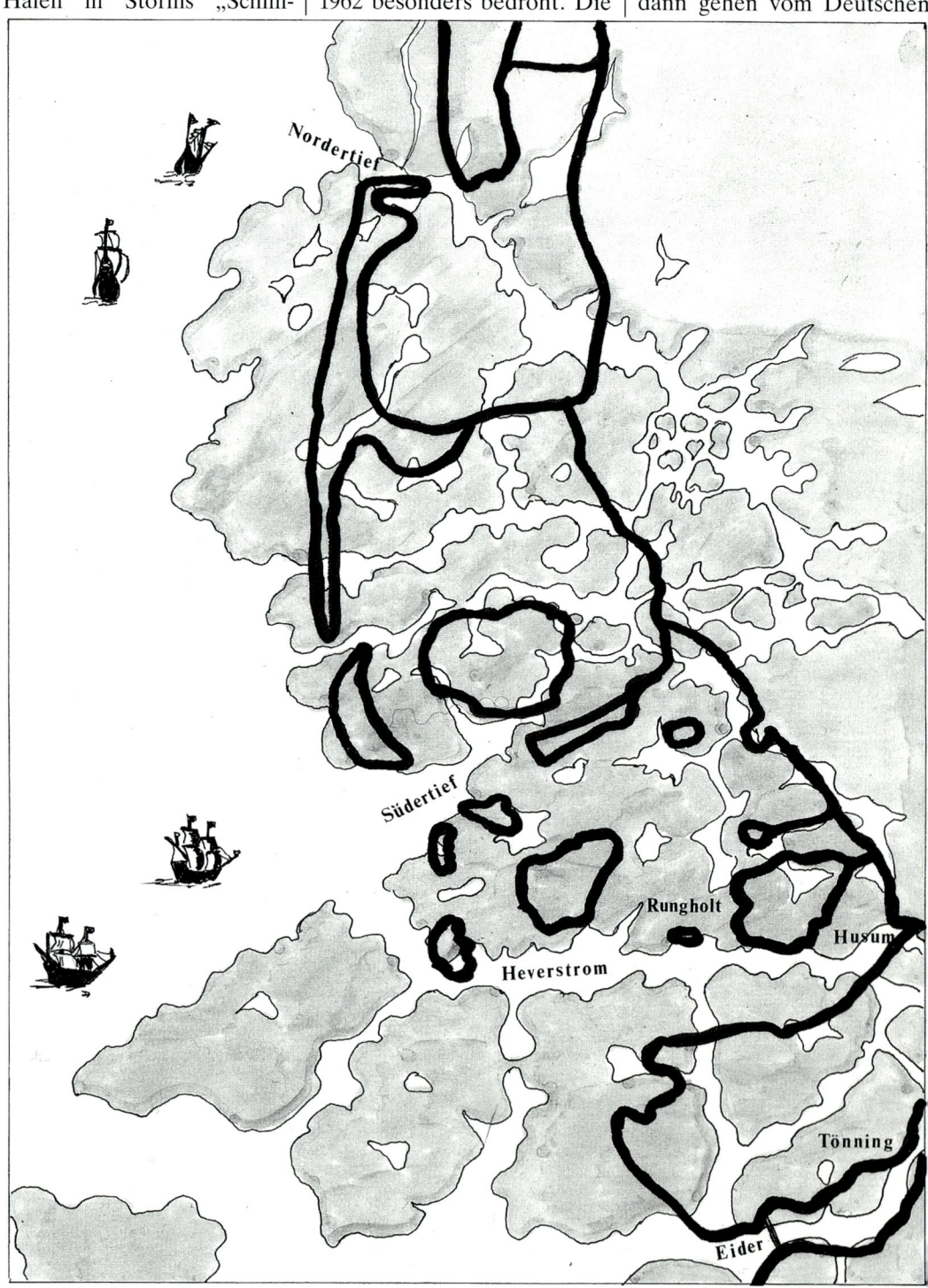

Nordfriesland vor der Sturmflut von 1362. Die heutige Küstenlinie und die Inseln sind darüber gezeichnet.

Hydrographischen Institut die „Wobs" hinaus, die Wasserstandsobservationen, und wenn die Lage kritisch zu werden droht, versammeln sich an der Küste die Katastrophenstäbe, wartet alles bangend auf den Blanken Hans.

Es gibt fundierte Schätzungen, nach denen die Brandung einer Sturmflut auf der Länge von nur einem Kilometer Küste die Energie eines mittleren Kernkraftwerks freisetzt. Absolut sicher können angesichts solcher Kräfte

auch die modernsten Deiche nicht sein; und die Halligen bleiben sowieso immer gefährdet, auch außerhalb von „richtigen" Sturmfluten. Wenn ein Nordwester von Bft 8 daherkommt, heißt es auf den Halligen Land unter, und dies bis zu dreißigmal im Jahr.

Die Westküste Schleswig-Holsteins war schon immer extrem gefährdet, mehr als die Ostfrieslands. Die Karte zeigt, welche enormen Landmassen das Meer sich hier geholt hat.

Als schlimmste Sturmfluten zählen:
* 1164 die Julianaflut mit ca. 20 000 Toten.
* 1287 die Luciaflut mit ca. 50 000.
* 1362 die Marcellusflut, die „groote Manndränke" mit geschätzt 100 000 Toten; Rungholt ging dabei unter.
* 1634 die Buchardiflut mit 8343 Toten.
* 1717 die Weihnachtsflut, die schwerste aller Sturmfluten, die besonders schwere Schäden auf den Ostfriesischen Inseln anrichtete: auf Juist, Baltrum, Langeoog und Spiekeroog kam es zu Inseldurchbrüchen. 12 000 Menschen ertranken.
* 1953 die Hollandflut, die vor allem die niederländische Provinz Zeeland verwüstete, das Mündungsdelta von Rhein und Maas. Als Konsequenz entstand der Deltaplan, das gigantische Eindeichungsprojekt an den Mündungsflüssen.
* 1962 die Februarflut, die besonders schwere Schäden an der deutschen Küste verursachte. Das Wasser stand in der Innenstadt von Bremen; und in Hamburg waren mehrere Viertel überflutet: 75 000 Obdachlose und 315 Tote.
Die Folgen der Buchardiflut kann man heute noch am besten sehen: In dieser Nacht vom 11. auf den 12. Oktober 1634 zerbrach Alt-Nordstrand.

Von den Inselbewohnern ertranken 6123, das waren drei Viertel der Bevölkerung! Pellworm, bis dahin ein Teil von Nordstrand, wurde zur selbständigen Insel, Nordstrandischmoor zur Hallig. Die Restinsel Nordstrand blieb danach 20 Jahre ohne geschlossene Deiche. Das „Land von wunderbarer Fruchtbarkeit", wie es in einer zeitgenössischen Chronik hieß, war permanent gefährdet und fast menschenleer. Um die Insel wieder hochzubringen, holte der dänische Landesherr Holländer, die

„Partizipanten", schenkte ihnen Land und befreite sie von Abgaben. Die Holländer bauten neue, bessere Deiche, kultivierten neue Köge, zogen aber schließlich entmutigt wieder ab, als eine neue Sturmflut ihr ganzes Aufbauwerk vernichtet hatte. Man findet noch heute Spuren von ihnen; etwa die altkatholische Kirche St. Theresia mit ihrer kostbaren Bibliothek; aber auch viele Namen, die ihren holländischen Ursprung nicht verleugnen können: Brauer hieß wohl einst Brouwer, aus Bodewijn ist Baudevin geworden und aus Wouver Wauer.

Ein Bauer von Nordstrand, der alte Andreas Busch, hat sein ganzes Leben nach den Spuren Alt-Nordstrands geforscht, und dabei auch zweifelsfrei den Standort des sagenumwobenen Rungholt entdeckt, eine Stelle in der Nähe der heutigen Hallig Südfall, die sich ziemlich genau mit dem Standort Rungholts deckt, wie er auf alten Karten eingezeichnet ist. Man fand Grundmauern, Brunnen, sogar Totengebeine.

Freilich, so sagenhaft reich, wie es die Legende wissen will, war Rungholt wohl nicht; es war nur der mit Abstand bedeutendste Hafen an der Westküste, reich geworden vor allem durch die Ausfuhr von Salz, einer im Mittelalter sehr wertvollen Ware.

Wahrheit und Legende mischen sich: Rungholt war gewiß auch nicht das sagenhafte Atlantis, wie übereifrige Heimatforscher behaupteten, es wird auch nicht, wie es die Legende will, an seiner Gottlosigkeit und seinem Hochmut zugrunde gegangen sein, eher daran, daß man den Deichbau vernachlässigt hatte. Doch die Legende hat die Zeit überdauert, nicht zuletzt dank Detlev von Liliencrons Gedicht „Trutz, Blanke Hans".

„Ein einziger Schrei – die Stadt ist versunken. Und Hunderttausende sind ertrunken. Wo gestern noch Lärm und lustiger Tisch, schwamm anderen Tages der stumme Fisch. Heut' bin ich über Rungholt gefahren, die Stadt ging unter vor fünfhundert Jahren.
Trutz, Blanke Hans!"

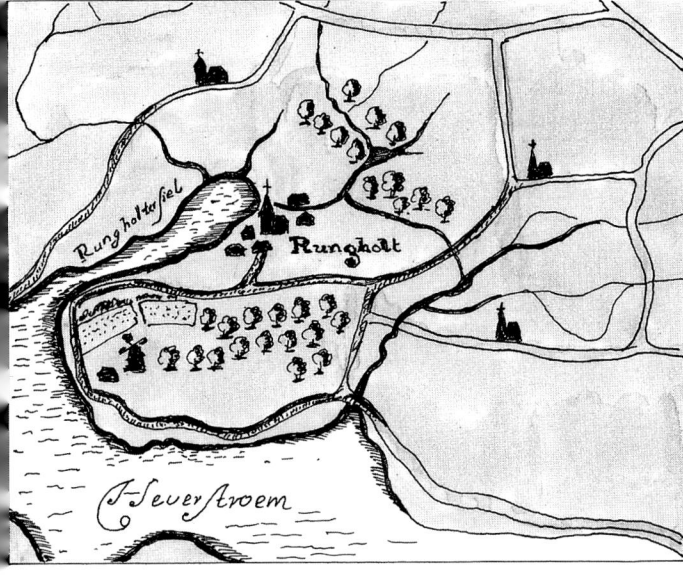

Rungholt (nach einer Karte von Anno 1240): die Stadt muß ziemlich weit im Landesinnern am Ende eines langen Priels gelegen haben.

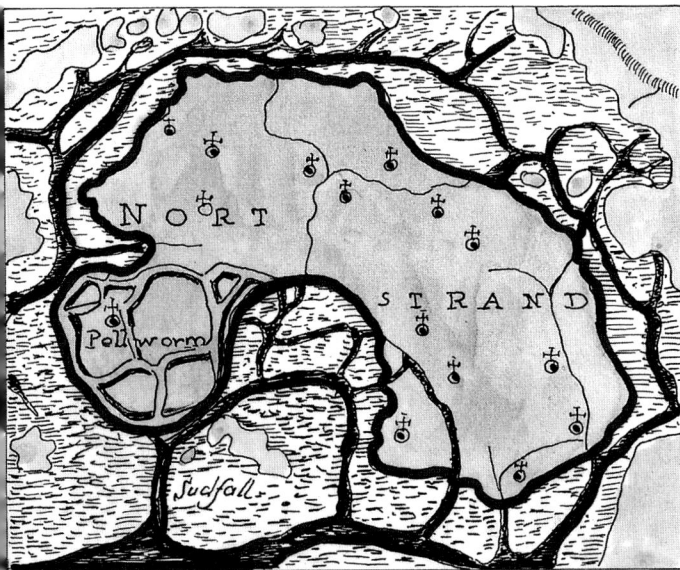

Alt-Nordstrand vor der Buchardiflut (nach einer zeitgenössischen Karte). Die große Bucht im Süden war in der Marcellusflut entstanden. Hier, etwas nördlich von Südfall, hatte Rungholt gelegen.

12

Von Pellworm nach Sylt
IN DER WELT DER HALLIGEN

Nordfriesische Hallig. Bei Sturm aus Nordwest heißt es: „Land unter"; dann ragen nur noch die Warften mit den Hallighäusern über die tobende See, doch jetzt ist das meiste Wasser schon wieder abgelaufen.

1 Jede Hallig hat ihren Hafen, doch die meisten sind so winzig, daß nur kleine und flachgehende Boote sie anlaufen können.

2 Eine Ausnahme macht Hallig Hooge. Zwar fällt auch dieser Hafen trocken, doch ist er so groß, daß auch ein Kielboot unterkommen kann, vorausgesetzt, es läuft nahe HW ein. Zur Sicherheit sollte man vom Mast aus eine Leine zum Land ausbringen.

3 Die ganze Pracht des Wattenmeers. Der Blick geht über Schmaltief und Süderaue auf die Südspitze von Amrum mit dem Hafen Wittdün und dem gewaltigen Kniepsand.

1 *Süderoogsand.*

2 *Wittdün auf Amrum. Der Fähr-hafen der Insel.*

3 *Wittdün. In erster Linie ein Werkhafen der Tonnenleger. Für Boote ist — nicht viel — Platz an dem hohen Steg des Amrumer Yacht-clubs.*

4 *Wyk auf Föhr: der wohl beste Bootshafen auf den Inseln. Selbst bei NW kann man ihn ohne Probleme anlaufen.*

1

2

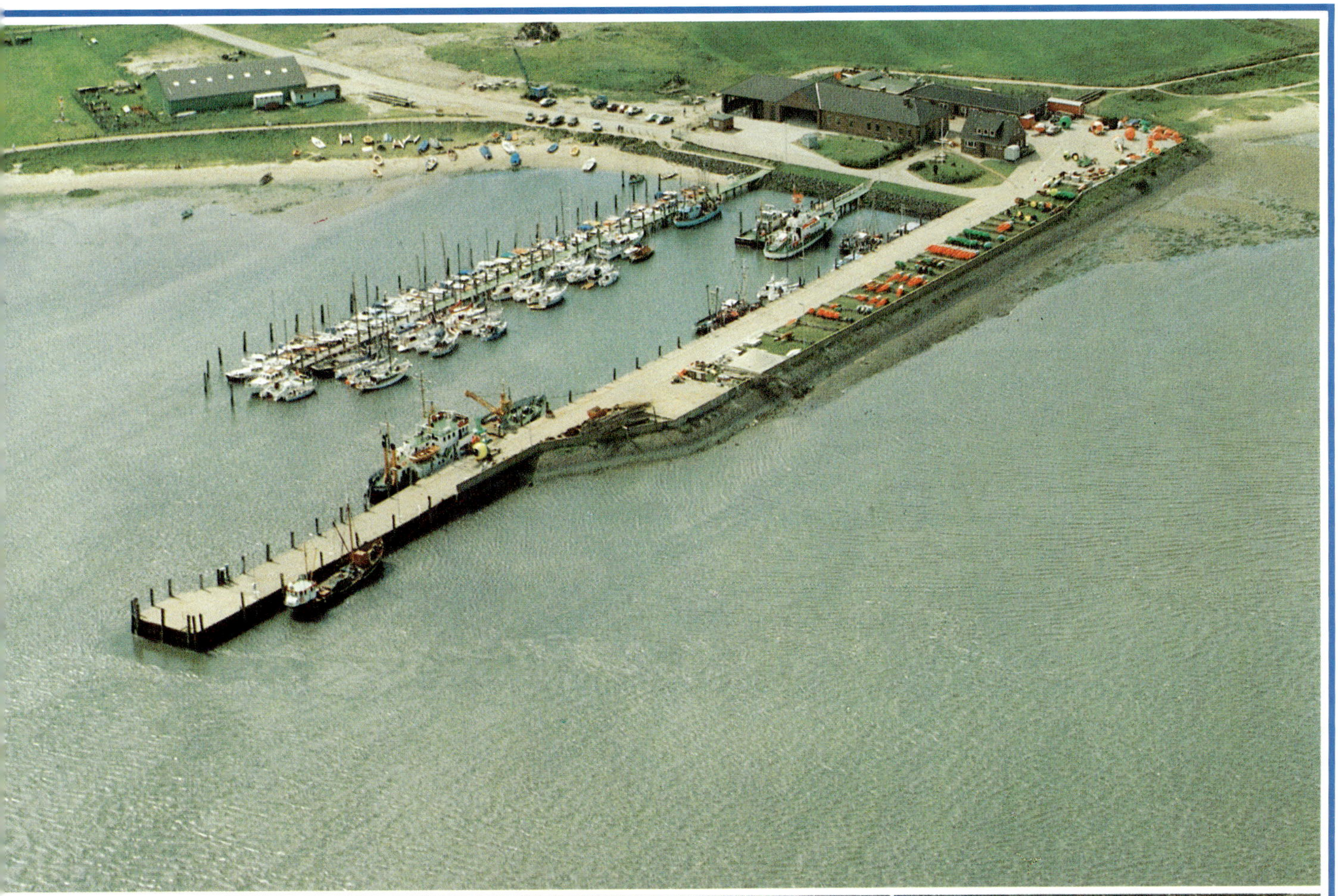

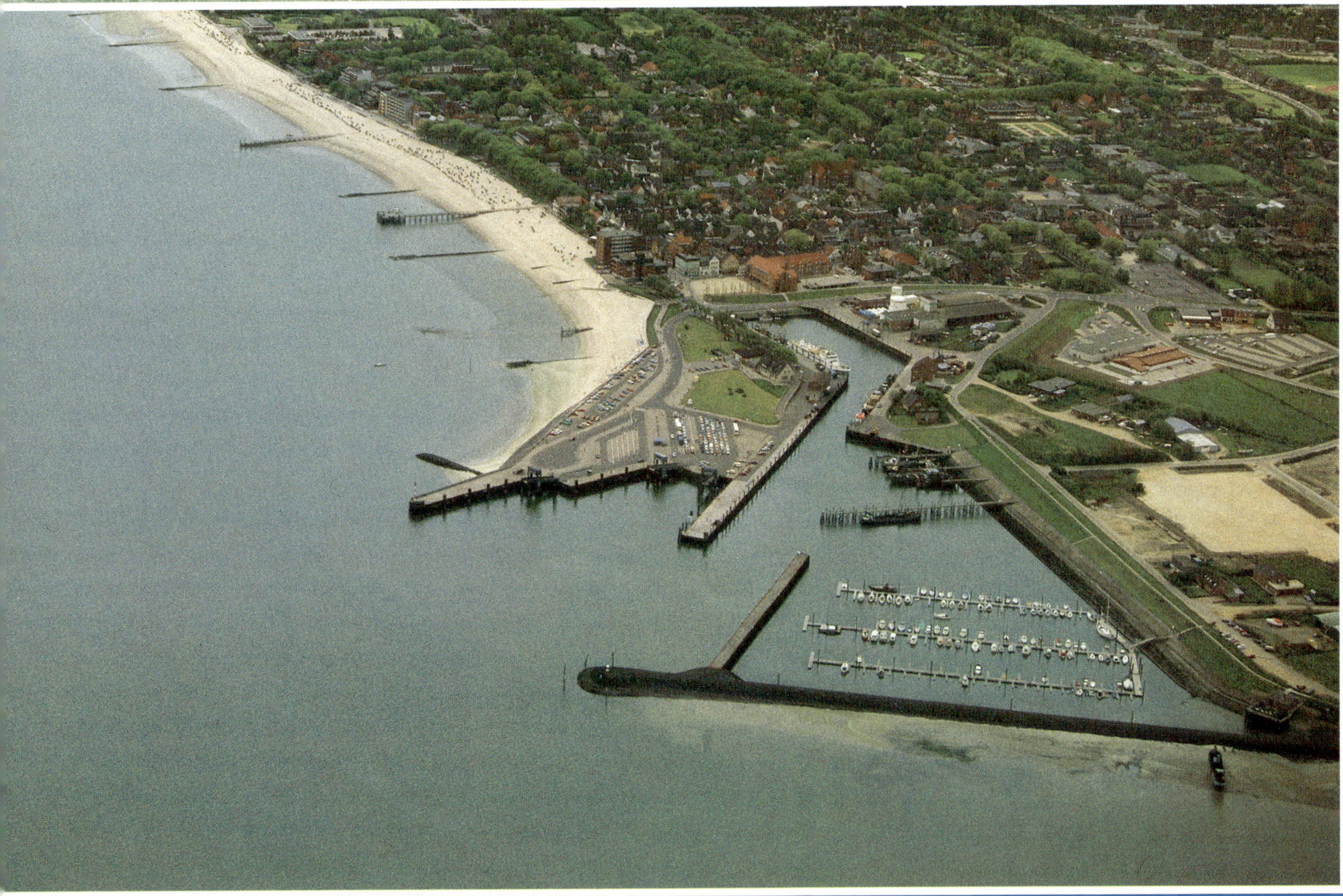

1 *Wyk: Boote, die wegen ihrer Größe im Yachthafen nicht unterkommen, dürfen auch im Fischerhafen liegen. Gute Versorgung. Nur ein paar Schritte zur Kurpromenade.*

2 *Dagebüll: Hier legen die Fähren nach Föhr und Amrum ab. Unruhig. Kein guter Platz für Boote. Am ehesten noch außen an der Nordmole (rechts) bei einem Kutter längsseits.*

3 *Sehr wenig Schutz bei West: der kleine Hafen von Schlüttsiel. Hinter dem Deich das Vogelreservat „Hauke-Haien-Koog".*

Hörnum auf Sylt. Sehr guter, an der Südspitze von Sylt gelegener Hafen, der jederzeit angelaufen werden kann. Auffallendste Landmarke der blaugestrichene Öltank direkt am Hafen. In den Dünen der 34 m hohe rote Leuchtturm Hörnum. Nach Süden zu hat man mit Hörnum Odde eine landschaftlich ungemein reizvolle Umgebung und einen feinen Badestrand. Während vor der Insel — wie man gut sehen kann — ein beträchtlicher Seegang herrscht, ist es im Vergleich dazu im Wattenmeer geradezu ruhig, doch es kann auch ganz anders aussehen.

1 Sylt. Die Insel. Blick von Süden über das Vortrapptief auf Hörnum Odde.

2 List, der andere tiefe Hafen von Sylt, liegt ganz im Norden der Insel. Durch das tiefe und breite Lister Tief kann man ihn jederzeit anlaufen. Ein gut geschützter Hafen, mit immer genug Wasser. Die große Fähre pendelt zwischen Sylt und der dänischen Insel Rømø.

3 Weit umgreift der Ellenbogen, eine schmale Halbinsel, die Bucht Königshafen, die zum allergrößten Teil trockenfällt. Im Hintergrund List. Vorne der Leuchtturm List Ost.

Jetzt geht es in die Welt der Halligen, jener winzigen Inseln im Wattenmeer, wo es mehrmals im Jahr „Land unter" heißt. Hallig Hooge hat einen ganz, ganz kleinen Hafen, den wir vielleicht anlaufen können. Sonst richten wir den Bug gleich zu einem Hafen der drei großen Inseln: Amrum, Föhr oder Sylt. Jede hat ihren eigenen Charakter. Föhr ist eine grüne Bauerninsel. Amrum hat alles: hohe Dünen, weite Sände, Kiefernwälder und zwei schöne Friesendörfer. Über Sylt viel Worte zu verlieren, hieße Eulen nach Athen tragen: Es ist eine phantastische Insel mit zwei tiefen Häfen; einer, Hörnum, liegt ganz im Süden, der andere, List, am entgegengesetzten Ende.

Von Pellworm aus läßt sich eine schöne Fahrt in die *Welt der Halligen* machen. Ob man zu den winzigen Inseln direkt mit dem Boot hinkommt, hängt natürlich von dessen Tiefgang ab. Allzuviel darf es nicht sein, denn trocken fallen die kleinen Sielhäfen alle.

Wenn möglich, sollte man in *Pellworm* etwa eine Stunde vor HW ablegen, denn dann hätte man draußen in der *Norderhever* noch auflaufendes Wasser, das uns auf unserem Kurs Nord ein bißchen schieben würde; früher geht wohl nicht, weil man sonst im Hafen zu wenig Wasser hat.

Fein wäre es, etwa zehn Seemeilen von hier am Wattenhoch – am Zusammenfluß von *Norderhever* und *Süderaue* – zu sein, eben dann, wenn der Strom kentert.

Man kommt auf diesem Kurs an mehreren Halligen vorbei, die man alle mit einem größeren Kielboot nicht anlaufen kann: Hallig *Nordstrandischmoor* war einst ein Teil von Nordstrand; *Hallig Hamburg* ist eingedeicht und zu einer Halbinsel geworden, *Gröde-Appelland* ist sehr klein und wird von nur drei Familien bewohnt.

Langeneß

ist eine sehr langgezogene Hallig, die mit dem Festland durch einen Schienendamm verbunden ist, so daß bei NW die Motorlore die Versorgung auf die Insel schaffen kann, manchmal auch die Touristen, und nicht selten Vieh, Schafe und Kühe, die als „Pensionsvieh" von Festlandsbauern auf die fetten Salzwiesen der Halligen geschickt werden. Auf Langeneß liegen mehrere Warften, Erdhügel, auf denen die Inselhäuser stehen. Von ferne sieht es aus, als schwebten die Häuser über dem Wasser, das flache Marschland bleibt lange dem Blick verborgen, oder wie es Theodor Storm besungen hat:
„Wie Träume liegen die Inseln im Nebel auf dem Meer".

Hallig Hooge,

die „Hohe", ist die einzige, wo auch ein Kielboot zur Nacht liegen bleiben kann. Der kleine, etwas kuriose Sielhafen befindet sich an der Nordseite, und zwar relativ nahe am tiefen Fahrwasser der *Süderaue*. Bei der grünen *Leuchttonne SA 9* kann man ihn ansteuern. An der Westseite der Ansteuerung (Wassertiefe bei NW etwa 0,5 m) verläuft ein Leitdamm, der an seiner Spitze eine gelbschwarze Stange mit zwei Kegeln, Spitzen aufwärts, trägt. Durch den Sommerdeich, hinter dem der kleine Hafen liegt, führt ein schmaler Durchgang mit Toren, die im Sommer zumeist offenstehen, und einer Rollbrücke, die von einer hilfreichen Hand wohl beiseite geschoben wird, um ein Schiff in den Hafen zu lassen. Das Siel führt hin bis zur Kirchwarft, die ziemlich in der Mitte von Hooge liegt. Man selbst bleibt aber im vorderen Teil, da, wo man rechter Hand nach der Einfahrt einen Steg für Gastlieger findet. Der Hafen fällt weitgehend trocken. Es wäre nicht falsch, vom Mast aus eine Sicherungsleine zum Land hin auszubringen. Die Versorgung ist für ein so entlegenes Eiland eigentlich recht gut: Wasser gibt es am Hafen, Duschen im „Hallighus" auf der Hanswarft, und dort bekäme man auch Lebensmittel. Besser aber ist es, schon gut versorgt die kleine Insel anzulaufen.

HW 1 h 38 min nach HW Helgoland. NW 1 h 39 min nach NW Helgoland. MTH 2,8 m

Ein Aufenthalt auf einer Hallig kann sehr eindrucksvoll sein, aber leider wird ausgerechnet Hallig Hooge im Sommer von Touristen geradezu überflutet. 2000 bis 3000 Tagesgäste sind keine Seltenheit. Andererseits: Ohne die Touristen könnten die 123 Halligbewohner gar nicht mehr existieren, obwohl sie in erster Linie immer noch Bauern sind, doch das ist heutzutage zum Leben einfach zu wenig.

Der Boden ist salzig, das Trinkwasser, das früher deshalb in Zisternen gesammelt werden mußte, kommt jetzt vom Festland und zwar merkwürdigerweise weither, aus dem Gebiet der Flensburger Förde. Getreide konnte auf dem salzigen Boden nie angebaut werden, dafür gedieh das Vieh auf das prächtigste, zumeist Schafe, aber auch Rinder, die im Herbst jedoch alle zum Festland gebracht werden mußten.

Über dem flachen Halligland liegen hoch die Warften, künstlich aufgeworfene, vier bis fünf Meter hohe Hügel, auf denen die Friesenhäuser bei Sturm ziemlich sicher sind, während das Inselland selbst „unter" ist; und das geschieht bis zu dreißigmal im Jahr: Immer wenn der Wind aus NW weht und Stärke 8 erreicht, heißt es auf den Halligen „Land unter". Dann schlagen die schäumenden Wellen bis an die Grundmauern der Häuser. Früher waren die Friesenhäuser so konstruiert, daß im allerschlimmsten Fall die Außenmauern wegbrachen, während sich der Dachboden mit seiner Reetdachhaube einfach löste und wie ein Schiff davontrieb. Auf diese Weise konnten manchmal die Halligbauern, die sich mit ihrem Vieh auf den Dachboden geflüchtet hatten, eine Sturmflut wie in einer Arche Noah überleben.

Heute haben die größten Halligen einen Sommerdeich, während die kleineren mit Steindecken an den Abbruchkanten gesichert sind. Bei Sturmfluten liegen die Warften wie kleine Inseln in der schäumenden See; Hooge scheint dann verschwunden, nur seine Häuser gucken gerade noch über das tobende Wasser.

Drei Festlandshäfen hat man nördlich von Husum noch vor sich, doch keiner lohnt so recht einen Besuch, mit dem Boot vielleicht am ehesten noch Schlüttsiel.

Dagebüll

ist nichts weiter als eine riesige Betonplatte, an der die

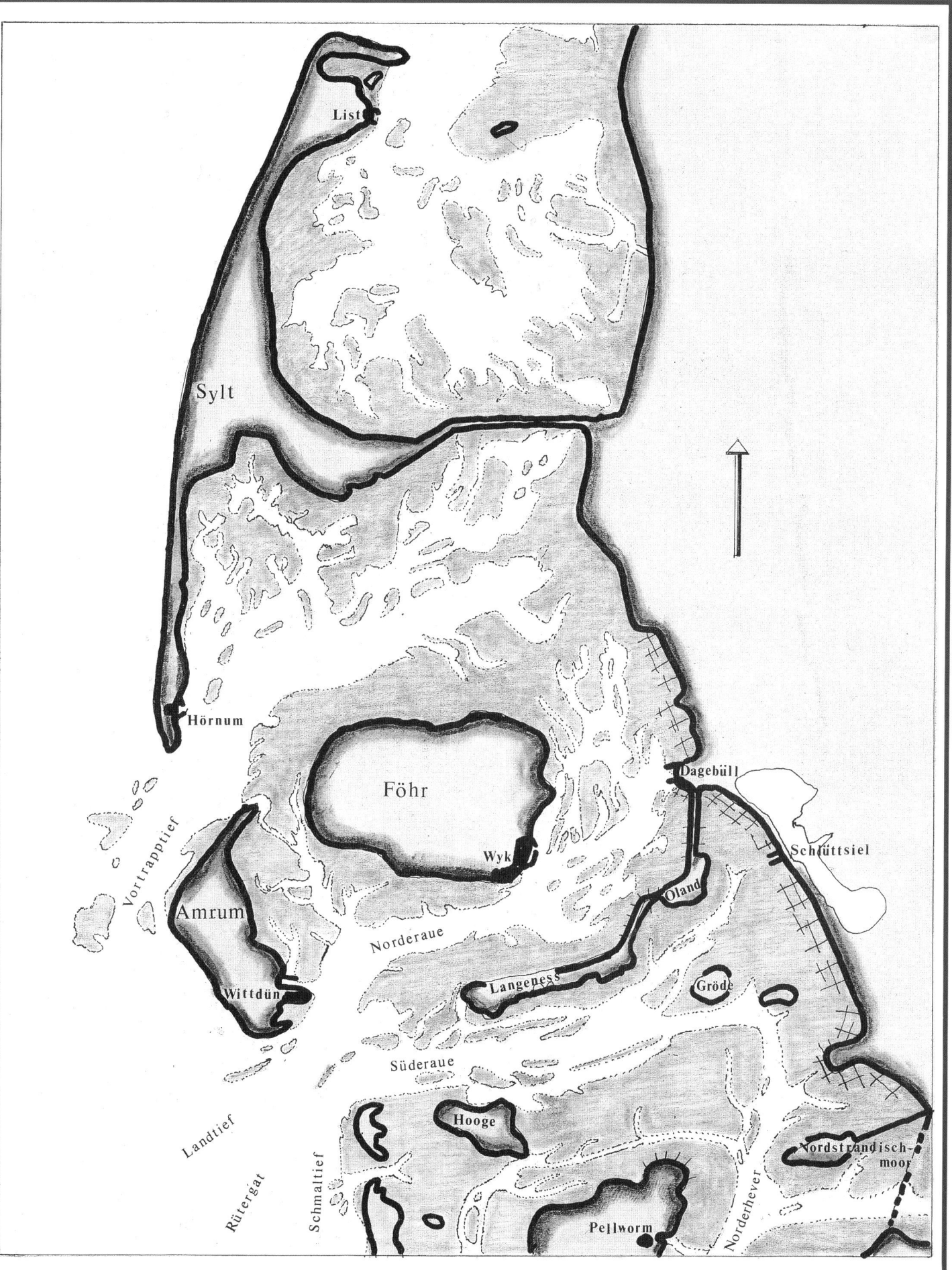

Sylt

List

Hörnum

Vortrapptief

Amrum

Wittdün

Föhr

Wyk

Oland

Dagebüll

Schlüttsiel

Norderaue

Langeness

Gröde

Süderaue

Landtief

Schmaltief

Rütergat

Hooge

Pellworm

Norderhever

Nordstrandisch-moor

Fähren anlegen, die den gesamten Verkehr mit den Inseln Föhr und Amrum abwickeln. Boote können zur Not an der äußeren Ecke der Nordmole festmachen, am besten längsseits bei einem Kutter. Sehr unruhig und wenig komfortabel, und da es hier kaum etwas zu sehen gibt, hat man auch keinen Grund, den langen Weg hierher zu fahren.

Dies gilt noch mehr für den winzigen Sielhafen

Südwesthörn,

obwohl der einem in all seiner Einsamkeit vielleicht gefallen könnte. Doch der Hafen fällt trocken und ist auch sehr weit entlegen.

Von den drei Häfen käme am ehesten noch der am weitesten südlich gelegene Hafen von

Schlüttsiel

für einen Besuch in Frage. Zwar hat man hier die gleichen Probleme mit den Liegeplätzen, doch gibt es hier wenigstens etwas zu sehen, nämlich den hinter dem Deich gelegenen Hauke-Haien-Koog, ein naturgeschütztes Speicherbecken, ein Vogelreservat.

Oben am Deich über dem Hafen steht ein modernes Restaurant, das man ohne Sinn für Proportionen hier hingestellt hat. Im Hafen, von dem aus das Postboot und die Fähren nach den Halligen und nach Amrum fahren, müßte man sich am besten bei einem Krabbenkutter längsseits legen. Doch man hat bei westlichen Winden kaum einen Schutz und liegt dann auch sehr, sehr unruhig.

Bis zur Mündung der *Süderaue* in das *Schmaltief* kann man den ablaufenden Strom gut nutzen, aber von unserem Wattenhoch an der *Norderhever* aus sind es bis dahin nur zwölf Seemeilen. Viel Zeit wird man dazu nicht brauchen. Im Schmaltief haben wir deshalb wohl den ablaufenden Strom gegenan.

Amrum oder Föhr, das ist jetzt die Frage. *Wyk auf Föhr* hat den wohl besten Inselhafen in dieser Kante, aber es wären von der Mündung der Süderaue in das Schmaltief bis Wyk noch lange neun Seemeilen, und die sollte man nur *mit* dem Strom fahren.

Der einlaufende Strom beginnt hier 3 h 45 min vor HW Helgoland und der auslaufende 2 h 15 min nach HW Helgoland.

Kommt man also hier zu einer Zeit an, da einem der Strom in der Norderaue noch entgegenläuft, dann wäre es besser, den nur knapp vier Seemeilen entfernten Hafen von

Wittdün auf Amrum

anzusteuern. Das ganz außen an der Südwesthuk der Insel gelegene Wittdün ist der Hauptort auf Amrum, denn hier kommen die Fähren an. Es wirkt auch im Vergleich mit den Inseldörfern beinahe städtisch.

Der Hafen von Wittdün befindet sich ein paar hundert Meter hinter dem Fähranleger; genau besehen handelt es sich um den Werkhafen der Tonnenleger und Wasserbauer, deshalb darf man auch keinesfalls an die lange Kade im nordwärtigen Teil, wohl aber an den langen, hohen Holzsteg davor. Dort gibt es an beiden Seiten Liegeplätze für Sportboote, von denen die meisten allerdings fest belegt sind. Der Hafen fällt nahezu trocken.

Die Versorgung ist ausreichend: Am Hafen gibt es Wasser, oben an einer weißen Düne steht das einfache Clubhaus des Segelvereins. Nach Wittdün mit seinen vielen Geschäften und Restaurants hat man nur ein paar Minuten zu gehen.

Wer ein Dingi mitführt, der kann alle Hafenprobleme vergessen, wenn er in dem Priel, der am Hafen vorbei und nordwärts auf Steenodde zuführt, ankert.

Die Ansteuerung ist im Grunde nicht schwer. Bei der roten *Leuchttonne 26 „Amrum Hafen 2"* zweigt der Prikkenweg von der Norderaue ab und führt zuerst zum Fähranleger und dann weiter zum Bootshafen. Man halte sich dicht an den Fähranleger, um eine Sandplatte zu meiden, über die nachts die Richtfeuerlinie (in 273°) führt; womit auch schon gesagt wäre, daß man den an sich günstig am tiefen Wasser gelegenen Hafen von Wittdün nachts nicht ansteuern sollte.

HW 1 h 36 min nach HW Helgoland, NW 1 h 29 min nach NW Helgoland.
MTH 2,8 m

Die Insel *Amrum* hat vieles gemeinsam mit Sylt, ist aber sehr viel stiller und natürlich weniger mondän, auch feiner, wie ich meine. Das grüne Land an ihrer Wattseite erinnert an das grüne Föhr, und einen Sandstrand von solchen Ausmaßen, wie sie der Kniepsand aufweist, findet man sonst nur noch auf der dänischen Insel Rømø.

Wenn man in Wittdün sein Boot liegen hat, dann kann man leicht den größten Teil der Insel an einem Nachmittag abwandern. Man spaziert zuerst auf der Wattseite nach *Nebel,* einem überaus idyllischen Friesendorf, wo man noch viele Reetdachhäuser sehen kann, die hinter ihren aus klobigen Findlingen aufgeschichteten Friesenwällen liegen. Viele haben noch kunstvoll geschnitzte Haustüren und weiße Sprossenfenster: Es ist ein Märchendorf, mit Malven und Strauchrosen vor den Hauswänden. Etwas Zeit sollte man sich für die Inselkirche mit ihrem Friedhof nehmen. Amrum war, wie Föhr auch, Heimat vieler Kapitäne, die mit ihren Nordlandfahrten, mit dem Walfang zu Wohlstand gekommen waren. Die oft kunstvoll gemeißelten Grabsteine aus grauem Granit können ganze Geschichten erzählen von den Männern, die hier mit ihren Frauen begraben sind.

Das Dorf Nebel liegt auf einem Geestrücken an der Wattseite gegenüber von Föhr, das man bei Ebbe zu Fuß über das Amrumtief erreichen könnte, und das von hier aus wie eine Waldinsel aussieht.

Auf dem Rückweg nach Wittdün hält man sich am

besten an der Westseite, wo hinter dem breiten Kniepsand mächtige, bis zu 30 m hohe Dünen hochragen, hinter denen sich duftende Kiefernwälder erstrecken. Durch die Dünen führen von Sonne und Regen ausgebleichte kilometerlange Holzstege.

Wittdün hat eine Menge neuer, nichtssagender Häuser, es liegt teils hinter, teils auf der Düne, mit einem weiten Badestrand und einer flachen, von einer sichelförmigen Landzunge geschützten Badebucht zu seinen Füßen.

Föhr hat meiner Meinung nach den besten aller Inselhäfen, wobei am ehesten Hörnum auf Sylt noch mithalten könnte. Selbst bei NW kann eine Yacht mit einem Tiefgang bis zu 1,5 m den Hafen ohne Probleme anlaufen; von See her kommt man im tiefen *Rütergat* und später in der *Norderaue* gut hin. Und dank der Schwimmstege hat man auch das Theater mit Leinen in Tidenhäfen nicht.

Wyk auf Föhr

und sein Hafen liegen an der SE-Seite der Insel, also wie üblich zur Wattseite hin. Man läuft zunächst in der *Norderaue* und später in der *Föhrer Ley,* immer vorbei an dem sich lang hinziehenden Ort, der recht schön am Wasser liegt. Sicher kommen einem hier auch die riesigen schwarz-weißen Fähren der Wyker Dampfschiffreederei entgegen, die zwischen den Inseln und dem Festlandshafen Dagebüll hin und her pendeln.

So merkwürdig das scheinen mag: Es passiert immer wieder, daß einer dieser mächtigen Kästen festkommt, obwohl die Kapitäne diese Strecke doch wie ihre Westentasche kennen.

Der älteste Teil des Hafens ist mit Fischkuttern und Arbeitsschiffen meist voll belegt; hierher sollten nur sehr große Boote, für alle anderen gibt es Platz an den Schwimmstegen im Yachthafen.

Der Fähranleger liegt ganz außen und stört überhaupt nicht, ganz im Gegenteil: Ankunft und Abfahrt der vollgepackten Fähren sind immer ein sehenswertes Spektakel. Die Versorgung ist gut.

HW 2 h 16 min nach HW Helgoland, NW 2 h 1 min nach NW Helgoland.
MTH 2,8 m
Strom in der Norderaue südlich von Wyk: Der einlaufende Strom beginnt etwa 3 h vor HW Helgoland, der auslaufende 3 h nach HW Helgoland; beide erreichen bis zu 2,8 km/h.

Wyk, die Hauptstadt der Insel, hat sich recht lange die Atmosphäre eines etwas altmodischen, ruhigen, idyllischen Seebades bewahren können, bis dann vor wenigen Jahren die Bauwut ausbrach. Nun, es ist nicht ganz so schlimm wie mit den Betonklötzen an der Ostsee geworden, aber gewonnen hat das Städtchen dadurch nicht unbedingt. Seine idyllische Promenade entlang dem Strand, mit breiten Ulmen-Alleen und einem altmodischen Musikpavillon, wo am späten Nachmittag die Kurkapelle ihr Bestes gibt, hat sich dennoch ihren Charme erhalten.

Die Insel, die wie ein Pfannkuchen im Wattenmeer liegt, war nie so bedroht wie Sylt oder gar wie früher Nordstrand. Amrum liegt wie ein mächtiger Wellenbrecher davor. Föhr ist grün, eine Bauerninsel. Nur gegenüber von Amrum findet man einen großen, natürlichen Sandstrand, und bei *Goting* ein langgezogenes, allerdings nicht sehr hohes Kliff.

Im Innern der Insel liegen mehrere der typischen Friesendörfer, mit ihren reetgedeckten Backsteinhäusern. Das wichtigste und schönste davon ist *Nieblum,* mit seiner wuchtigen, alten Johanniskirche, dem *Friesendom;* hier haben sich Betuchte auch die schönsten Landhäuser auf der Insel gebaut.

Ziemlich zentral liegt die *Lembecksburg,* ein Ringwall aus der Wikingerzeit, die ebenso wie die vielen Grabhügel aus der Bronze- und Eisenzeit beweist, daß Föhr schon seit Urzeiten bewohnt ist. Die Föhraner fuhren früher, ähnlich wie die Amrumer, hinauf ins Nordmeer zum Walfang, was einigen Wohlstand auf die Insel brachte, wie man noch gut an den kostbaren alten Trachten der Frauen, mit ihrem prächtigen Silberschmuck, sehen kann. Im Heimatmuseum von Wyk kann man diese schönen Trachten bewundern, sonst tragen die Frauen sie nur noch zu festlichen Anlässen.

Wattfahrt nach Sylt

Von *Wyk* aus könnte man auf zwei Wattfahrwassern nach *Sylt* kommen: Einmal durch die *Föhrer Ley,* die um die Nordspitze der Insel herum und zum *Hörnumtief* führt: richtet man sich nach dem Gezeiten, so dürfte das nicht schwer sein.

Wohl interessanter ist eine Fahrt durch das *Amrumtief,* das zuerst als ein breites Gewässer Amrum von Föhr trennt, dann aber zu einem ganz schmalen Priel wird, dem *Mittelloch,* das sich eng an die Nordspitze von Amrum schmiegt und dann unvermittelt endet, so daß man ab hier am besten auf dem kürzesten Weg, und das meint Kurs West, auf das *Vortrapptief* zuläuft, das einen ebenfalls nach Sylt bringt (möglich für ein Boot bis zu einem Tiefgang von 2 m bei HW).

Außen herum

Wattfahrten können ein großes Erlebnis sein; hier aber ist eine Fahrt außen um Amrum herum viel interessanter: also zum Vortrapptief und dort hinauf nach *Hörnum* auf Sylt. Distanz etwa 25 Seemeilen. Bei günstigem Strom nicht viel: In der Norderaue kann man den ablaufenden Strom nutzen und später im Vortrapptief den Flutstrom.

Nahe Amrum nimmt man dann am besten das *Fahrwasser Kniep,* das dicht unter der Südspitze der Insel und unter Vermeidung der Barre zum Vortrapptief führt. Freilich: Bei starkem Wind aus West sollte man diese Abkürzung meiden, denn das Fahrwasser führt über einen weiten, nicht sehr tiefliegenden Sand, dessen Wassertiefe von 2,5 m bei *ruhigem* Wetter allerdings schon reichen dürfte.

Bei viel Wind fährt man besser durch das *Amrumtief,* oder noch gescheiter: bleibt in Wyk, wo es der Zerstreungsmöglichkeiten ja jede Menge gibt.

Das *Vortrapptief* könnte man leicht auch nachts von See her ansteuern, so perfekt ist die Befeuerung mit den Leuchtfeuern von Amrum und Hörnum.

Das Segeln im Vortrapptief an einem stillen Sommerabend gehört zu den schönsten Erinnerungen, die ich an das nordfriesische Revier habe. Wenn man an den weißen Dünen von Amrum vorbeigleitet, mit dem breiten Kniepsand davor, wenn im Westen die großen Sandbänke freiliegen, auf denen inzwischen wieder Seehunde heimisch geworden sind, wenn hinter Amrum das grüne Föhr auftaucht, mit seinen dunklen Wäldern, und endlich voraus der hohe, rote Leuchtturm von Hörnum zum Hafen lockt, dann läßt sich Schöneres kaum vorstellen.

Sylt, „Die Insel", wie es in der Fremdenverkehrswerbung heißt, hat — und dies interessiert uns Bootsfahrer wohl zuallererst — vier Häfen: Zwei davon sind sehr klein, sehr gemütlich, liegen am flachen Watt und fallen auch trocken: *Rantum* und *Munkmarsch.* Beide kann man vergessen, wenn man nicht ein sehr flachgehendes Boot hat.

Blieben noch *Hörnum* und *List;* sie liegen jeweils an den entgegengesetzten Enden von Sylt, List ganz im Norden und Hörnum ganz im Süden; beide haben tiefes Wasser, beide kann man auch bei NW anlaufen, und beide sind nicht übel, wenn auch nicht romantisch.

Die Ansteuerung von

Hörnum

ist überhaupt nicht schwer, wenn man das breite und tiefe Vortrapptief hochkommt. Die Einfahrt des Hafens öffnet sich nach Norden und ist ziemlich breit; wegen des quersetzenden Stroms sollte man sie jedoch zügig und gut mittig zwischen den Molenköpfen passieren.

Hörnum-Hafen ist vor wenigen Jahren erst gründlich renoviert worden. Jetzt ist er picobello, aber mit dem vielen Beton und den Öltanks auch etwas steril. In seinem Rükken erhebt sich eine hohe, mit trockenem Gras bewachsene Düne, so daß man gut geschützt vor den ewigen Westwinden liegen wird. Im nördlichen Teil des Hafens befinden sich die Stege des Sylter Segelvereins: Der Name klingt exklusiv, doch in Wahrheit ist es eine ebenso einfache wie gemütliche Anlage. Die Reichen von Sylt haben hier jedenfalls nicht ihre Boote liegen. Oben, über der hohen eisernen Spundwand, steht im Sand ein hölzernes Clubhaus. Das ist alles. Mit Hilfe eines kleinen Krans kann man sein Staugut hinunter zum Steg schweben lassen.

Große Boote müssen sich wohl im südlichen Teil des Hafens einen Platz suchen, und zwar vorzugsweise an der Ostkade. Die Versorgung ist insgesamt gesehen gut, wenn man ein paar Schritte nicht scheut.

Im nahen Hörnum, das in einem Dünental liegt, stehen viele gleichartig aussehende weiße Häuser, und noch ein Stück weiter gibt es Läden aller Art und natürlich auch Restaurants.

HW 2 h 20 min nach HW Helgoland, NW 1 h 38 min nach NW Helgoland.
MTH 2 m
Der einlaufende Strom beginnt etwa 3 h vor HW Helgoland und setzt vor Hörnum Odde (Theeknobsrinne) mit 3,2 sm/h ostwärts; der auslaufende Strom beginnt etwa 3 h nach HW Helgoland und erreicht bis zu 2,3 sm/h.

Sehr schön ist eine Strandwanderung um *Hörnum Odde* herum, die Südspitze von Sylt, die Jahr um Jahr an Land verliert. Man hat versucht, mit merkwürdig geformten, tonnenschweren Betonklötzen, Tetrapoden genannt, die Kraft der See zu brechen, aber das scheint nicht zu gelingen. Das Leuchttürmchen von Hörnum Odde jedenfalls ist längst von seinem Platz gestürzt und liegt jetzt im knietiefen Wasser.

Sylt

Über Sylt zu lästern, ist ja nachgerade zur Mode geworden. Dabei tut man dieser schönen Insel, die seit 1890 als Seebad Urlauber anlockt, ganz gewiß Unrecht. Daß „Die Insel" immer noch Jahr für Jahr unzählige Urlauber geradezu magisch anzieht, ja deren Traumziel schlechthin ist, kommt sicher nicht von ungefähr. Sylt ist letztlich wohl eine Weltanschauung: entweder man mag es, dann bedingungslos, oder man mag es nicht, dann sollte man halt weg bleiben. Wobei das Erstaunlichste ist, daß der ganze Boom der letzten Jahrzehnte die Insel noch nicht kaputt gekriegt hat, ob es nun die unsäglichen Appartementhäuser am Strand von Westerland sind (warte nur, warte nur, balde, nur noch 100 m ist das Meer weg), oder die kasernenartigen Wohnsilos beiderseits der aufgemotzten, etwas „halbseidenen" Friedrichstraße, Sylt lebt und ist attraktiv wie eh und je.

Vielleicht ist die Atmosphäre der Insel so fiebrig, weil sie bedroht ist und immer am Rande des Abgrunds lebt. Sylt ist nicht sicher, wird es auch nie sein: Küstenschutzmaßnahmen, die einen wirklich dauerhaften Schutz brächten, sind nicht zu bezahlen, die Insel wäre dann auch vollends zubetoniert.

Man braucht sich nur das schmale Band Lands von Hörnum nach Westerland anzusehen, das nicht breiter als 800 m ist, und wundert sich, daß die See hier noch nicht durchgebrochen ist; oder das Rote Kliff, wo die See trotz aller Sandanspülungen unentwegt nagt und im Jahr 1,7 Millionen Kubikmeter Erde wegreißt. Wer regelmäßig nach Sylt kommt, wird eines Tages sein altes Strandcafé in Wenningstedt nicht mehr finden:

Der asphaltierte Weg führt jetzt ins Leere, das Haus ist weg, abgestürzt, nachdem das Kliff unter ihm weggebrochen ist. Besonders schlimm ist es auch im Süden, bei Hörnum Odde; dort wühlt das Meer ununterbrochen, und der Mensch ist trotz aller Technik und all seines Einsatzes im Grunde hilflos.

Von unserem Liegeplatz Hörnum aus läßt sich die ganze Insel erkunden. Das geht prima mit dem Bus, noch besser mit dem Fahrrad, wenn man etwas Zeit hat.

Westerland

der Hauptort der Insel, mit rund 10 000 ständigen Bewohnern, die Fremden nicht gerechnet, darf man nicht auslassen. Auch die Friedrichstraße nicht, eine „Fußgängerzone", die zum Strand führt, zu dem man allerdings nur darf, wenn man Inhaber einer Kurkarte ist, sonst muß man vor dem übermannshohen Drahtzaun wieder umkehren (ich kann mir nicht vorstellen, daß Holländer oder Dänen sich dies bieten ließen.)

In Westerland ist ziemlicher Rummel; es gibt alles, was heutzutage zu einem solchen Seebad gehört, Meerwasserschwimmbad, Strandpromenade, eine Menge Restaurants und dazu noch, was nicht jeder hat: eine Spielbank.

Wenningstedt ist gemütlich und *Kampen* nicht nur fein, sondern auch sehr schön. *Keitum* noch mehr, das auf der Wattseite liegt, und wo die teuersten Häuser der Insel stehen; *Morsum* allein ist ein noch ziemlich unberührtes Dorf am Wattenmeer, wie man es auf Sylt nicht zu finden erwartet.

Wer in Sylt eingeweht ist und einmal etwas ganz anderes sehen will, dem sei eine Fahrt mit der Eisenbahn über den *Hindenburg-Damm* zum Festland empfohlen; nicht wegen der Fahrt, obwohl es schon eindrucksvoll ist, wie der Zug knapp über dem Wasser dahindampft, sondern wegen eines Besuchs des *Nolde-Museums in Seebüll*. Man müßte in Niebüll aussteigen

und dann mit dem Bus wieder zurückfahren. Etwas umständlich, aber lohnend. Das Museum muß man gesehen haben, nicht allein wegen der Nolde-Bilder, die man in einer solchen Fülle sonst nirgendwo geboten bekommt, sondern auch wegen des eigenartigen Hauses, das auf einer Warft steht und weit über das flache Land blickt; Nolde hat es, ebenso wie seinen prächtigen Garten, aus dem er sich so oft seine Motive geholt hat, selbst entworfen.

Und wenn man Glück hat, wird die Sonne durch Regenwolken brechen, und man wird den gleichen gewaltigen, dramatischen Himmel über sich sehen, den Nolde so eindrucksvoll gemalt hat.

Mit dem Boot wird man nur dann nach

List

fahren, wenn man auch weiter will, nach Dänemark. Es ist ein recht guter, wenn auch sehr kleiner Hafen. Die Fähren aus Rømø legen hier an. Oben am Hafen herrscht immer ein ziemlicher Rummel, wie auf einem Jahrmarkt, mit Fischbuden und so weiter. Der nahe Ort ist belanglos: viel Bundeswehr. Öde, aus rotem Backstein gebaute Häuser.

Feine, lange Strände in der Nähe. In der großen Bucht *Königshafen* können Boote mit geringem Tiefgang gut ankern. Sehr schön ist ein Spaziergang über die Halbinsel *Ellenbogen*. Die Versorgung ist gut.

HW 2 h 46 min nach HW Helgoland, NW 2 h 7 min nach NW Helgoland.
MTH 1,8 m
Im Lister Tief beginnt der einlaufende Strom etwa 3 h vor HW Helgoland und der auslaufende etwa 3 h 15 min nach HW Helgoland. Der einlaufende Strom erreicht bis zu 3 sm/h, der auslaufende bis zu 2,2 sm/h.

Das zwischen Sylt und dem dänischen Rømø hindurchführende Seegatt *Lister Tief* gehört zu den sichersten Ein-

fahrten in diesem Revier: Es ist breit und tief und so gut befeuert, daß man es auch nachts ansteuern könnte. Kommt man spät hier an, dann sollte man sich vielleicht überlegen, ob man nicht statt zum kleinen Hafen List zu dem sehr viel größeren *Rømø Havn* (Hafen) fahren sollte. Beide kann man bei NW anlaufen, doch hat Rømø die größeren Wassertiefen und vor allem: unvergleichlich mehr Platz.

_____

Wir sind am Ende unserer Reviererkundung angelangt und haben Sie, so hoffen wir, vertraut gemacht mit Häfen, Inseln und dem Wattenmeer an der deutschen Nordseeküste. Und zieht es Sie in ein anderes Revier – Jan Werner und Helmut Jahn zeigen in einem zweiten Band die deutschen Ostseehäfen aus der Luft.

Nautische Unterlagen: Karten für die Sportschiffahrt Nr. 3013, „Nordfriesische Inseln mit Helgoland". Gezeitenatlas Nr. 2347 „Die Strömungen in der Deutschen Bucht". Leuchtfeuerverzeichnis Nr. 2102 Teil III A, „Nordsee, Südlicher Teil, einschließlich Orkney- und Shetland-Inseln." Tidenkalender!

197

Register

*Von Jan Werner erschienen im Delius Klasing Verlag
folgende Titel:*

Holländische Häfen aus der Luft

Holland mit dem Boot

Segeln in Dänemark 1

Segeln in Dänemark 2

Norwegen

Ostseehäfen aus der Luft

Nordseehäfen aus der Luft

*Luftaufnahmen
freigegeben vom Regierungspräsidenten Münster
unter der Nummer 9715/87*

ISBN 3-7688-0575-1

© Copyright by Delius, Klasing & Co, Bielefeld
Lektorat: Ingeborg Eggert
Layout: Ekkehard Schonart
Herstellung: Hermann Ludewig
Printed in Germany 1987
Lithographie: Jahn-Repro-Scan, Bielefeld
Druck: Kunst- und Werbedruck, Bad Oeynhausen